Liebe Leserin, lieber Leser,

wir freuen uns, dass Sie sich für ein Galileo Business-Buch entschieden haben.

Galileo Business zeigt betriebswirtschaftlichen und technischen
Experten, Business-Managern, Projektleitern und Beratern, wie
Unternehmen durch neue Strategien und Konzepte Kosten sen-
ken, Wettbewerbsvorteile gewinnen und neue Geschäftsfelder
erschließen.

Jedes unserer Bücher will Sie überzeugen. Damit uns das immer
wieder neu gelingt, sind wir auf Ihre Rückmeldung angewiesen.
Bitte teilen Sie uns Ihre Meinung zu diesem Buch mit. Ihre kritischen und freundlichen Anregungen, Ihre Wünsche und Ideen
werden uns weiterhelfen.

Wie alle Galileo-Bücher endet auch dieses nicht mit der letzten
Buchseite: Ganz hinten im Buch finden Sie Ihren persönlichen
Registrierungscode. Melden Sie sich damit auf unserer Website
www.galileobusiness.de an. Dort erhalten Sie unsere kostenlosen
Zusatzangebote zum Themengebiet dieses Buches.

Wir freuen uns auf den Dialog mit Ihnen.

Ihre Kirsten Schreier
Lektorat Galileo Business

kirsten.schreier@galileo-press.de
www.galileobusiness.de

Galileo Press
Gartenstraße 24
D-53229 Bonn

Norbert Hadwiger · Alexandre Robert

Produkt ist
Kommunikation

Integration von Branding und Usability

Galileo Business

Die Deutsche Bibliothek – CIP-Einheitsaufnahme
Ein Titeldatensatz für diese Publikation
ist bei der Deutschen Bibliothek erhältlich

ISBN 3-89842-216-X

© Galileo Press GmbH, Bonn 2002
1. Auflage 2002

Der Name Galileo Press geht auf den italienischen Mathematiker und Philosophen Galileo Galilei (1564–1642) zurück. Er gilt als Gründungsfigur der neuzeitlichen Wissenschaft und wurde berühmt als Verfechter des modernen, heliozentrischen Weltbilds. Legendär ist sein Ausspruch **Eppur se muove** (Und sie bewegt sich doch). Das Emblem von Galileo Press ist der Jupiter, umkreist von den vier Galileischen Monden. Galilei entdeckte die nach ihm benannten Monde 1610.

Lektorat Agentur Oliver Gorus, Engen; Kirsten Schreier **Korrektorat** Christel Metke, Köln **Gestaltung des Einbands und der Titelseite** department, Köln **Herstellung** Iris Warkus **Satz** reemers publishing services gmbh, Krefeld – gesetzt aus der Linotype Syntax mit FrameMaker **Druck und Bindung** Bercker Grafischer Betrieb, Kevelaer

Das Bildmotiv des Apfels auf der Titelseite ist Teil einer Image-Kampagne für die Schweizer Wirtschaftszeitung Cash. Entwickelt hat die Kampagne die Werbeagentur DDB Zürich (www.ddb.ch) im Auftrag ihres Kunden Cash-Verlag, Zürich. Fotografie: Alf Dietrich, Zürich

Inhalt

Vorwort

*»Das Zeitalter der Gänseleber-Technologie ist
vorbei.«*
John Thackara

Konsumenten sind heute mündig. Sie lassen sich nicht mehr will-
fährig mit neuen Techniken und Produkten voll stopfen. Immer
weniger Menschen reagieren mit Zweifeln an der eigenen Kompetenz, wenn sie den Nutzen oder die Funktion von Geräten und
Applikationen nicht einsehen. Aus Enttäuschung oder Ärger lehnen
sie vielmehr das Produkt oder gar die Marke als Ganzes ab. Diesen
Emotionen kann man weder mit gigantischen Marketingbudgets
noch mit ausgefeilten Kundenbindungs- und CRM-Maßnahmen
begegnen. Aber man kann vorbeugen. Und hier entsteht eine große
Herausforderung für Produktentwicklung und Design, sofern sie
sich auf zwei Erkenntnisse der Kommunikationswissenschaft und
der Erkenntnistheorie besinnen, die vereinfacht gesagt lauten:
a) »Man kann nicht nicht kommunizieren« und b) »Der Sinn der
Botschaft entsteht beim Empfänger«.

Diese Sätze, die beinahe schon zum Allgemeingut gehören, werden
erfahrungsgemäß im geschäftlichen Kommunikationsalltag kaum
berücksichtigt. Wie viele Unternehmen kennen Sie, die zwar akku-
rat gestaltete Prospekte verteilen, die einem aber jede Lust am weiteren Austausch nehmen, sobald man einmal – nach geduldigem
Verweilen in der Warteschleife der Hotline – Kontakt mit dem
Reparaturdienst hatte? Oder ärgern Sie sich auch über das viele
Papier, das Sie – bedruckt mit irgendwelchen Schnäppchen-Ange-
boten – von Ihrer Kreditkartenfirma erhalten? Wie viel ökologi-
scher, einfacher und nahe liegender wäre da doch die Kundenbindung mittels einer Bargutschrift.

Diese alltäglichen Beispiele zeigen erstens: Alle Produkte – seien
dies Güter, Äußerungen oder Handlungen – sind Kommunikation,
ob eine solche nun beabsichtigt ist oder nicht. Zweitens bestimmt
der Kunde, welchen Sinn er Kommunikationsanstrengungen geben
will. Ob Markenbotschaften »ankommen«, hängt entscheidend
davon ab, dass Kunden sie sinnvoll in ihre eigenen Lebens- und
Bedeutungszusammenhänge einbauen können. Kundenorientie-

rung bedeutet darum weit mehr, als auf Kundenwünsche nachträglich zu reagieren oder Kunden mit Geschenken zu beglücken, die sie nie wollten.

Die beiden Autoren von »Produkt ist Kommunikation« legen ein Modell der integrierten Unternehmenskommunikation vor, das diesen Herausforderungen begegnen will. Indem wissenschaftliche Erkenntnisse in ein praxisnahes Modell der Unternehmenskommunikation integriert werden, hebt sich das Buch wohltuend von gängigen Kommunikations- und Branding-Fibeln ab. Das Modell integriert zwei meist getrennt gehandelte Sphären: die symbolisch/emotionale Markenebene und die materiell/funktionale Leistungsebene, denn die Kommunikation von Bedeutungen lässt sich von der Usability, vom Gebrauchswert eines Gutes oder einer Dienstleistung nicht trennen. Erst beide zusammen ergeben das Markenbild beim Kunden.

Damit eine derart integrierte Unternehmenskommunikation gelingen kann, ist ein neuer Denkansatz erforderlich, der das schematische Denken z. B. in Kommunikationskanälen oder Sender-Empfängermodellen überwindet. Der vielversprechende Ansatz der Autoren lautet: *Interface-Management*. Interfaces sind die Kontaktpunkte des Kunden mit der Marke, die Punkte, an denen er Erfahrungen mit dem Unternehmen und dessen Werten macht. Während der Begriff des Interface Designs seit längerem eingeführt ist und die Gestaltung der Schnittstelle zwischen Apparaten und Nutzern bezeichnet, ist Interface-Management neu. Interface-Management eröffnet einen neuen Blick auf Kommunikation, indem die integrale Gestaltung sämtlicher Interfaces zum Kunden als zentrale Managementaufgabe wahrgenommen wird. Das ambitiöse Ziel von Interface-Management lautet: Kunden sollen die Marke über sämtliche Kontaktpunkte als für sie einfach, nützlich und bedeutungsvoll erfahren.

Zürich, im Juli 2002

Eva Gerber
Konzeptorin am Gottlieb Duttweiler Institut GDI
in Rüschlikon

Einleitung

Dieses Buch ist das Folgeprodukt von Gesprächen, die die Autoren seit einigen Jahren in unregelmäßigem Turnus führen. Die Diskussionen speisen sich aus der Praxis der Beratung, der Konzeption und des Designs interaktiver Medien und Mensch-Maschine-Systemen. Zentrale Themen dieses Austauschs sind einerseits das Veränderungspotenzial »intelligenter« Medien und Produkte für die gesellschaftliche Kommunikation und andererseits die daraus resultierenden Veränderungen der Strategien von Marketing und Design.

Die Kommerzialisierung des Internets stellte den Rahmen dar, in dem die Notwendigkeit des Zusammenklangs von Marketingstrategie, geeigneter Technologie und nutzerorientiertem Design klar zutage trat. Aus dieser sehr hektischen und spannenden Zeit war vor allem eines zu lernen: Je schneller sich Entwicklungen vollziehen, desto wichtiger ist es, die Zielorientierung nicht zu verlieren und sich nicht von »Möglichkeiten« blenden zu lassen, die bei genauerem Hinsehen keine ernsthaften Optionen darstellen. Zuweilen sind es die ganz einfachen Dinge, die einen echten Nutzen bringen und einem Produkt, einer Website oder einem ganzen Unternehmen zum Erfolg verhelfen.

Um die Erkenntnisse aus der praktischen Erfahrung und der Auseinandersetzung mit theoretischen Ansätzen zu fixieren und handhabbar zu machen, sollte ursprünglich eine Dokumentation entstehen – sozusagen als Werkzeugkiste, die bei der Beurteilung und Durchführung von Projekten dienen könnte. Doch als sich abzeichnete, dass eine Darstellung des Zusammenhangs der Themen *Branding* und *Usability* allgemein hilfreich und befruchtend für die Praxis sein könnte, entstand die Idee, ein Buch daraus zu machen.

Integrierte Kommunikation aus Nutzersicht zu betrachten hat zur Konsequenz, dass man über den Tellerrand der Einzeldisziplinen hinausblicken muss. Zumal dann, wenn nicht nur eine übergreifende Integration der »Aussagen« eines Unternehmens anvisiert ist, sondern auch die Rolle des Produktes in den Fokus der Betrachtung rückt. Usability, die Benutzbarkeit also, stellt für die Markenbildung vor dem Hintergrund voranschreitender Telematik und der massiven Mikroelektronisierung der Produktwelt die größte Herausforderung der nahen Zukunft dar.

Strategieentwicklung und Corporate Identity, Marketing und Kommunikationstheorie, Produktkonzeption und Interface Design stecken dabei die Themenfelder ab. Integrierte Kommunikation erfordert eine integrative, generalistische Denkweise für diejenigen, die ein solches Konzept in der Praxis zum Erfolg führen möchten.

Das Ziel dieses Buches ist es, dem Leser Denkanstöße zu geben, um den Horizont der Möglichkeiten bei Fragen der Unternehmenskommunikation zu erweitern. Es stellt aber auch konkretes Handwerkszeug in Form von Vorgehensplänen und Checklisten bereit. Vielleicht eröffnet es dem einen oder anderen sogar eine völlig neue Sichtweise auf den Zusammenhang von Marketing, Kommunikation und Design.

Wenn dieses Buch Sie – in welcher Unternehmensfunktion auch immer – zu einem erweiterten Verständnis des Zusammenhangs von Produkt und Kommunikation führt und darüber hinaus zu problemlösenden Ideen anregt, auf die sich Ihr Handeln stützen kann, dann ist sein Zweck mehr als erfüllt. Wir freuen uns auf Ihre Meinungen und Anregungen.

Zürich und Frankfurt am Main, im Juli 2002

Norbert Hadwiger
Alexandre Robert

1   Umbruch

»Es gibt technische Innovationen mit kaum
erkennbaren Sprengsätzen.«
Peter Glotz

Haben Sie nicht auch schon ab und zu innegehalten und darüber gestaunt, wie sehr sich Dienstleistungsangebote seit der Etablierung des World Wide Webs als Kommunikationskanal verändert haben? Waren z. B. Leasing-Anträge für Privatpersonen bis dahin immer mit dem Ausfüllen von Papierformularen und dem Verschicken von Briefpost verbunden, gehen die Leasing-Gesellschaften heute schon fast selbstverständlich davon aus, dass der Kunde in der Lage und willens ist, den Antrag per Webformular zu stellen.

Die schleichende Eroberung des Konsumentenalltags durch Software hat längst begonnen. Komplexe Benutzungsschnittstellen verbinden Anbieter und Kunden einerseits, schieben sich aber gleichzeitig auch dazwischen. Denn die Technologie befindet sich mitten in einem dynamischen Entwicklungsprozess und zugleich wird die Benutzung eines Webbrowsers durch die Sperrigkeit und Unübersichtlichkeit des Inhalts nicht immer leicht gemacht. Im Gegenteil: Das Beherrschen-Müssen einer sich permanent wandelnden Technik wird vielfach als Belastung empfunden – abgesehen von der Instandhaltung der Software in ihrer jeweils neuesten Version, um Kompatibilität zu gewährleisten. Die bedauernswerten User müssen immer noch auch Bastler genug sein, um die Symptome ihrer Maschine deuten zu können – vergleichbar den Automobilisten in der Frühphase des Individualverkehrs (siehe Abbildung 1.1).

In den rund hundert Jahren der Automobilisierung hat die Beherrschung der Technik zu festen Standards geführt: Jeder Autofahrer kann heute mit jedem beliebigen Wagen zurechtkommen. Die prinzipielle Anordnung von Zündung, Lenkrad, Gaspedal, Bremse, Gangschaltung, Blinker und Licht als Grundfunktionen haben sich als Alltagsroutinen seit Jahrzehnten in den Köpfen der Massen von Autofahrern sedimentiert – ebenso wie die Konventionen der Verkehrsregeln.

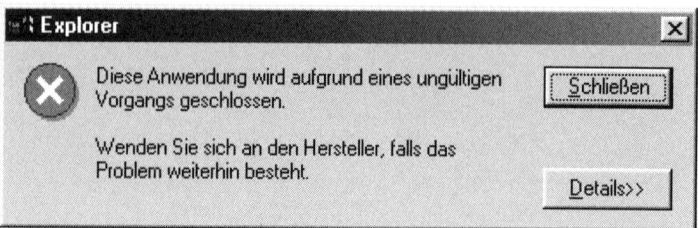

Abbildung 1.1 Pech gehabt. Elektronische Kommunikation im Alltag des Internet-Users gerät nicht selten zu einem willkürlich anmutenden Hindernislauf. Wem aber schiebt der User den Schwarzen Peter zu? Ist die besuchte Site oder der Browser schuld an der erlebten Frustration?

Erster Eindruck

Für die vergleichsweise junge, computergestützte Kommunikationskultur hat naturgemäß ein solch breiter Sedimentierungsprozess noch nicht stattgefunden. Doch liegt hier der Fall auch komplizierter, denn es geht nicht nur um die Bedienung einer autonom funktionierenden Maschine, sondern um vernetzte Prozesse. Kommunikation findet hier ein neues Medium. Kommunikation und Technik gehen in den vernetzten Devices eine neue Liaison ein. Die Gestaltung eines Benutzungsprozesses wird immer mehr zum direkten Substitut einer realen Shakehand-Situation. Und die Art und Weise, wie jemand die Hand schüttelt, ist in zwischenmenschlichen Kommunikationssituationen bekanntlich nicht unerheblich – nämlich bei der Bildung des »ersten Eindrucks«. Hier findet in der Regel – glaubt man entsprechenden psychologischen Untersuchungen – bereits innerhalb der ersten sieben Sekunden einer Begegnung eine Art Vorentscheidung statt: Stellt sich Sympathie ein oder nicht?

Interface Design, Interaction Design

Im Verhältnis von Marketing, Branding und Design liegen die Dinge deshalb heute anders als noch vor wenigen Jahren. Denn im letzten Jahrzehnt hat eine ungeheure Verschiebung der Voraussetzungen und der Anforderungen dieser Disziplinen stattgefunden. Für das Produktdesign ist dies mehr eine Verschiebung hin zur Gestaltung von interaktiven Prozessen denn zur Gestaltung von Gegenständen. *Interface Design* und *Interaction Design* sind die Etiketten, die einen neuen Bereich des Designdenkens jenseits der Grenzen von Produkt- und Kommunikationsdesign kennzeichnen, und deren Ziel *Usability* ist: die Benutzbarkeit der komplexen Gegenstände ohne langwieriges Studium von Handbüchern.

Aber auch das Marketing bewegt sich auf einem immer schwierigeren Terrain. Flüchtige Zielgruppen, ein ironisierender Umgang mit den künstlichen Markenwelten und die immer geringere Akzeptanz von Werbung machen dem Marketingverantwortlichen das Leben schwer.

Im Folgenden wollen wir den Kontext dieser Verschiebung ins Bewusstsein rufen, ehe wir uns den eigentlichen Kernthemen dieses Buches zuwenden: dem Verhältnis von Prozess, Technologie, Marketing und Design bei der Zielsetzung einer integrierten Kommunikation. Diese Bemühungen dienen der Entwicklung und Pflege authentischer Marken, die in ihrer Glaubwürdigkeit den Kunden zu überzeugen wissen. Aber dazu später mehr. Zunächst sollte man sich die Veränderungen noch einmal vor Augen führen, die in den letzten zehn Jahren vonstatten gingen.

Beschleunigung, Vernetzung, Innovation sind Kennzeichen der gegenwärtigen Wirtschaft und Gesellschaft. Noch in den siebziger Jahren herrschte die Vorstellung eines lebenslangen Berufs und der Planbarkeit der Biografie. Die fortdauernde Existenz von Mannesmann und Daimler-Benz war ebenso gesetzt wie die Vorstellung eines linearen Fortschritts. Heute wandelt sich die wirtschaftliche Umwelt in immer kürzeren Zyklen. Ein beständiger und dynamischer Wandel scheint die alten und starren Organisationen und Ordnungen zu erodieren und aufzulösen. Unternehmen zerfallen, fusionieren, atomisieren oder verschwinden, neue Unternehmen tauchen wie aus dem Nichts auf der Bildfläche auf. Neue Produkte, Technologien und Dienstleistungen werden in erstaunlichem Tempo entwickelt und zur Marktreife gebracht. Daraus entwickeln sich wiederum neue Branchen und Märkte. Mit neuen Branchen wachsen auch neue Berufsbilder, die jedoch nicht als in sich geschlossen und starr verstanden werden wollen, sondern als dynamisch-adaptiv. Lebenslanges Lernen auf individueller Ebene korrespondiert mit dem beschleunigten Wandel in Wirtschaft und Gesellschaft.

Dynamischer Wandel

Im Kern bestehen diese Veränderungen aus einem Geflecht von sich aufbauenden Beziehungen unterschiedlicher Intensität, die letztlich ermöglicht wurden durch die Verbreitung und Aneignung von Kommunikationstechnologie in den letzten zehn Jahren.[1]

---

1 Mailbox- und Bulletin-Board-Systeme haben diese Raum und Zeit überwindende Vernetzung, bezogen auf begrenzte Benutzergemeinschaften, Anfang der achtziger Jahre bereits vorweggenommen – der große Durchbruch wurde jedoch erst möglich durch den Standard des World Wide Webs. Vgl. zur Frühkultur computervermittelter Kommunikation: Howard Rheingold, Virtuelle Gemeinschaft. Bonn: Addison-Wesley, 1994

Computernetze brachten vorher Unverbundenes zusammen. Je komplexer diese lebendigen Beziehungsgeflechte geworden sind, desto mehr Überraschungen sind zu erwarten. Denn im Verhältnis zur Anzahl der Knoten in einem Netz steigt dessen Komplexität quasi exponentiell.

Flexibilität Aus den neuen Verknüpfungen ergeben sich Potenziale, aber auch Probleme für Unternehmen: Der Bereich des Voraussagbaren schwindet. Zwangsläufig sind Risiken mehr als je zuvor immanente Bestandteile eines neuen Unternehmertums geworden. Die Möglichkeit des Scheiterns ist nicht länger die Ausnahme, sondern gehört schlicht dazu. Der Umgang mit krisenhaften, unvorhergesehenen Situationen wird zum Erfolgsfaktor. Maximale Flexibilität macht das Rennen. Manager mutieren von Verwaltern zu Artisten.

Ein Sensorium für solche Veränderungen zu entwickeln stellt eine große Herausforderung dar. Das Verhältnis des Unternehmens zu sich selbst und die Beziehungen zu seinen Kunden sind davon gleichermaßen betroffen.

Die Wahrnehmung des permanenten Wandels dieser Art erinnert an die grundsätzliche Offenheit der Zukunft. Diese Vorstellung ist nicht jedermanns Sache. Die Pessimisten sprechen daher lieber von Krise als von Wandel. Dies ist Ausdruck von Beunruhigung: Von welchen lieb gewonnenen Rezepten wird man sich verabschieden müssen? Wer sich gerne an äußeren Gewohnheiten festhält, wird es schwer haben, sich zu orientieren. Längerfristige strategische Planungen können ernsthaft nur mit dicker Finanzdecke angegangen werden. Für alle anderen bleibt in der Tendenz die Konzentration auf das Jetzt, gepaart mit einem Maximum an Flexibilität.

Das anthropologisch tief verwurzelte Bestreben, sich die Umwelt als stabil und kontinuierlich zurechtzulegen, kollidiert auf dramatische Weise mit den neuen Gegebenheiten. Der einzige Ausweg ist die Flucht nach vorn: praktizierter Optimismus. Denn Wandel ist auch eine Frage des Betrachtungswinkels: Jede Krise bedeutet auch eine Chance zum Neuanfang. Jeder Schmetterling war zuvor eine Raupe.

Vernetzte Ökonomie Man muss nicht Wirtschaft mit Kommunikation[2] gleichsetzen, um zu erkennen, dass wirtschaftliches Handeln letztlich immer Kommunikation im Sinn hat. Wer einen Kunden überzeugen möchte,

---

2 wie dies z.B. Kevin Kelly bisweilen tut – in ähnlich provokativer Absicht wie der Titel dieses Buches: Produkt = Kommunikation … ;-)

kann dies nur im Rahmen von Kommunikation. Marktorientierte Unternehmensführung hat dies als Fixpunkt im Wandel erkannt, auch wenn Marketingkommunikation drastischen Veränderungen von Technik, Markt und Gesellschaft ausgesetzt ist. Kern dieser Veränderungen ist ein Phänomen, das sich *Vernetzung* nennt. In der vernetzten Ökonomie treten alte Gesetze des Wirtschaftens zwar nicht außer Kraft, aber es kommen neue hinzu, die noch wenig erforscht sind.

Welche Veränderungen sind nun durch den Wandel im Wirtschaftsalltag wirksam geworden? Es wird deutlich, dass die Veränderung umfassender ist, als sie im Allgemeinen wahrgenommen wird. Die Konsequenz eines stufenlos verlaufenden Wandels bleibt im täglichen Leben oft unbemerkt – auch wenn die Presse zuweilen dazu neigt, hinter mittelmäßigen Gadgets den großen Paradigmenwechsel zu wittern. Tatsache jedoch ist, dass vor zehn Jahren »der Mann auf der Straße« die Schreibweise von Internetadressen beginnend mit »http://www.« etwa für codierte Margenmarkierungen eines Herstellers gehalten hätte. Erst recht hätte er sich nicht vorstellen können, wie tiefgreifend z. B. Angebote wie www.amazon.de das Einkaufsverhalten im Ganzen verändern würden. Heute gehört es sowohl für Unternehmen als auch für Privatpersonen zur Normalität, sich jederzeit bei Bedarf per Internet über Produkte zu informieren, diese zu vergleichen und zu bestellen.

Im Folgenden werden einige Aspekte dieses Wandels beschrieben, die die Voraussetzungen für die Kundenkommunikation nachhaltig beeinflussen:

▶ Unter dem Stichwort *Vernetzung und beschleunigte Ökonomie* die Folgen der Vernetzung für die Wirtschaft (Abschnitt 1.2)
▶ Unter dem Stichwort *Vernetzte Produkte* die Schaffung einer neuen Produktwelt, die sich scheinbar von Materialität löst und Probleme der Handhabung aufwirft (Abschnitt 1.3)
▶ Unter dem Stichwort *Markenerosion* die veränderten Anforderungen an Markenprodukte (Abschnitt 1.4)
▶ Unter dem Stichwort *Kundenorientierung und Dialog* ein Ansatz, der als neues Paradigma in die Marketingstrategie eingeht und der eine Kontinuität bei allem Wandel identifiziert (Abschnitt 1.5)

Doch zunächst wollen wir in Abschnitt 1.1 genauer betrachten, inwiefern die Phänomene des Wandels der bestehenden Marketingorganisation Probleme bereiten, die derart gravierend sind, dass ein Umdenken unausweichlich zu sein scheint ...

1.1 Marketing in der Krise

»Die Konkurrenz ist nur einen Mausklick entfernt.«
Internet-Weisheit

Die Irritation des Wandels ist in den Marketingabteilungen deutlich zu spüren. Eine ganze Reihe von Tatsachen lassen Zweifel an der Wirksamkeit gängiger Marketingpraxis aufkommen. Denn erstens hat sich der Markt zu einem unübersichtlichen Gebilde hin entwickelt, in dem Zielgruppen nicht mehr sinnvoll auseinander gehalten werden können. Zweitens führt die Mikroelektronisierung von Produkten zu Problemen der Handhabbarkeit. Dies führt drittens dazu, dass Service einen immer größeren Stellenwert bei der Wahrnehmung von Marken einnimmt. Die Trennung von Pre-Sales-, Sales- und After-Sales-Marketing scheint ihrem Ende entgegenzugehen. Aus Kundensicht ermöglicht E-Commerce die Verschmelzung von Marketing und Vertrieb. Und die Services, die nach dem Kauf eines Produkts zu erwarten sind, liegen dem Kunden ebenfalls offen. Zudem haben Kunden durch immer höhere Marktdurchdringungen oft schon vor dem (Nicht-)Kauf Kontakt mit dem Produkt gehabt. Und wenn nicht, dann kennen sie die Erfahrungsberichte von Personen, die das betreffende Produkt bereits einsetzen und die wissen, was sie vom Kundendienst erwarten können und was nicht. Doch für Fragen konkreter Gebrauchstauglichkeit abseits abstrakter Feature-Listen fühlt sich das Marketing bisher zu wenig zuständig. Im Folgenden gehen wir näher auf diese veränderten Symptome des Marktes ein, auf die das Marketing reagieren muss.

Atomisierung des Marktes

Die Dynamik der Technologieentwicklung führt zum Aussterben bestehender und zur Bildung neuer Produktgattungen und Dienstleistungen. Gleichzeitig wird es für die Marktforschung immer schwieriger, plausibel zu machen, dass die als »Zielgruppe« herausgestellten Marktteilnehmer tatsächlich über homogene Eigenschaften verfügen. Die Zielgruppen zeigen sich nämlich in immer heterogeneren Schattierungen. Beispielsweise hat die Werthaltung eines von der Post-Punkkultur geprägten Lagerarbeiters im Zweifel mehr mit der eines gebildeten FAZ-Lesers gemeinsam, als die zweier Hausfrauen, die aber dennoch von den Marktforschern dem gleichen Marktmilieu zugeordnet werden.[3]

Innerhalb der Zielgruppen vermischen sich Privatleute und Unternehmen, treue Kunden und Quereinsteiger – und alle bewegen sich innerhalb verschiedenster Soziomilieus und »Szenen«. Ebenso wie Kenner zwischen zig verschiedenen Strömungen des Technos unterscheiden, differenzieren sich die Kriterien der Produktwahrnehmung zunehmend. Der Kunde unterläuft und emanzipiert sich darin von seiner Rolle, die er von Anbieterseite etwa als »Professional« oder »Consumer«, »Firmenkunde« oder »Privatkunde« zugewiesen bekommt.

David Lewis und Darren Bridger[4] sehen als Ursache hierfür eine neue Figur auf dem Markt: den *neuen Konsumenten*. Dieser ist zickig und unberechenbar, weiß aber gleichzeitig genau, was er will, pfeift entweder auf überhöhte Markenimages oder pflegt einen ironischen Umgang mit ihnen, lässt sich nichts aufschwatzen und bemerkt darüber hinaus überteuerte Angebote sofort.

Neue Konsumenten

---

3 Auch eine Einteilung der Zielgruppe nach Altersklassen kann im Zweifel die Marktrealität konterkarieren. So schreibt etwa Franz Liebl:»So werden manche Jugendsendungen vorzugsweise von über 60-Jährigen konsumiert, die wissen wollen, was sie den Enkeln zu Weihnachten schenken sollen. Auch Alter schützt vor Zweckentfremdung nicht.« Und weiter:»Im Business-to-Business-Bereich käme niemand auf die Idee, seine Zielgruppen anhand des Alters zu segmentieren. Meist liegt es dort nahe, die Abnehmer danach einzuteilen, welchen Nutzen sie tatsächlich aus einem Produkt (...) ziehen. Im Bereich der Konsumenten entspräche dies in etwa der Kombination einer nutzungsorientierten und einer bedeutungsorientierten Segmentierung. Dies würde der Tatsache Rechnung tragen, dass unterschiedliche Gruppen ein Produkt oder eine Marke jeweils unterschiedlich anwenden bzw. für sich interpretieren – die einen trinken Red Bull, um besser arbeiten zu können, die anderen, um besser feiern zu können, und manche vielleicht sogar, weil es ihnen schmeckt. Solche Segmentierungen realisieren sich jedoch nicht über abstrakte Lifestyle-Profile, Altersklassen oder Haushaltsgrößen, sondern in konkreten sozialen Zusammenhängen, sprich in Gemeinschaften.« (Liebl, Franz. Marketing für Bastler. In: ECONY, 04/1999, S. 132f.)

4 Lewis, David; Bridger, Darren. Die Neuen Konsumenten. Campus, Frankfurt: 2001 [2000]

Wenn ihn etwas wirklich interessiert, ist er rasch hochinformiert, denn er bezieht seine Informationen aus einem Netzwerk weitläufiger informeller Kontakte. Und doch ist er eigentlich auf der Suche nach den Markenprodukten, denen er wirklich vertrauen kann. Aber Clubkarten und andere Maßnahmen zur »Kundenbindung« lassen dieses Gefühl des Vertrauens nicht aufkommen.

So bleibt der »neue Konsument« ein Nomade zwischen den Markenoasen, die ihn oft genug aber nicht zufrieden stellen können. Denn statt des klaren Quellwassers, das er in Form eines hohen Gebrauchswerts zu finden hofft, stößt er allzu oft auf die trüben Tümpel einer Consumer-Produktstrategie, die die Qualität des Nutzens zu Gunsten einer langen Feature-Liste auf der Verpackung vernachlässigt.

Sophie A. und die Consumer Electronic

Es ist Samstag früh, Sophie A. hat ihren 32. Geburtstag. Sie schaut aus dem Fenster ihrer Wohnung in den Garten. Dort sprießen schon die ersten Schneeglöckchen aus dem Boden, wie sie bemerkt. »Gerade der richtige Zeitpunkt«, denkt sie. Denn sie hatte neulich eine Idee. Diese könnte sie ja heute Vormittag in die Tat umsetzen und sich eine dieser hübschen kleinen Videokameras gönnen, der Versuchung erlegen, das Erwachen der Kräfte ihres gepflegten Gartens nun endlich auch medial zu dokumentieren.

Im Laden angelangt, erlebt sie etwas, womit sie nun wirklich nicht gerechnet hatte: Nicht ein einziges der Modelle dort ist in der Lage, flüssige Zeitrafferaufnahmen zu machen. Stattdessen überbieten sich die Feature-Listen der Geräte mit Funktionen, von denen Sophie nie gehört hat, und sie hat auch keine Ahnung, wozu sie gut sein sollen. »Einen echten Zeitraffer – also eine Einzelbildaufnahme, im Gegensatz zur Intervall-Aufnahmefunktion – gibt's nur im Profibereich«, meint der Verkäufer, »die Geräte sind aber viel teurer und größer, außerdem verkaufen wir die nicht bei uns«.

Sophie bohrt noch ein wenig nach und fragt, ob das denn technisch gesehen ein so großer Aufwand wäre, schließlich hätte ja jede Billig-Fotokamera einen Selbstauslöser mit Zeitfunktion, warum dann keine Bewegtbildkamera mit Zeitrafferfunktion, so was hatten doch schon die Super-8 Kameras in den siebziger Jahren? »Nein, technisch gesehen ist das kein so großer Aufwand. Aber das Gerät hat ja eine Einzelbildfunktion, wie eine Fotokamera! Und mit einer Nachbearbeitung kann man auch aus den Halbsekunden-Stücken der Intervallaufnahme einen flüssigen Zeitrafferfilm herstellen. Die Stärken dieser Kamera«, er deutet auf einen silbergrauen Kasten in der Vitrine, »liegen aber eindeutig in einem integrierten Weißabgleich, drei Überblendprogrammen und einem Untertitelgenerator. Gegenüber den Konkurrenzprodukten deshalb hier klare Vorteile«.

Der Verkäufer hat offenbar keine Lust auf eine technikhistorische Debatte, aber auch keinen praktischen Rat für Sophies Problem. Hobbygärtnerinnen, die den Wert des elektronischen Bildstabilisators nicht zu schätzen wissen, fallen einfach durchs Raster. Mit dieser neuen Einsicht zieht Sophie enttäuscht und in leicht gereizter Stimmung nach Hause ab. »Egal«, denkt sie wenig später, schon etwas milder gestimmt – im Bewusstsein, die Beobachtung des Gartens nicht einem digitalen Videoauge zu überlassen, sondern das Schauspiel wie jedes Jahr selbst vom Gartenstuhl aus zu genießen ...

Ad-Avoidance

Die tägliche Flut von Plakaten, Mailings, Radio-, Fernseh- und Zeitschriftenwerbung, die auf die Marktteilnehmer einströmt, hat zu einem immer härter werdenden Kampf um Aufmerksamkeit geführt. Eine Vielzahl von Medienangeboten erreicht den potenziellen Kunden einfach nicht – er schenkt ihnen schlicht keine Aufmerksamkeit mehr. Viele Konsumenten vermeiden aktiv die Aufnahme von Werbung in Form von Mailings oder Fernsehspots. Das Zappen ist nicht nur am Fernseher zu einer Kulturtechnik zum Zweck der Informationshygiene geworden und gehorcht einer Ökonomie der Aufmerksamkeit. Was stört, wird gnadenlos weggezappt – im Bruchteil einer Sekunde. Diese Vermeidungs- und Verweigerungshaltung hat sich als eine allgemeine Tendenz herausgebildet. Media-Experten haben es mit einer neuen Problemqualität zu tun: Das Verhalten der *Ad-Avoidance* tritt als beobachtbares Massenphänomen auf den Plan. Werbemüdigkeit macht sich beim Publikum breit.

Aufmerk-
samkeit
Die Empfindlichkeit des Einzelnen ist um ein Vielfaches höher als noch vor wenigen Jahren. Wer täglich 20 bis 50 E-Mails bekommt, muss beträchtliche Zeit aufwenden, diese zu sichten. Verständlich, dass leicht gereizt auf unverlangt empfangene Werbemails reagiert wird, die das Postfach zusätzlich verstopfen. Verlangen diese Mails dann auch noch innerhalb eines angebotenen »Unsubscribe«-Formulars die Angabe von Adressdaten als Pflichtfelder, gerät auch der ruhigste Zeitgenosse in Rage.

Auch die mit zweifelhaften psychologischen Tricks um Aufmerksamkeit heischenden, »individualisierten« Massenbriefsendungen erreichen immer öfter das Gegenteil ihrer Intention. Sie landen nicht selten – als unverschämte Belästigung empfunden – ungeöffnet beim Altpapier.

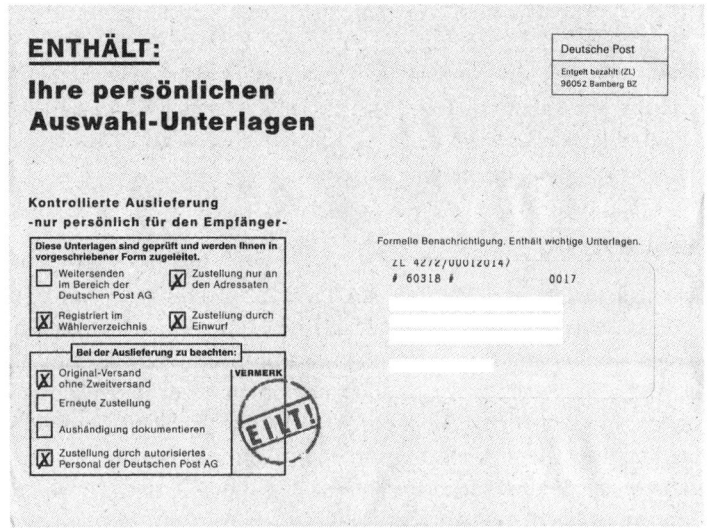

Abbildung 1.2 Im Kleid der amtlichen Zustellung: Massen-Mailing der SKL

Je aufdringlicher sich solche Direktmarketing-Maßnahmen präsentieren und je größer die Streubreite der Sendungen, desto größer ist die Gefahr, dass sich der Absender als Marke bei einer Vielzahl von

Empfängern nachhaltig disqualifiziert. Dabei wird genau das Gegenteil des Intendierten erreicht. Aufdringlichkeit in der Marketingkommunikation gilt für den »neuen Konsumenten« endgültig als schlechtes Benehmen – wie in der persönlichen Kommunikation auch.

Krise der klassischen Werbung

Die Zersplitterung des Medienangebots und die Informationsüberlastung, die zu immer weniger Aufmerksamkeit aufseiten der potenziellen Kunden führt, lässt immer mehr Zweifel an der Effektivität von Werbung aufkommen.

Einzelne Werbeträger erreichen immer geringere Reichweiten in einer komplexen Medienlandschaft. Daraus resultiert, dass es für Unternehmen immer teurer wird, Werbebotschaften »anzubringen«. Der Vielfalt von Werbeplätzen steht aus Unternehmenssicht eine zunehmende Zersplitterung ihres Kommunikationsportfolios gegenüber. Public Relations, Verkaufsförderung, Direktmarketing, Imagewerbung, Sponsoring, Events und interaktive Medien zehren am Gesamtbudget.

Zersplitterung

Die Medienvielfalt führt beim Kunden zu einer Veränderung seiner Wahrnehmung. Von den Agenturen gewünschte Kommunikationsimpulse werden immer weniger verfolgt und immer undifferenzierter verarbeitet. Flüchtige und fragmentarische Kurzzeitwahrnehmungen prägen das Bewusstsein in der Informationsgesellschaft. Eine aktive Auseinandersetzung mit den Werbeinhalten findet immer flüchtiger statt.

Gleichzeitig wächst in vielen Branchen die Konkurrenz. Immer mehr Marken kämpfen um die Gunst des Kunden. So entwickelte sich z. B. seit der Deregulierung des Strommarktes in Deutschland ein intensiver Wettbewerb. Neue Marken erst einmal bekannt zu machen ist dabei zunächst ein wichtiger Gesichtspunkt. Insbesondere bei einem technisch standardisierten Produkt wie der Energieversorgung (230 V/50 Hz) scheinen auf emotionale Wirkung setzende Werbekampagnen das einzige Mittel zu sein, einen Markenunterschied herauszuarbeiten. Doch im Einzelfall fällt die Entscheidung für den einen oder anderen Anbieter nicht alleine deshalb, weil Strom etwa »gelb« ist. Auch die glaubwürdige Haltung des Anbieters etwa zur Umweltproblematik der Energieerzeugung spielt hier eine große Rolle.

Darüber hinaus kann sich ein Stromprodukt als Gesamtdienstleis-
tung trotz scheinbar zwingend gleicher Eigenschaften des Produkts
an der Steckdose durchaus sehr deutlich differenzieren. In welcher
Art und Weise wird dem Kunden die Dienstleistung zugänglich
gemacht? Welche Kommunikationskanäle werden dem Kunden
angeboten? Wie bequem kann er seinen Verbrauch überprüfen?
Wie transparent ist die Darstellung der Tarife? Wie kompliziert ist
es, die Rechnung zu verstehen? Wie einfach ist es, den Tarif zu
wechseln? Gerade im Strommarkt erwachsen durch internetbasierte
sierte Tools erhebliche Differenzierungspotenziale für die Marke.
Dabei spielen nicht nur rationale Argumente eine Rolle. Eine emotional positiv erlebte Gebrauchserfahrung macht der Vorherrschaft
vorgespiegelter Werbeemotion zunehmend Konkurrenz.

Mangel an qualifizierter Kundenberatung

Produkte werden immer komplizierter und beratungsintensiver –
praktisch fehlt den Unternehmen jedoch das Geld, dem Kunden
qualifizierte Beratung zu bieten. Kunden werden dadurch verunsichert. Viele sind auch bereits »gebrannte Kinder«, da sie mangels
Beratung an das falsche Produkt geraten sind. Für die Unternehmen
ist der Druck, immer schon die nächste Innovation entwickeln zu
müssen, größer als das Interesse an Kundenbetreuung. Diese bleibt
häufig auf der Strecke. Die Folge dieser Entwicklung ist ein immen-
ser Vertrauensverlust in einst unantastbar scheinende Marken.
Selbst starke Technologiemarken wie z. B. Siemens oder Sony können so in Gefahr geraten, ihren Markenkredit nach und nach zu verlieren.[5]

Dieses Symptom wird auch deutlich an der grundsätzlichen Trag-
fähigkeit eines Geschäftsmodells wie z. B. dem von dooyo.de oder
ciao.de. Diese haben den Beratungsmangel implizit erkannt und ein
Angebot daraus entwickelt. Ist der Handel und der Hersteller nicht

---

5 So stellt Sony seine Vaio-Notebook-Produkte auf der Website vaio.sony-
europe.com auf den ersten Blick ganz übersichtlich dar – bis man einmal versucht, die konkreten Unterschiede zwischen den angebotenen Geräten und
deren Ausstattung herauszufinden. Dies ist nicht ohne erhebliche Navigati-
onsumstände möglich. Sonys Webangebot nutzt hier nicht die Chance, das
interaktive Medium als kundenorientiertes Tool einzusetzen, das Hilfestellung bei der Kaufentscheidung bietet. Die Erwartungshaltung beim Kunden
wird jedoch in dieser Hinsicht immer größer. Gestaltet ein Konkurrent die
Kaufentscheidung übers Web einfacher, ist der Kunde im Zweifel weg. Service
vice und Produkt sind nicht zu trennen.

willens oder in der Lage, die Kunden ausreichend zu beraten, müssen diese das selbst in die Hand nehmen. dooyoo und ciao bieten Kommunikationsplattformen, auf denen Erfahrungsberichte mit Produkten als »Testberichte vom Verbraucher« abgelegt werden können, die andere potenzielle Kaufinteressenten in ihre Kaufentscheidung für das eine oder andere Produkt mit einbeziehen können.

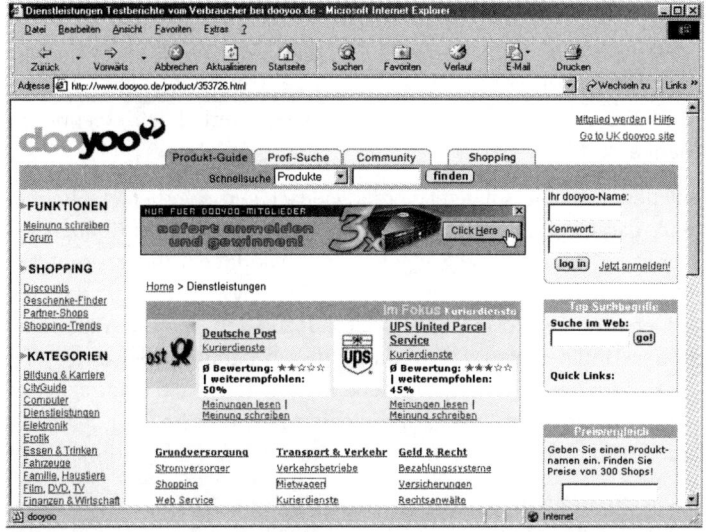

Abbildung 1.3 dooyoo als Reflex auf die Krise der Kundenberatung: Kommunikationsplattform für Verbraucherselbsthilfe

Kommerzielle Dienste dieser Art machen auf den ersten Blick der ehrwürdigen Stiftung Warentest Konkurrenz, deren Satzung die Aufgabe formuliert, »die Öffentlichkeit über objektivierbare Merkmale des Nutz- und Gebrauchswertes zu informieren«. Die Erfahrungsberichte von echten Nutzern bringen jedoch gegenüber den »objektivierbaren Merkmalen« noch eine andere Note in die Bewertung ein. Neben der objektiven »Tech«-Dimension kommt dort auch die subjektive »Touch«-Dimension zur Sprache. Der Weg zur privaten Kontaktaufnahme ist dabei jederzeit gegeben. Websites dieser Art bergen das Potenzial, vorher verstreute und isolierte Nutzer eines Produkts in eine frei kommunizierende Anwendergruppe zu verwandeln. Verglichen mit der Stiftung Warentest wird hier ein Vernetzungsangebot gemacht. Der Informationsfluss über Produkte läuft dadurch an vom Produzenten vorgesehenen Informationskanälen völlig vorbei. Der Kunde in spe vertraut eher dem Dialog mit einem unabhängigen Fremden, als einem Kundenberater oder einem geschönten Werbeimage.

Krise von Qualität und Handhabbarkeit

Durch den enormen Konkurrenzdruck sind in vielen Branchen die Entwicklungszyklen von Produkten stark verkürzt worden. Dies geht nicht selten auf Kosten der Qualität der Produkte. So stellte ein Gutachter bei sieben von zehn gekauften Handys der gleichen Modellreihe eines renommierten Herstellers erhebliche technische Mängel fest.[6]

Unausgereifte Produkte Solcherlei Qualitätsmängel werden vielfach gerne vertuscht. Funktioniert das Gerät nicht so wie versprochen, wird dem Kunden ein erhöhtes Maß an Toleranz abgefordert. So findet ein anderer Mobiltelefonhersteller nichts dabei, die mangelhafte WAP-Software der Erstauslieferung auf Kosten des Kunden upzudaten. Für die Mitarbeiter an den Hotlines wird der Job unter diesen Bedingungen zur psychischen Tour de Force. Sie sind neben den Nutzern die Leidtragenden dieser Entwicklung. Dies ändert nichts daran, dass im Grunde unausgereifte Produkte in erstaunlicher Breite auf den Markt kommen.

Insbesondere bei menügesteuerten Elektronikgeräten ist der allgemeine Qualitätsgrad, gemessen an möglichem Qualitätspotenzial, relativ niedrig – nicht nur in der technischen Fertigungsqualität und der gering angesetzten Lebensdauer des Produkts. Auch bei der Konzeption von Menübäumen und ihren Begrifflichkeiten ist nicht alles Gold, was glänzt.[7] Dies wird fast immer deutlich, wenn man nach dem Zufallsprinzip Anwender solcher Devices ein wenig in Gespräche verstrickt. Nahezu jeder Befragte weiß hier von manifesten Bedienungsproblemen und den entsprechenden Frustrationserlebnissen zu berichten.

---

6 so ein Beitrag der ARD-Sendung Plusminus vom 2.4.2002 (www.hr-online.de/fs/plusminus/beitrag/020402handyaerger.html)

7 So wird die gängige Bezeichnung für Short Messages, »SMS«, beim Siemens Handy C45 in schönstem Amtsdeutsch zur »Meldung«. Warum man sich nicht für den näher liegenden Begriff »Nachricht« entschieden hat, muss subtile Gründe haben, die sich einem Benutzer jedoch nicht erschließen. Wenn dieser eine SMS erhalten hat, wird er im Alltag sicher nicht davon sprechen, eine »Meldung« bekommen zu haben.

Mit einigen Gründen lässt sich von so etwas wie einer allgemeinen Krise der Handhabbarkeit sprechen. Inzwischen treten technische Schulungsangebote auf den Markt, die sich nicht an Unternehmen wenden, sondern gezielt an Privatleute. Ein Beispiel ist die Handyschule (siehe Abbildung 1.4).

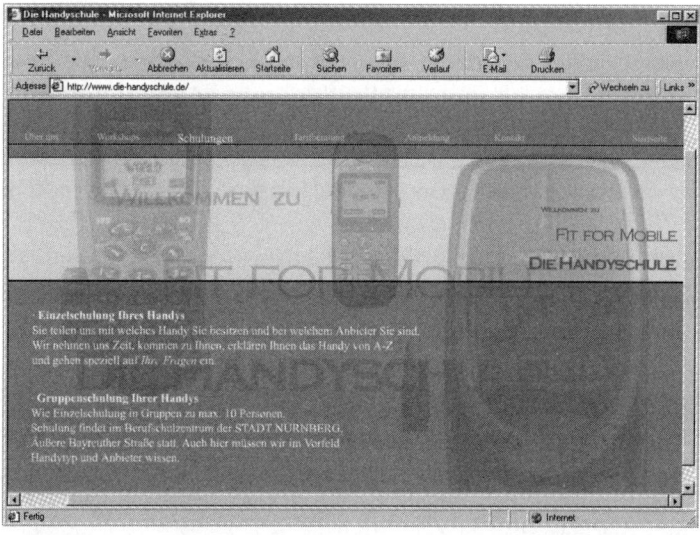

Abbildung 1.4 Handyschule: Antwort auf die Krise der Handhabung

Der Gebrauch von Gegenständen des täglichen Lebens wird den Kunden zunehmend zum lästigen Problem – und gleichzeitig zur notwendigen Kulturtechnik. Menschen mit Handicaps sind davon besonders betroffen. Vor dem Horizont einer zunehmenden Überalterung der Gesellschaft in Mitteleuropa erscheint diese Tendenz umso relevanter.

Besonders auffallend ist hier, dass negative Erlebnisse mit Produkten kaum einen Kanal finden, um sich beim Anbieter oder Hersteller Gehör zu verschaffen. Die Folge überlasteter oder mit unzureichend qualifiziertem Personal besetzter Hotlines zeigt sich oft genug im einem agressiven Gesprächsklima, das wenig an die strahlende Produktwerbung erinnert. Letztlich lässt sich die Hilflosigkeit, in der sich der im Stich gelassene Kunde befindet, an der Bitterkeit und Gnadenlosigkeit ablesen, mit der so genannte Watch- bzw.

Kritik an Unternehmen

Hatesites (z. B. www.aolwatch.org) ihre »Feinde« attackieren. So wie das Internet als hervorragender Kanal für die Verbreitung positiver Propaganda benutzt werden kann, können zu »Pressure Groups« zusammengeschlossene Gruppierungen im Netz ebenso rasch und ungefiltert publizieren. Kritik an Unternehmen, ihren Produkten und Dienstleistungen findet sich dann auch – nicht selten ungeprüft – in der Presse wieder.

Aber auch die Dunkelziffer derer, die eigene schlechte Erfahrungen mit Markenprodukten nicht öffentlich, sondern nur auf persönlicher Ebene als Trendsetter oder Multiplikator weiterverbreiten, ist kaum zu unterschätzen. Die Gebrauchstauglichkeit (Usability) wirkt auf die Marke – im Positiven wie im Negativen. Der Imageschaden, der einem Unternehmen durch mangelhafte Usability seiner Produkte entsteht, ist nicht mehr durch noch so blendende Imagekampagnen wettzumachen.

Die negativen Reaktionen auf Produkte sind niemals unbegründet. Was läuft bei den Anbietern schief? Die Entwickler der entsprechenden Interfaces scheinen hier überfordert bzw. durch wenig sinnvolle Vorgaben in ihrer Arbeit behindert zu sein. Nur allzu oft fordert das Marketing in Unkenntnis der ergonomischen Zusammenhänge eine umfangreiche Ausstattung mit technischen Features, die das Produkt vom wettbewerbstechnischen Standpunkt aus gesehen angeblich aufweisen muss. Real festgestellte Benutzerwünsche und realistische Nutzungsszenarien werden zu selten systematisch in die Entwicklung einbezogen, weil man sich lieber an den Konkurrenzprodukten (und wie sie vermeintlich übertrumpft werden können) orientiert als am eigentlichen Produktnutzen.

Letztendlich runden viel zu umfangreiche, aber dennoch im Problemfall wenig hilfreiche Handbücher[8] diese Misere sozusagen ab. Denn aus Kundensicht handelt es sich um eine solche – ob es sich nun innerhalb der Wertschöpfungskette um Endkunden oder professionelle Weiterverarbeiter handelt.

---

8 Z. B. durch unverständliche Abkürzungen oder überflüssige Formulierungen wie »Sie können mit dieser Funktion ihr Gerät wie gewünscht konfigurieren«. Oft bieten Onlinehilfen oder Handbücher auch keine Hilfe im Hinblick auf typische Vorgehensweisen, sondern lediglich auf die vorhandenen Einzelfunktionen.

Denn nicht nur in den heimischen Wohnzimmern wird geflucht und zum Teufel gewünscht, sondern auch am Arbeitsplatz. Beispielsweise tragen bei professionell eingesetzter Software Unübersichtlichkeit und Bugs zu einer beachtlichen, aber im Prinzip vermeidbaren Vernichtung von Produktivkraft bei. Mangelhafte Usability ihrer Werkzeuge kostet die Unternehmen viel Geld – nicht nur in Anbetracht verschwendeter Arbeitszeit und geringerer Arbeitsmotivation. Es wird zugleich eine Fülle von Schulungen notwendig, um die Sperrigkeit der Produkte zu kompensieren. Unternehmen nehmen diese für ihre Mitarbeiter wohl oder übel in Anspruch, damit wenigstens für kurze Zeit (bis zum nächsten Update) der Betrieb aufrechterhalten werden kann.

Vernichtung von Produktivkraft

Der Software-Riese SAP hat als Hersteller bereits 1998 die Dramatik dieser Entwicklung erkannt und darauf reagiert. Um diesen schleichenden Prozess in Richtung Absurdität, den man am eigenen Produkt mit Unbehagen registrieren musste, zu stoppen, wurde für die Zeitspanne eines Jahres nicht die Einbindung neuer Features in den Mittelpunkt der Entwicklung gestellt, sondern die Verbesserung der Usability der bereits vorhandenen Funktionalitäten. Zu diesem Zweck wurden die typischen Nutzerprobleme systematisch analysiert und im Re-Design reflektiert. Der Erfolg gibt dieser Vorgehensweise Recht.[9]

Der Kunde als Betatester?

Parallel zur *Ad-Avoidance* ist eine *Feature-Avoidance* zu beobachten. Je komplexer Produkte in letzter Zeit wurden, desto voraussetzungsreicher und fehleranfälliger wurden sie auch. Die Grenze dessen, was als benutzbar gilt, wird von den Anbietern gerne in Richtung des Kunden verschoben. Mit anderen Worten: Solange kein technischer Fehler vorliegt, soll der Kunde sehen, wie er damit zurechtkommt.

---

9 Vgl. Steffens, Franz; Dorrhauer, Carsten; Zender, Andrej. Usability ausgewählter Geschäftsprozesse. Vergleich der SAP-Systeme R/34.0B und Enjoy R/3 Release (4.6A). In: HMD, Praxis der Wirtschaftsinformatik, Heft 212, April 2000, S. 57-70

Early Adoptors, das heißt Anwender, die es chic finden, neue technische Produkte und Gadgets sofort in Besitz zu nehmen, mögen ihre Funktionszuweisung als Produkt-Betatester hinnehmen. Doch werden sich nüchterne Kunden wohl nicht mehr lange in ihrem Verhalten an den Technik-Freaks orientieren. Was Geld kostet, muss nicht nur zugänglich sein und funktionieren, sondern auch Bedienungskomfort bieten. Wenn die Schwelle der Voraussetzungen zu hoch liegt, werden diese Kunden die längste Zeit solche gewesen sein. Zumal, wenn Konkurrenten kundenfreundliche Produkte anbieten.

Customizing

Der Konsument wird mehr und mehr zum »Prosumenten«. Immer häufiger dringen individualisierbare Produkte in den Markt ein. Der Kunde stellt sich sein individualisiertes Produkt selber zusammen: Geschenkpapier bei Amazon oder die Ausstattung bei VW. Geschieht dies über Internet-Interfaces (siehe Abbildung 1.5), können Unternehmen Personal und somit Geld einsparen – vorausgesetzt, die Kunden verstehen die Konfigurationsmöglichkeiten des Produkts und kommen mit dem Customizing-Tool zurecht.

Die Gründe dafür, Customizing von Produkten anzubieten, sind unterschiedlich motiviert. Das tragendste Motiv geht vom Kunden aus, der nicht einsieht, warum er Produkte mit Eigenschaften kaufen soll, die ihm nicht zusagen. Das klassische Beispiel der Wirtschaftsgeschichte ist das Modell T von Ford, das anfangs nur in einer Farbe erhältlich war, nämlich in Schwarz. »Sie können als Kunde die Farbe selbstverständlich aussuchen – solange es Schwarz ist«, war dazu Fords süffisanter Kommentar. Diese Haltung konnte Ford jedoch nur so lange einnehmen, bis die Wettbewerber mehr Auswahl anboten.

Ein weiteres Motiv geht auf die Krise der Beratung zurück. Lösungen in Form eines »automatischen Beraters« wurden gesucht. Von da aus war es nicht weit bis zum Customizing-Tool, dem dann implizit auch die Beratung aufgebürdet wurde. Dies funktioniert vielfach – oder eben nicht. Der Erfolg steht und fällt mit der informatorischen und technischen Qualität des Customizing-Tools und seiner Usability.

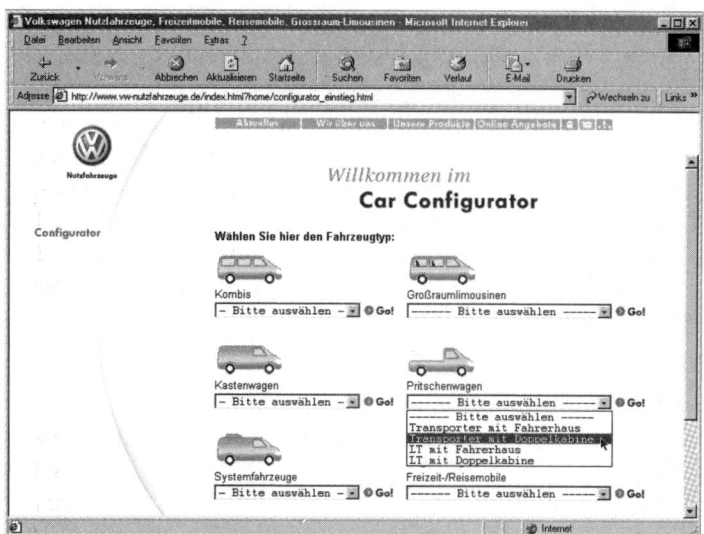

Abbildung 1.5 Mass Customization: Übergang von Kommunikation und Transaktion im Produkt-Konfigurator am Beispiel VW (www.vw-nutzfahrzeuge.de.com)

Die ökonomischen Chancen einer *seriellen Maßschneiderung* erweitern die Möglichkeiten individualisierter Produkte zunehmend. Fertigungsroboter ermöglichen die Abweichung von der Serie, auch wenn sich an die Mass Customization zusätzlich neue Probleme der Vertriebs- und Reklamationslogistik knüpfen. Die gelungene, nutzerorientierte Gestaltung von Customizing-Tools im Internet wird mit darüber entscheiden, ob individualisierte Produktangebote auf dem Markt Erfolg haben.

Mass Customization

Marketingkommunikation hat die neue Aufgabe, den Sinn der Individualisierung zu vermitteln. Statt allein das Standardprodukt mit Sinn aufzuladen und zu emotionalisieren, muss das Marketing zusätzlich die Individualisierungsmöglichkeit hervorheben. Vor allem aber ist die Funktionalität des Customizing-Tools sicherzustellen – sonst nützt der symbolisch-kommunikative Aufwand nichts.

Denn zwischen dem Wunsch des Kunden nach einem Paar Schuhe, die seiner Vorstellung nach Individualität gerecht werden, und der Lieferung der individualisierten Ware steht unerbittlich der Nutzen bzw. die Benutzbarkeit des Customizing-Tools. Die Frage, die sich hier stellt, ist die nach der Widerspruchsfreiheit der Benutzererfahrung mit dem angestrebten Image der Marke. Die Kompetenz, die der Anbieter bei allen Schritten des Customizings in der Antizipation von möglichen Benutzerproblemen beweist, wird immer wertvoller. Denn positive Nutzererfahrungen lassen den Kunden auf das imaginäre Markenkonto einzahlen.

Dieser fließende Übergang von Transaktion und Kommunikation im Customizing erzeugt dabei ein neues Aufgabenfeld, das sich das Marketing erst noch bewusst machen muss.

Integrierte Kommunikation?

Die Krise der Werbung erzeugt hektischen Aktionismus bei vielen Agenturen. Die Verschiebung der Etats weg von der klassischen Werbung hin zu elektronischen Medien, Event- und Sponsoring-Aktivitäten verunsichert die Szene. Der Kampf um Aufkäufe von Spezialagenturen dokumentiert dies.[10] Die alte Frage nach der integrierten Kommunikation wird jedoch dadurch nicht gelöst, sondern durch neue Medien, Services und Produkte erneut aufgeworfen.

Self Services Wird auf Unternehmensseite die Strategie des marktorientierten Managements ernst genommen, muss integrierte Kommunikation mehr als bisher auch das Produkt selbst und alle daran anknüpfenden, interaktiven Self Services berücksichtigen. Von der Gebrauchsanweisung über die Benutzerführung bis zur Hotline. Denn all diese Aspekte stehen dem Kunden als Interfaces gegenüber, die die Marke repräsentieren.

1.2 Vernetzung und beschleunigte Ökonomie

>>Das Verständnis, wie Netzwerke funktionieren, wird der Schlüssel zum Verständnis sein, wie Wirtschaft funktioniert.<< Kevin Kelly

Ein Internet-Jahr entspricht sieben Jahren in der wirklichen Welt, so hieß es. Investoren versprachen sich von diesem Effekt raschere und höhere Renditen. Diese Hoffnungen haben sich im Allgemeinen nicht bewahrheitet. Denn jedes Produkt und jede Dienstleistung muss von der >>wirklichen Welt<< der Kunden erst akzeptiert und als sinnvoll erkannt werden. Die sinnvolle Benutzung will

---

10 Vgl. dazu Grauel, Ralf. »Intrigante Kommunikation« in: brandeins, 5/2001

erlernt sein und in die täglichen Prozesse eingebaut werden. Insofern gilt unter allen Umständen: Ein Internet-Jahr entspricht immer einem Jahr in der wirklichen Welt. Eine einzelne Branche kann eben doch nicht von ihrer Umwelt abstrahieren.

Und doch ist die Tatsache einer Geschwindigkeitszunahme nicht von der Hand zu weisen. Denn Wirtschaft und Gesellschaft der »wirklichen Welt« werden vom Entwicklungstempo der Vernetzung – wenn auch indirekt – mitgerissen. Vernetzte Computer, als Kommunikationsmedien eingesetzt, bilden die Voraussetzung eines Beschleunigungsschubs der Wirtschaft. Die Menge der Beziehungen steigt, die Dauer von Transaktionen verkürzt sich. Beschleunigung meint dabei nicht unbedingt Wachstum, sondern den immer schnelleren Wandel von Marktumfeldern. **Beziehungen**

Das Potenzial der Vernetzung liegt in der Neubildung von Beziehungen und deren Stabilisierung – ob zwischen Unternehmen und Endkunde (B2C, C2B), Unternehmen und Handel bzw. Zulieferer (B2B) oder zwischen Konsument und Konsument (C2C).

Netzwerktechnologien ermöglichen und bewerkstelligen also die Integration von Transaktionen, Prozessen und Kommunikation. Der Börsenhandel über das Netz macht diese Tendenz deutlich. Der Einsatz von Telematik macht die Wirtschaft zur weltweiten Echtzeit-Installation. Das Netz schneller Verbindungen zwischen Akteuren bildet die Grundlage für neue Handlungsoptionen, die die wirtschaftliche Beschleunigung forcieren. Die neuen Möglichkeiten tragen ihrerseits zur Herausbildung veränderter Umweltbedingungen bei, von denen hier exemplarisch einige genannt sein sollen: **Handlungsoptionen**

▶ **Erhöhter Innovations- und Konkurrenzdruck**
Die »Halbwertszeit« der technologischen Innovation, die Dauer der Produktzyklen, verkürzt sich von Jahr zu Jahr. Ob in der Computerindustrie oder im Automobilbereich mit seinen halbjährlichen Modellwechseln: Ein erhöhter Innovationsdruck ist offensichtlich. Doch nicht nur auf der Ebene von Produkten, sondern auch auf der Ebene von Geschäftsmodellen ist die Dynamik immens. Die Musiktauschbörse Napster zeigte, wie schnell eine geschickte Anordnung von Internettechnologie mit bisher nicht gekannter Geschwindigkeit etablierte Industrien das Fürchten lehren kann. Wer die kreative Verwendung von Technologie einfach nur als »Missbrauch« abtut, unterschätzt die Möglichkeiten, die in Netzwerkstrategien stecken.

▶ **Gestiegene Anzahl von Dialogen**

Dialoge mit Kunden per E-Mail waren in vielen Branchen noch bis vor wenigen Jahren die Ausnahme – es gab in vielen Unternehmen zumeist noch keinen durchgängigen E-Mail-Prozess und es wurde auch kein Personal eingeplant, das die Mails hätte beantworten können. Inzwischen wird dieser Kanal in den meisten Unternehmen systematisch genutzt, indem E-Mail-Dialog und Hotline gekoppelt werden. Aus dem Callcenter wird ein Kontaktcenter. E-Mail ist mittlerweile ein nicht mehr wegzudenkender Kanal – vor allem für Kunden, die auf diesem Wege ad hoc in einen verbindlichen Dialog mit einem Unternehmen treten können.

▶ **Gestiegene Anzahl von Transaktionen**

Auch wenn sich die Bezahlung per Internet noch nicht wirklich durchgesetzt hat und Sicherheitsrisiken bestehen bleiben – verbindliche Transaktionen sind auf dem Vormarsch. Ob Bücher kaufen, Reisen buchen, Überweisungen tätigen oder an der Börse spekulieren – das Netz bietet vielfältige Handlungsoptionen, die erst durch die Möglichkeiten des schnellen Rund-um-die-Uhr-Zugriffs auch genutzt werden.

▶ **Neue Arbeitsmodelle**

Unternehmen brauchen für ihr Geschäft qualifizierte und flexible Mitarbeiter, die mitunter vor der eigenen Haustüre nicht zu finden sind. So ist die Kilometerzahl, die Pendler täglich zurücklegen, enorm. Gemischte Formen von Büro- und Heimarbeit bilden sich mit der Verbreitung von Breitbandzugängen als Alternative aus. In das Bild vom globalen Dorf passen die Extranets, die sich für den Zugriff auf Informationen von Unternehmen mit verteilten Standorten etabliert haben. Für die Entscheidung, an einen Ort zu reisen oder »remote« zu arbeiten, steht oftmals mehr die soziale Komponente der Face-to-Face-Kommunikation im Vordergrund als der rein pragmatische Aspekt.

▶ **Integration der Wertschöpfungskette**

Technische Vernetzung ermöglicht die Integration von Prozessen und Transaktionen über Unternehmensgrenzen hinweg. E-Business im B2B-Bereich ermöglicht eine Effizienzsteigerung von Bestellwesen, Logistik und Vertrieb zwischen Unternehmen und seinen Zulieferern. Im Idealfall werden die Informationsflüsse diskret und in Echtzeit an den Ort gelenkt, wo sie benötigt werden.

Wertschöpfungsketten laufen quer zu Unternehmensgrenzen; neue Zulieferbranchen können sich entwickeln, wenn sie die entsprechende Schnittstellenkompatibilität erfüllen.

1.3 Vernetzte Produkte

»We have learned to take things at interface value.«
Sherry Turkle

Die Infrastruktur der Vernetzung ermöglicht neue Typen von Angeboten, bei denen Hardware, Software und Dienstleistung ineinander fließen. Derartige Angebote entstehen, wenn einem Produkt Dienstleistungen hinzugefügt werden, die diesem eigentlich fremd sind, der Bedarf danach aber während des Gebrauchs des Produkts regelmäßig entsteht. Die Entwicklung solcher hybrider Produktangebote[11] schafft Differenzierungsmerkmale im Markt. Sinnvolle Ansätze dafür finden sich im typischen Gebrauchsprozess. Diesen gilt es deshalb genau unter die Lupe zu nehmen, will man diese Potenziale nutzen.

Was kann man sich nun konkret unter einem hybriden Produkt vorstellen? Ein einfaches Beispiel: Sie kaufen einen Computer. Mit der Ware erhalten Sie aber noch Dienstleistungen, die Ihnen dabei helfen, ihren Rechner sinnvoll einzusetzen. So werten manche Anbieter ihr Hardwareangebot mit Inklusiv-Dienstleistungen wie Webspace und E-Mail-Adresse auf.

So bieten Mobilfunkanbieter Infoservices per WAP und entsprechende Portale mit den verschiedensten Dienstleistungen an. Die Möglichkeit der Lokalisation des Benutzers per GPS ermöglicht dabei das Angebot kontextabhängiger Dienste (*Location Based Services*). Wo ist die nächste Tankstelle? Wo gibt es in der Nähe ein Restaurant? Die Informationen über die lokalen Angebote werden hier Bestand-

Kontext-abhängige Dienste

---

11 Der Begriff »hybride Produkte« ist dem Fraunhofer-Institut für Arbeitswissenschaft und Organisation in Stuttgart entlehnt. Dort meint das »Design hybrider Produkte« eher die Gestaltung von kundenorientierten Services rund um ein Produkt eines einzelnen Unternehmens. Hier wird dieser Begriff etwas weiter gefasst und bezeichnet alle kombinierbaren Produkte und Dienstleistungen, die in Kombination mit anderen Produkten und Dienstleistungen ein kundenorientiertes System bilden. Für den Kunden ergibt sich ein singuläres »Produkt«, verstanden als nutzbares System – auch wenn die Inanspruchnahme mehrerer Anbieter zusammen erst die Nutzung dieses »hybriden« Systems ermöglichen.

teil der Leistung, die gleichzeitig Multiplikatorfunktion für die lokalen Fremddienstleistungen besitzt. Für den Nutzer ergibt sich daraus ein hybrides System, das auf dem Angebot mehrerer Anbieter basiert.

Die Anwendung und Konfiguration solcher Dienste will gelernt sein. Im Prinzip werden hier dem Kunden komplexe Aufgaben zugemutet, die alles andere als trivial sind. Der Erfolg solcher Dienste steht und fällt mit der Konzeption und Gestaltung eines »narrensicheren« Interface. Die Herausforderung besteht darin, wie im Grunde komplizierte Sachverhalte in ihrer Dynamik und in all ihren Abhängigkeiten sich im Gebrauch dennoch als einfach darstellen können. Diese Aufgabe wird in Anbetracht einer noch zu erwartenden Ideenflut für hybride Produkte und Systeme in der Zukunft noch mehr an Bedeutung gewinnen. Von ihrer befriedigenden Lösung im Einzelfall hängt der Erfolg solcher komplexen Produkte maßgeblich ab.

Telematik Vernetzung meint in erster Linie die Verbindung von räumlich entfernten Akteuren. Dies wird durch telematische Verbindungen von Geräten erreicht. Eine Steigerung der Komplexität wird durch den Einsatz automatisierter Dienstleistungssysteme erreicht. Location Based Services und Instant Networks sind die Vorboten einer vernetzten Automatisierung des Alltags. *Ubiquitous Computing*[12] wirft neue Fragen nach Datenschutz und der Kontrolle auf, die ein Nutzer über die intelligenten Devices hat. Unter Design- und Usability-Aspekten entstehen auch hier neue Herausforderungen. Probleme der Handhabung bei der Konfiguration immaterieller und unsichtbarer Services und Funktionen stehen im Mittelpunkt. Automatismen können entlasten, aber auch zur Last werden: dann nämlich, wenn der Benutzer die Kontrolle und die Übersicht über die automatischen Dienste verliert.

Der mit dem Datennetz verbundene Computer setzt den Siegeszug der Telematik – der mit der Telefonie begann – mit neuen Möglichkeiten fort. Die Gestaltung der Interfaces bestimmt dabei zu einem

---

12 *Ubiquitous Computing* meint die Tendenz zur zunehmenden und nicht auf den ersten Blick sichtbaren Ausstattung der Gegenstandswelt mit Prozessoren und Speicherchips. Drahtlose Netzwerke sorgen für einen geräteübergreifenden Informationsfluss. Vgl. dazu auch http://www.ubiq.com/hypertext/weiser/UbiHome.html

großen Teil die Qualität der neuen telematischen Dienste. Auch die Qualität des Mediums Computer hat sich – berücksichtigt man Übertragungskapazität, Bildschirmauflösung und Fähigkeit zur Bewegtbilddarstellung – einem »menschlichen Maß« der Medienrezeption immer mehr angenähert. Das Design der Benutzeroberfläche von Betriebssystemen und Software hat daran keinen geringen Anteil.

Doch die Vernetzung der Gegenstände emanzipiert sich von der Anwesenheit eines Computers. Mitte der neunziger Jahre brachte der Schweizer Uhrenhersteller Swatch eine Uhr heraus, die im Markt hervorragend einschlagen sollte. Die Funktionalität der Zeitanzeige wurde mittels Speicherchip und Ringantenne um die »Access«-Technologie erweitert. Dieser Speicherchip kann berührungsfrei von mehreren Dienstleistern mit Daten beschrieben werden, die andernorts mittels eines Lesegerätes (Reader) drahtlos validiert werden können. Mögliche Anwendungen sind: Zutrittssysteme, Ticketing, Zugangsberechtigungen sowie die elektronische Geldbörse. So wird z. B. durch die Kooperation von Swatch mit einem weltweit agierenden Skilift-Ausrüster das Produkt Bestandteil eines Systems. Mit seiner bedienerfreundlichen, berührungsfreien Chip-Technologie öffnet Swatch somit die Tore zu zahlreichen Skiliften auf der ganzen Welt.

Die Swatch Access ist ein gelungenes Beispiel eines hybriden Systems: ein Hardwareprodukt, das die materielle Basis für ein Dienstleistungsprodukt bildet. Die entsprechenden Standards und Absprachen waren die Grundlage für den Erfolg. In jüngster Zeit brachte Swatch ein weiteres, auf ähnlicher Technologie basierendes Produkt heraus, den net.invader (siehe Abbildung 1.6). Der Mikrochip in der Uhr speichert Passwörter fürs Web und überträgt sie über ein Mousepad drahtlos auf den Rechner.

Abbildung 1.6 Swatch, net.invader: Alltagsobjekt mit unsichtbarer Verbindung zur Umwelt

Telematik stellt Nähe her. Eine andere Art von Nähe erzeugen über das Internet zur Verfügung gestellte Produktsimulationen. Komplexe Produkte können umso mehr für sich selbst sprechen, je genauer ihre Funktionen dargestellt werden. Simulationen ermöglichen es, Produkte transparent zu machen, noch ehe ein Kunde sie in der Hand hält. Produktsimulationen im Netz haben ihre Grenzen, aber den Vorteil für den Kunden, sich einen tieferen Eindruck vom Produkt verschaffen zu können (siehe Abbildung 1.7).

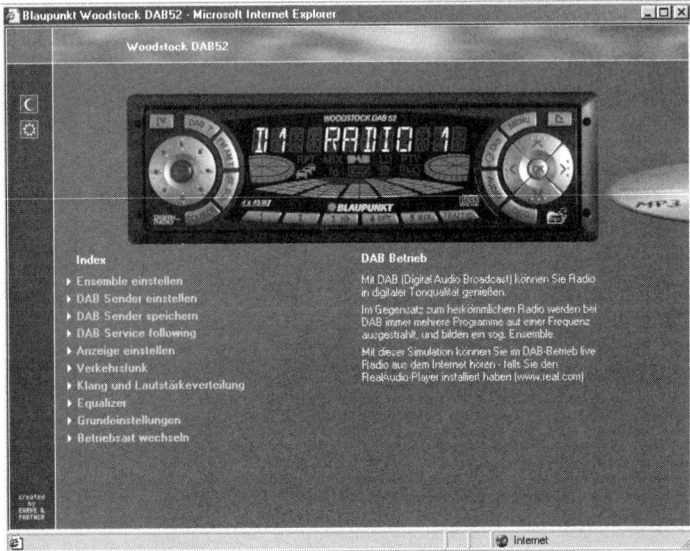

Abbildung 1.7 Self-Service-Beratung im Web: Produktsimulator (www.blaupunkt.de)

1.4 Markenerosion

> »Produkt, Marketing und Markenbildung sind dermaßen eng miteinander verflochten, dass es nicht mehr möglich ist, den Charakter eines Gegenstands von seinem Produktimage zu unterscheiden – sie sind eins.«
> Jane Pavitt

Marken wirken als Orientierungspunkte in einem zunehmend unübersichtlichen Markt. Ziel des *Branding* ist es, dem Markenprodukt einen festen Platz auf der geistigen Landkarte des Kunden zu verschaffen.

Nicht nur das rationale Bewusstsein des »Homo oeconomicus«, der die Kosten-Nutzen-Relation vor Augen hat, wird dabei angesprochen, sondern Gefühl und Emotion. Branding ist sozusagen der Versuch, die Emotionen der Kunden zu lenken.

Dies ist keineswegs nur bei Konsumgütern so. Auch kühl kalkulierende Manager verlassen sich bei großen Investitionsentscheidungen nicht allein auf harte Fakten. Den Ausschlag gibt nicht selten das Bauchgefühl. Besonders deutlich wird dies bei den Investmentbankern, wo die ernsthafte Rede von »Kursphantasie« auf eine durch Fakten zwar gestützte, letztlich aber irrationale Entscheidungsheuristik hinweist.

Doch zurück zu den Produkten. Der Produktnutzen spielte beim Branding bisher zwar eine gewisse Rolle, im Vordergrund stehen jedoch meist die mit Emotionen aufgeladenen Werbebilder. Auch wenn es keine »Frage der Ergonomie, sondern in der Tat eine Glaubensfrage ist, ob man mit einem Tennisschläger von Wilson oder Prince spielt« (N. Bolz): Je komplexer Produkte sind, desto mehr geraten die Marken in die zuweilen prekäre Lage, ihr Markenimage im Gebrauch der Produkte beweisen zu müssen. Tun sie dies nicht, beschädigen sie ihre eigene Substanz. Dabei spielt die Gesamtheit aller Erfahrungen mit einer Marke eine Rolle.

Produktnutzen und Vertrauen

So präsentiert die Fernsehwerbung AOL als Internetprovider mit kinderleichtem Zugang – doch wenn gleichzeitig in der Presse zu erfahren ist, dass es bei der Rechnungstellung zu erheblichen Unregelmäßigkeiten[13] kommt, dürfte es mit dem Vertrauen in die Absendermarke im Zweifel rasch vorbei sein. Und der Aufbau von Vertrauen ist die wichtigste Funktion einer Marke.

Bei Produkten, die nicht jeden Tag gekauft werden und bei deren Kauf noch keine »Ritualisierung« stattgefunden hat, spielen die Informationen über das Produkt selbst eine große Rolle.

Es sei denn, der Kunde macht es sich einfach und orientiert sich am Kompetenzimage der Absendermarke. Wenn Siemens die elektrische Ausstattung der ICE-Züge übernimmt, dann sollte auch ein Faxgerät von Siemens zuverlässige Dienste leisten. Für den Kunden wäre es in

---

13 So berichtete das ARD-Magazin Plusminus am 8.1.2002 über Fälle von Rechnungstellungen an AOL-Kunden, für die keinerlei Leistung erbracht wurde – und dem Versuch von AOL, die entsprechenden Beträge dennoch einzuziehen.

der Tat eine Vereinfachung der Kaufentscheidung – sollte die Erwartung in das Produkt jedoch enttäuscht werden, gerät das Siemens-Markenimage für den enttäuschten Kunden insgesamt ins Wanken.

Je komplexer Produktangebote werden, desto mehr sollte der Anbieter das Augenmerk nicht nur auf die Produktlinie im Allgemeinen, sondern auch auf die Produktqualität im Speziellen richten. Ist bisher sprachliche und symbolische Kommunikation das Hauptfeld des Marketings gewesen, gelangt man zunehmend zu der Einsicht, dass die anderen Komponenten des Marketingmix für den Markenaufbau einen immer höheren Stellenwert einnehmen. Wie einfach lässt sich das Produkt in der Praxis anwenden? Ist es insgesamt ökonomisch für mich? Kann ich jederzeit und überall auf die Produktservices zugreifen? Diese Fragen gewinnen gegenüber dem symbolischen Markenaufbau mehr und mehr an Gewicht.

Orientierung und Wertschätzung Marken als Symbole müssen ihre Orientierungsfunktion nach wie vor beibehalten – doch die komplexen Produkte sollten das so erzeugte Markenimage auch einlösen können. Symbolische Kommunikation (*Branding*) und Produktgebrauch (*Usability*) sind nicht zu trennen.

Je komplexere Funktionen Produkte ermöglichen, desto weniger lässt es sich für den Kunden abschätzen, inwieweit in späteren Gebrauchssituationen seine Bedürfnisse berücksichtigt sind. Nur selten lassen sich solche Produkte vorab testen. Das Vertrauen in ein Produkt ist deshalb vor allem Vertrauen in den Anbieter. Je dynamischer das Kommunikationsumfeld, desto mehr nimmt der Absender eine Schlüsselrolle ein, nicht die Botschaft. Dem Absender vertraue ich, ihm schenke ich meine Zeit – oder eben nicht. Wenn Sie zwanzig neue E-Mails bekommen haben, nur Topic und Absender sehen und nun nach Wichtigkeit sondieren – nach welchem Kriterium priorisieren Sie die Mails? Welche lesen Sie zuerst? Untersuchungen haben ergeben, dass das Topic dabei sekundär ist. Auf den Absender kommt es an. Wessen Nachricht interessiert mich? Die Beantwortung dieser Frage entscheidet, ob Nachrichten wahrgenommen werden. Wertschätzung und Vertrauen beziehen sich auf den Absender, nicht auf die Nachricht. Im beschleunigten Markt der Zukunft wird deshalb *Corporate Identity* immer mehr zum Erfolgsfaktor.

1.5 Kundenorientierung und Dialog

»Märkte sind Gespräche.«
Cluetrain Manifest

Wenn irgendetwas an der Verbreitung des Internets als Massenmedium »revolutionär« ist, dann zuallererst die Tatsache, dass die Sender-Empfänger-Hierarchie der »alten« Massenmedien Radio und Fernsehen überraschend unterwandert wurde.

Dieser Umstand hat weitreichende Folgen. Inzwischen haben E-Mail, Breitbandanschluss und preisgünstiger Webspace jedem Interessierten die Möglichkeit an die Hand gegeben, mit einfachen Mitteln weltweit an einer bidirektionalen, schriftlichen und bildlichen Kommunikation teilzunehmen. Plakativ gesprochen: Der Konsument, vormals als »Couch Potatoe« bekannt, erhebt sich von seinem Lager und sieht sich in der Lage, selbst aktiv zu werden. Dies wirkt irritierend, nicht zuletzt auf werbeorientierte Marketingstrategien.

Die amerikanischen Autoren Fredrick Levine, Christopher Locke, Doc Searls und David Weinberger haben den radikalen Bruch, der sich für das Marketing in den neuen »Networked Markets« andeutet, in ihren 95 Thesen des Cluetrain Manifests sehr plastisch formuliert.[14]

Durch gezielten und schnellen Informationsaustausch emanzipieren sich die Kunden von den einlullenden Werbesprüchen der alten Marketingstrategen. Der »neue Kunde« ist hochinformiert, weil er hierarchiefrei im vernetzten Markt kommuniziert. Durch Information und versierten und permanenten Netzaustausch mit anderen gewinnt der Kunde im Markt von morgen eine bisher nicht gekannte Macht, die Kaufentscheidungen nach Nutzenkriterien immens erleichtern. Er lässt sich kein X mehr für ein U vormachen. Dafür sorgt die durch das Internet ermöglichte freie Kommunikation, die die alten Markenhoheiten in Frage stellt und die tatsächliche Qualität von Produkten, Dienstleistungen und Service in den Mittelpunkt rückt.

---

14 Fredrick Levine, Christopher Locke, Doc Searls, David Weinberger. Das Cluetrain Manifest. München: 2000

Die kommunikative Flüssigkeit schließt auch Mitarbeiter der Unternehmen ein, die sich in den Foren des Webs äußern und die mehr und mehr Transparenz und freie Kommunikation in den Intranets von Unternehmen fordern.

Unternehmen haben sich wohl oder übel auf diesen Paradigmenwechsel einzustellen. Das Cluetrain Manifest empfiehlt, sich rückzubesinnen auf die »human voice«, auf den Klang der menschlichen Stimme, die den Basar – als Urform des Marktes – erfüllte. Die Individualität des Kunden spielt dabei eine große Rolle.

Distanz und Loyalität

Die Distanz, die sich seit den Zeiten des Basars zwischen Produzent, Händler und Abnehmer herausgebildet hat, hat seitens der Unternehmen zu einer Abstraktion gegenüber seinen Kunden geführt. Diese stehen dem Unternehmen nur noch in Form von statistischen Daten vor Augen. Die Versuchung ist deshalb groß, auf den eigenen Bauchnabel zu schauen – sprich auf die Entwicklung der Absatzzahlen – und ansonsten auf Features ausgerichtete Produktentwicklung und altbekannte »Kommunikationstools« zu setzen, statt sich mehr den realen Problemen der Kunden zuzuwenden, die aber jenseits des Datenmaterials zu finden wären.

Als Folge dieser Abstraktion haben sich Formen von Arroganz und Ignoranz in den Geschäftsalltag eingeschlichen, die wohl jeder schon selbst als Kunde erfahren hat: ob in einem Verkaufsgespräch, bei der Abrechnung von Leistungen oder bei der Beurteilung von Lieferqualität. Unternehmen machen es sich oft zu leicht, die Irritationen des Kunden vom Tisch zu fegen. Das Ziel, den Anteil an echter Loyalität des Kunden gegenüber dem Produkt bzw. gegenüber dem Hersteller zu erhöhen, wird dadurch in eminenter Weise gefährdet. Die Schwierigkeit dabei ist: Je komplexer Produkte und Dienstleistungen werden, desto weniger tolerant gehen die »neuen Kunden« mit der Situation um, im Regen stehen gelassen zu werden. Auch aus Unternehmenssicht möglicherweise einsichtige Argumentationen können für das Ohr des Kunden wie fadenscheinige Ausflüchte klingen.

Authentizität und Dialog

Was bedeutet dies alles? Die neue Ansprache der vernetzten Märkte verlangt von den Unternehmen eine Haltung der Authentizität und Wahrhaftigkeit. Für kundenorientiertes Marketing bedeutet dies, mehr als bisher, den Kontext des Kunden zu verstehen. Nur dann kann vermieden werden, dass die Erwartungshaltung des Kunden und die Leistung des Unternehmens auseinander klaffen.

Deshalb muss es das Ziel sein, einen echten Dialog mit dem Kunden mittels der neuen Kommunikationstechniken zu etablieren. Dieser Dialog sollte einer Analyse unterzogen werden, will man nicht nur Kundenbedürfnisse feststellen, sondern auch eine Idee von den Wünschen der Kunden bekommen, um daraus Hinweise für die Produktentwicklung und Markenbildung zu gewinnen. Dies ist eine Herausforderung, die über die schlichte Installation von CRM-Systemen hinausgeht. Entscheidend dabei ist nicht die reine Sammlung, sondern die Interpretation der gewonnenen Daten. Neue Kommunikationstechniken sind gefragt, die den Dialog mit dem Kunden flexibel strukturieren. Solche Techniken und Systeme gewinnen mehr und mehr Einfluss auf den Aufbau einer kundenorientierten Unternehmensorganisation.

Kompakt

▶ Am Anfang des 21. Jahrhunderts befinden sich Kunden und Unternehmen in einer veränderten Situation. Der Effekt der Vernetzung, der in den frühen neunziger Jahren mit der Verbreitung des World Wide Webs für das Marktgeschehen sichtbar wurde, beginnt nun zu greifen. Es bildet sich eine neue Kultur des Austauschs und der Kommunikation sowohl auf Unternehmens- wie auf Kundenseite.

▶ Die vernetzte Kommunikation verändert die Gesellschaft und damit das Marktumfeld schleichend. Vorher Unverbundenes ist plötzlich verbunden, woraus unvorhersehbar Neues entsteht.

▶ Der »neue Kunde« lässt sich nicht mehr unter homogene Zielgruppen subsumieren, ist in der Tendenz dem Unternehmen einen Schritt voraus und steuert seine Aufmerksamkeit selbst.

▶ Unternehmen müssen deshalb ihre Strategie und ihre Kommunikationshaltung überdenken. Der Kunde muss als Individuum im Dialog ernst genommen werden. Fragen der Interaktion, des echten Dialogs, der Qualität und der Usability treten bei der Entwicklung von Produkten bzw. Dienstleistungen mehr und mehr in den Vordergrund, um die Glaubwürdigkeit eines Markenbildes sicherstellen zu können.

2 Strategie

*»Eine strategische Vision ist ein klares Bild von dem,
was man erreichen will.«*
John Naisbitt

Zukunft, auch die vermeintlich durch Planung gezähmte, hält regelmäßig Überraschungen bereit. Das Problem der Planung scheint eine unendliche Aufgabe zu sein, will man jede Unwägbarkeit ausschalten. Doch spricht dies nicht gegen den Sinn oder die Notwendigkeit von Planung als solche, sondern weist nur auf die Art der Herausforderungen hin, die es dabei zu meistern gilt. Gegen welche Widerstände auch immer: Schwierige Vorhaben können nur durch flexible, umsichtige Planung verwirklicht werden. Und so gilt bis heute: failing to plan is planning to fail. Nur eine Frage ist damit noch nicht beantwortet: Welchen Zielen ist die Planung eigentlich verpflichtet?

Diese Frage weist auf den Unterschied zwischen operativer Planung und Strategie hin: Operative Planung fragt nach dem »Wie?« und »Bis wann?« und zielt auf *Effizienz*. Die Strategie fragt hingegen nach dem »Was?« und zielt damit auf *Effektivität*. Effizienz bedeutet, die Dinge »richtig« zu tun, Effektivität hingegen, überhaupt erst einmal die richtigen Dinge zu erkennen, die es dann zu tun gilt. Erst wenn die Strategie klar ist, lässt sich sinnvoll planen. Strategie gibt der Planung eine Richtung.

Effektivität und Effizienz

Auf strategischer Ebene liegt der Fall ähnlich wie bei der operativen Planung: Irrtum ist möglich. Strategische Irrtümer werden jedoch erst in größeren Zeiträumen und zunächst weniger deutlich sichtbar. Denn Unternehmensstrategie ist normativ, sie legt eine langfristige Generalrichtung fest, an denen sich erreichbare Teilziele ausrichten können. Strategien können umso klarer formuliert werden, je klarer das Selbstverständnis eines Unternehmens ist. Wer sind wir? Wo wollen wir hin? Die Formulierung von strategischen Zielen geht der eigentlichen Strategieentwicklung voraus und erfordert ein in die Zukunft projiziertes Selbstbild, eine Unternehmensvision. Aus ihr kann sich eine *Corporate Mission* herausbilden, an der dann strategische Maßnahmen ihren Sinn wirklich entfalten können: die Chancen auf einen nachhaltigen Erfolg von glaubwürdigen und einzigartigen Produkten und Dienstleitungen eröffnen.

Strategieentwicklung ist für jedes Unternehmen – gleich welcher Größenordnung – überlebenswichtig. Je größer dabei ein Unternehmen ist, desto deutlicher fällt mangelhafte strategische Planung ins Gewicht. Denn die größere Effizienz der Arbeit, die durch Unternehmensgröße ermöglicht wird, kann nur allzu schnell durch den Mangel an Effektivität wieder zunichte gemacht werden. Wenn die linke Hand nicht weiß, was die rechte tut, weil das gemeinsame Ziel nicht klar ist, dann werden damit nicht nur Ressourcen verschwendet, sondern vor allem die Kunden verunsichert – das *Corporate Image* nimmt Schaden.

Aufgabe der Strategie ist es ebenso, Prioritäten zu bestimmen. Was ist das primäre Ziel, das erreicht werden soll? Was folgt danach? Die Energien auf kleine, aber als wichtig erkannte Aufgaben zu konzentrieren ist effektiver, als alle Ressourcen für ebenfalls wichtige, aber nachgeordnete Maßnahmen zu verbrauchen.[1] Die Strategieentwicklung steckt den Rahmen ab, welches Ziel mit welchen Mitteln erreicht werden soll und sollte die Basis jeder weiteren Planung sein.

Unternehmensumwelt

Ziele können natürlich nicht im luftleeren Raum verwirklicht werden. Bei der Entwicklung der Unternehmensstrategie ist insbesondere das Verhältnis zur Unternehmensumwelt zu klären. Wie positioniert sich das Unternehmen gegenüber Wettbewerbern, eigenen Mitarbeitern, Kunden und verschiedenen gesellschaftlichen Gruppen? Strategien können nur erfolgreich sein, wenn sie an der Beschaffenheit ihrer Umwelt orientiert sind. Auf einer effektiven Kommunikation mit der Umwelt beruht der Erfolg oder Misserfolg des Systems »Unternehmen«.

---

1 So verpasste es der Mobilfunkanbieter Quam, zum angekündigten Markteinführungstermin das Produkt bereitzustellen und konnte seinen Kunden in den eröffneten Filialen statt Verträgen nur eine Tasse Kaffee anbieten. Hier wurden Kunden neugierig gemacht und durch markante Werbung beeindruckt, aber das Produkt vernachlässigt (siehe www.marketingflop.de, Quam gewann hier – unfreiwillig – den Preis des Jahres 2001)

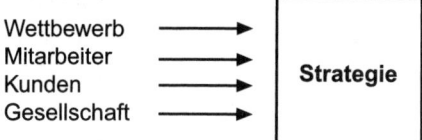

Abbildung 2.1 Es gilt, die Unternehmensumwelt in die Strategie mit einzubeziehen.

Für die Kommunikation mit dem Kunden zählt nicht zuletzt das Produkt selbst, das für das Unternehmen die ursprüngliche Quelle aller Wertschöpfung darstellt. Kommunikation und Produktentwicklung[2] stehen im Mittelpunkt der strategischen Überlegungen marktorientierter Unternehmensführung.

Abschnitt 2.1 erläutert dies näher in Bezug auf einen Markt mit zunehmend vernetzten Teilnehmern. In Abschnitt 2.2 wird auf die große Bedeutung von *Corporate Identity* und *Corporate Design* bei der Strategieentwicklung hingewiesen. Abschnitt 2.3 geht auf die Funktionen des *Marketings* und seiner veränderten Aufgaben ein. Das Thema der *Integrierten Kommunikation* wird dort aufgegriffen und in den Kontext der vernetzten Ökonomie gestellt.

2.1 Strategien unter Netzwerkbedingungen

> »Die Dynamik unserer Gesellschaft und insbesondere unserer neuen Wirtschaft wird zunehmend der Logik von Netzwerken gehorchen.«
> Kevin Kelly

Vernetzung bedeutet vor allem ein Mehr an Kommunikation und Interpretation. Damit eine eindeutige Wahrnehmung eines Unternehmens sich nicht in den Interpretationen verliert, ist es für ein Unternehmen wichtiger denn je, konsistent zu agieren. Unternehmensstrategie ist deshalb ohne Kommunikationsstrategie wenig Erfolg versprechend.

Ein Netzwerk ist ein Geflecht aus Beziehungen. Beziehungen, die sich schon gefestigt haben, und solchen, die ihrer Möglichkeit nach

---

2 Produktentwicklung betrifft dabei gleichermaßen die Planung und Gestaltung von Gütern und die von Dienstleistungsprodukten.

existieren und aktiviert werden können. Unternehmerisch erfolgreich zu sein wird immer mehr zur Frage der Fähigkeit, ein Netzwerk derartiger Beziehungen auszubauen – ob hin zu Zielgruppen, Kunden, Lieferanten, Geldgebern oder zu den Mitbewerbern. Die Schaffung von neuen Beziehungen eröffnet neue Räume und Möglichkeiten. Strategie unter den neuen Netzwerkbedingungen hat also verstärkt Beziehungsgestaltung zum Gegenstand. Kommunikation steht dabei im Zentrum des Strategiegebäudes – ob man nun Software, Tütensuppen oder Kraftwerke im Angebot hat.

Die Vernetzung führt zu einer Zunahme der Geschwindigkeit potenzieller Umweltveränderungen. Das Marktgeschehen verändert sich immer kurzfristiger. Strategien sollten gegenüber solchen Veränderungen einerseits stabil bleiben, um ihre Qualität einer längerfristigen Gültigkeit nicht zu verlieren, gleichzeitig aber so flexibel, dass notwendige Korrekturen sich harmonisch in die Gesamtstrategie einfügen können.

Transparenz Nicht nur Beschleunigung ist ein Aspekt, den es zu berücksichtigen gilt, sondern auch Transparenz. Unter den Bedingungen der Vernetzung wird jede Bewegung des Unternehmens von den Kunden oder der Öffentlichkeit registriert. Die Transparenz nach außen nimmt tendenziell zu. Es kann immer schwerer verhindert werden, dass Mitarbeiter Kontakte zur Konkurrenz pflegen oder dass Unternehmensinterna an die Presse geraten. Der Kunde erhält potenziell immer mehr Einblick in den Leistungsprozess des Unternehmens. Hatte der Kunde bisher immer einen Vertrauensvorschuss gegenüber dem Unternehmen zu erbringen, gewinnt er zunehmend Einblick und Kontrolle. So befinden sich z. B. Paketversender in einem Wettbewerb der Transparenz: Das Paket-Tracking im Internet erlaubt dem Kunden nachzuvollziehen, wann welcher Arbeitsschritt vollzogen wurde. Unter solchen Bedingungen gibt es keine Ausreden mehr, was die Leistung betrifft.

Konstruktive Kritik Dies hat aber auch zur Folge, dass die Rede von »Der Kunde ist König« nicht mehr aufrechterhalten werden kann. Die Unternehmen müssen unter den neuen Beobachtungsbedingungen zu einem partnerschaftlichen Verhältnis mit den Kunden kommen. Mitarbeiter von Paketdiensten dürfen im Zweifel auch stolz auf ihre belegbare Leistung sein und die ewigen Nörgler auf Kundenseite müssen mit der Zeit einsehen, dass Fairness ein möglicher Weg ist – in Anbetracht des mitgelieferten, minutengenauen Arbeitsreports.

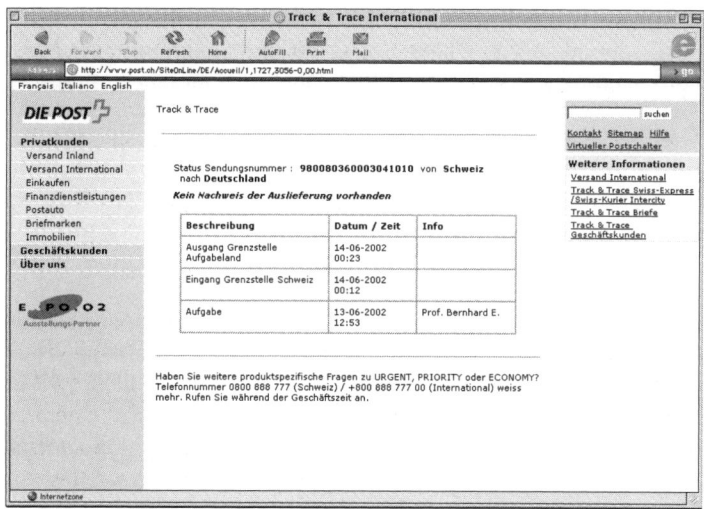

Abbildung 2.2 Transparenz von Dienstleistungen: Tracking-Tool der Post
(www.post.ch)

Zu einem partnerschaftlichen Verhältnis gehört aber auch ein offenes Ohr für konstruktive Kritik. An wen kann sich der Kunde wenden, wenn er Verbesserungsvorschläge zum Produkt oder zur Dienstleistung hat? Welcher Kanal ist dafür vorgesehen? Wie angenehm wird es dem Kunden gemacht, diesen Kanal zu benutzen? Welche Prozesse löst dies unternehmensintern aus? Wie ist die Antwort beschaffen? All dies sind Fragen, die den Aufbau und die Intensität der Kundenbeziehung betreffen – d.h. im engeren Sinne Fragen der Kommunikation, deren Bedingungen sich für die Unternehmen mit zunehmender Vernetzung verändern. Denn ob sie dies wollen oder nicht: Unternehmen bieten immer mehr Angriffsfläche für den Kunden. Mehr Interaktivität und Kommunikation bedeutet auch, dass Unternehmen angreifbarer werden. Doch bevor entsprechende Kommunikationsstrategien entwickelt werden können, sind die Grundlagen einer Gesamtstrategie zu klären.

Vision und Leitbild

»Wenn ich Visionen habe, gehe ich zum Arzt« – so die rhetorische Figur Helmut Schmidts, wenn er eine politische Debatte auf den pragmatischen Aspekt einer Sache lenken wollte. Aber auch der

Rhetoriker Schmidt würde wohl zustimmen, dass die Leitlinien seiner Politik nicht vom Himmel gefallen sind, sondern letztlich der Formulierung von Visionen und Leitbildern zu verdanken sind.

Aus dem Leitbild einer Partei entsteht das Wahlkampfprogramm. Auf dem Leitbild eines Unternehmens basiert die Strategie. Doch die Richtung bestimmt in beiden Fällen eine klare Vision. Wo soll es hingehen? Diese Frage lässt sich oft mit einem einfachen Satz beantworten. Im Folgenden einige Beispiele für derartig formulierte Unternehmensvisionen:

▶ Motorola: »Das Leben in vier Bereichen zu vereinfachen: zu Hause, in der Arbeitswelt, im Automobil und für jeden Menschen individuell.« (www.motorola.de)

▶ Boehringer-Ingelheim: »Werte schaffen durch Innovation« (www. boehringer-ingelheim.de)

▶ Continental: »Wir machen individuelle Mobilität sicherer und komfortabler.« (www.conti-online.com)

▶ Ikea: »Ein besserer Alltag« (www.ikea.de)

Claims Die Visionen sind es, die später auch durch *Slogans* und *Claims* repräsentiert werden können. Diese drücken die Visionen nicht selbst aus, sondern deuten sie meist nur an. Zum Beispiel ist Martin Luther Kings Ausspruch »I have a dream« zum geflügelten Wort geworden und verweist auf die Bürgerrechtsbewegung und deren soziale Vision. Apples »Think different« bezieht sich auf den Unterschied, den nutzerfreundliche Technologie macht, und verweist damit indirekt auf die Vision. Manchmal gelingt es auch, die Unternehmensvision vollständig in einen Claim zu komprimieren. »Connecting people«, heißt es bei Nokia, und beschreibt damit das Unternehmensziel knapp und bündig.[3]

Haltung Neben der Formulierung der Vision wird ein zugehöriges Leitbild entwickelt. Dieses beschreibt im Einzelnen, wie die Vision erreicht werden soll und welche Qualitäten der Weg dahin aufweisen soll. Im Leitbild werden die Wertmaßstäbe der Zusammenarbeit und der Kommunikation beschrieben. Die Gesamthaltung des Unterneh-

---

3 Je allgemeiner ein solcher Claim ist (Deutsche Bank: Vertrauen ist der Anfang von allem), desto unschärfer und abstrakter wird darin auch die Leistungsbeschreibung. Den Begriff »Vertrauen« bei der Zielgruppe glaubhaft zu besetzen, ist der Traum jeder Marke – ganz gleich welcher Branche.

mens drückt sich darin aus. Das Leitbild ist gewissermaßen die »Ethik« des Unternehmens, in der das anzustrebende Selbstbild skizziert wird. Unternehmensvision und Unternehmensleitbild sind gegenseitig aufeinander bezogen: Die griffig formulierte Vision gibt das Ziel vor, das Leitbild beschreibt die Haltung, mit der der Weg beschritten wird.

Das Leitbild sollte natürlich, wie die Vision auch, allen Mitarbeitern bekannt sein – schließlich muss jeder Einzelne im Unternehmen damit etwas anfangen können. Im besten Fall ist das Leitbild in einem größeren Team entwickelt worden. Im Unterschied zur Vision wird das Leitbild in mehreren Sätzen formuliert, die oft als die goldenen Regeln des Unternehmens verstanden werden.

Zur Veranschaulichung im Folgenden die Leitsätze der Siemens AG[4]:

▶ Der Kunde bestimmt unser Handeln.

▶ Unsere Innovationen gestalten die Zukunft.

▶ Erfolgreich wirtschaften heißt: Wir gewinnen durch Gewinn.

▶ Spitzenleistungen erreichen wir durch exzellente Führung.

▶ Durch Lernen werden wir immer besser.

▶ Unsere Zusammenarbeit kennt keine Grenzen.

▶ Wir tragen gesellschaftliche Verantwortung.

Vision und Leitbild bilden das Fundament, auf dem jede Strategie basiert. Welcher Weg soll eingeschlagen werden, um die Vision umzusetzen? Welcher Weg entspricht dem Leitbild am besten? Was muss getan werden? Auf welcher Ebene sind die dabei auftauchenden Probleme zu lösen? Je mehr die Strategie des Unternehmens an seinem Fundament orientiert bleibt, umso leichter kann das Handeln des Unternehmens nach innen und außen glaubwürdig dargestellt werden. Eine klare, an Ziele und Werte gebundene Strategie bringt den entscheidenden Kommunikationsvorteil in einer vernetzten Unternehmensumwelt.

---

4 Quelle: w4.siemens.de/de/career/leitbild/

Strategie

(Pyramide von oben nach unten: Produkte / Planung / Teilstrategien / Vision und Leitbild)

Abbildung 2.3 Vision und Leitbild als Basis der Strategie

Glaub-
würdigkeit

Oft sind erfolgreiche Unternehmen einer Vision gefolgt, auch wenn diese nicht explizit formuliert war. Je klarer die Handlungen eines Unternehmens von der Vision und dem Leitbild geprägt sind, desto eher entsteht etwas, das auch die besten PR-Berater nachträglich nicht annähernd so gut simulieren können: Glaubwürdigkeit nicht nur bei Kunden, sondern auch bei Mitarbeitern und Investoren. Sind die Handlungen jederzeit den bekannten Zielen erkennbar verpflichtet, schafft dies Transparenz und Vertrauen in die Kontinuität eines Unternehmens und in eine bestimmte Qualität seiner Produkte.

Teilstrategien und Strategieoptionen

Seit Ende der achtziger Jahre hat sich das Paradigma der marktorientierten Unternehmensführung durchgesetzt – der Anbietermarkt hat sich allgemein in einen Käufermarkt verwandelt. Im Strategiemix kommt seitdem der Marketingstrategie eine führende Rolle zu. Nach ihr werden andere Teilstrategien ausgerichtet.

Die Marketingstrategie im engeren Sinne, bezogen auf den Käufermarkt, trifft wichtige Vorentscheidungen für den Erfolg des gesamten Unternehmens. Sie beurteilt den Gesamtmarkt und legt sich auf bestimmte Berührungsflächen mit dem Markt fest. Ob Umsätze generiert werden können, hängt wesentlich von der Marketingstrategie ab.

Dabei spielen die folgenden Teilstrategien mit ihren jeweiligen Optionen eine Rolle:

- ▶ Zielgruppenstrategie – Wer ist die Zielgruppe? Fokussierung oder Ausweitung?
- ▶ Kommunikationsstrategie – One-to-Many oder Dialog?
- ▶ Werbestrategie – Breite Streuung oder virale Konzepte? Direkt- und Onlinewerbung?
- ▶ Produktstrategie – Marktführer oder Mitläufer? Angebotsbreite oder -tiefe?
- ▶ Markenstrategie – Konzentration oder Diversifikation?
- ▶ Servicestrategie – Persönlicher Service oder Self Service?
- ▶ Distributionsstrategie – Direktvertrieb oder Distributionspartner?
- ▶ Preisstrategie – Niedrigpreise? Bundling?
- ▶ Kooperationsstrategie – Synergieeffekte?

Mit der Rahmenstrategie des Marketings müssen nun die anderen unternehmensinternen Funktionen ihre Teilstrategien möglichst gut harmonisieren. Dazu gehören u. a.:

- ▶ Wertschöpfungsstrategie – Wo können Gewinne erzielt werden?
- ▶ Produktionsstrategie – Outsourcing?
- ▶ Recruiting-Strategie – Vollzeit-/Teilzeit-Mitarbeiter, Freiberufler?
- ▶ Finanzierungsstrategie – Abhängigkeit? Handlungsfreiheit?
- ▶ Organisationsstrategie – Spitze oder flache Hierarchie?
- ▶ Führungsstrategie – Striktes Regiment oder Delegation von Verantwortung?
- ▶ IT-Strategie – Open Source oder proprietäre Software?
- ▶ Research-Strategie – Kunden in die Produktentwicklung einbeziehen?
- ▶ Expansions-Strategie – Gewinne durch Wachstum oder durch Effizienzsteigerung?
- ▶ Entwicklungsstrategie – Klein und flexibel bleiben oder Skalierungseffekte nutzen?

Das Ineinandergreifen aller Teilstrategien macht die Qualität des Geschäftsmodells als Ganzes aus. Ein harmonisches Geschäftsmodell hat nicht nur den Markt, sondern die gesamte Unternehmens-

Geschäfts-modell

umwelt zu berücksichtigen. Neben den Interessen aller Stakeholder haben z. B. auch gesetzliche Rahmenbedingungen großen Einfluss auf die Gestaltung der Teilstrategien.

Welche Strategieoptionen ein Unternehmen auch immer wählt: Alle Teilstrategien führen in der Konsequenz zu sinnlich erfahrbaren Gegebenheiten und Zuständen, die die Wirklichkeit des Unternehmens darstellen. Ob dies nun – aus Sicht der Mitarbeiter – die Beschaffenheit der Büroräume, die Gestaltung der Arbeitszeiten oder die Kommunikationsmittel sind oder aus Sicht der Kunden das Produktangebot, die Werbung, der Service bis hin zur Rechnungsstellung. All dies erzeugt Erfahrungen, die für alle Beteiligten Sinn machen müssen – andernfalls sind sie die längste Zeit Beteiligte gewesen …

Wie sich ein Unternehmen all seinen Interessengruppen (Stakeholder) präsentiert, ist also indirekt eine Folge der *Corporate Strategy* und ihrer Teilstrategien. Den Sinn für die jeweiligen Stakeholder an den Berührungspunkten zum Unternehmen zu übersetzen, ist die Aufgabe, die dem *Corporate Design* und der *Corporate Communication* zufällt.

2.2 Corporate Identity

>Das Design gewinnt an Bedeutung. Nicht so sehr aber als Gestalt, sondern vielmehr als Stil und Haltung eines Unternehmens und seiner Produkte.«
Kurt Weidemann

Allzu oft wird unter Design eine nachgeordnete Tätigkeit verstanden, die einem Unternehmen einen zwar schönen, aber im Prinzip austauschbaren Schein verpasst.[5] Doch dies ist eine folgenreiche Fehleinschätzung. Denn Design im Gesamtzusammenhang eines Unternehmens – also Corporate Design – ist der Sache nach kein Zierwerk, sondern eine strategisch wirksame Aufgabe. Denn an der konkreten Beschaffenheit aller Berührungspunkte mit einem Unter-

---

5 Dies mag vielerorts tatsächlich so sein: So hatten die unzähligen Dotcoms der New Economy schlichtweg keine Zeit für den Entwicklungsprozess einer Corporate Identity. Dies sieht man am Ergebnis. Die Gesichtslosigkeit und Verwechselbarkeit all der *alandos* und *datangos* zeigt, dass Identitätsprozesse ihre Zeit brauchen und nicht übers Knie gebrochen werden können.

nehmen entscheidet sich, ob und wie ein Angebot im Markt wahrgenommen wird. Erst Corporate Design und Corporate Communication vervollständigen Vision, Leitbild und Strategie zu einer auch sinnlich erfahrbaren Corporate Identity.

Was hat es mit der Corporate Identity (CI) auf sich? Was bedeutet dabei »Identität«? Corporate Identity ist ein Konstrukt, das die reale Komplexität und Veränderlichkeit eines Unternehmens unter der Idee der Kontinuität zusammenfasst. Dieses vom Unternehmen aktiv gestaltete Idealbild ist das Sinnangebot, das allen Interessengruppen gemacht wird, die mit dem Unternehmen umgehen.

Identität

Die Idee einer Corporate Identity dient der Vereinfachung. Für das Corporate Design ist sie zugleich Leitlinie und Ergebnis. Corporate Design zielt darauf, dass das konkrete Bild vom Unternehmen, das sich bei Kunden, Mitarbeitern oder Investoren einstellt – also das *Corporate Image* – möglichst jederzeit vereinbar mit dem Idealbild der Corporate Identity[6] bleibt. Die Aufgabe des Corporate Designs besteht deshalb darin, die Gesamtheit aller möglichen Berührungspunkte aus »Nutzersicht« zu bedenken und bewusst zu gestalten.

Corporate Identity als ein Gesamtprozess, der die Bildung von Unternehmens- und Produktmarke maßgeblich prägt, muss einen festen Platz in der strategischen Unternehmensführung einnehmen. Corporate Identity ist die Instanz, die die Glaubwürdigkeit und Integrität eines Unternehmens sicherstellt – beides Voraussetzungen dafür, um auf dem Feld der Kommunikation wirksame Beziehungen herstellen zu können.

Eine aus einer Unternehmensvision resultierende Corporate Identity ist der Ausgangspunkt dafür, dass ein Unternehmen und seine Produkte in der Kommunikation mit der Unternehmensumwelt längerfristig unterscheidbar wahrgenommen werden können. Den auf

---

6   Eine konträre Auffassung von CI ist eine Interpretation als »Werde, der du bist« (vgl. Birkigt/Stadler/Funck. Corporate Identity: Grundlagen, Funktionen, Fallbeispiele. Landsberg/Lech: Verl. Moderne Industrie 1998). Diese Sichtweise ist an der Selbstfindung von Individuen orientiert. Doch Unternehmen sind keine Menschen. Und selbst bei Personen stellt sich die Frage, ob es immer erstrebenswert wäre, das innerste Wesen nach außen zu kehren. Darüber hinaus kann echte Identität im Sinne von A=A nie wirklich erreicht werden. Sowohl das Leben von Individuen als auch das von Unternehmen sind zeitliche Prozesse. Nur wenn Corporate Identity als Konstrukt aufgefasst wird, erhält sie ihren heuristischen Sinn bei der Gestaltung der Unternehmenszukunft. Unternehmen sind nie statisch, sondern immer auf dem Weg.

die Zukunft blickenden Corporate-Identity-Prozess gilt es deshalb innerhalb des Unternehmens zu kultivieren. Dies ist keine Frage der Unternehmensgröße – auch kleine und mittlere Unternehmen können von CI-Prozessen profitieren. Sondern es geht dabei um die Bereitschaft, sich mit allen Facetten der Unternehmensumwelt auseinander zu setzen und zu einer Positionsbestimmung zu gelangen, die den Ist-Zustand der Unternehmenskultur reflektiert und den vorhandenen Prozessen und Strukturen sinnvolle Handlungsziele gibt, auf die es hinzuarbeiten gilt.

Selbst-
beobachtung In vielen Unternehmen verläuft der CI-Prozess nicht explizit, sondern eher intuitiv. Es ist empfehlenswert, diesen Prozess bewusst zu rekonstruieren. CI-Prozesse sind nicht zuletzt Prozesse der ständigen Selbstbeobachtung und Selbstbefragung. Bleibt dieser Rückkoppelungsprozess aus, läuft die Entwicklung einer Unternehmensstrategie am Unternehmen und seinen Eigenarten vorbei und wird dadurch austauschbar und von der Konkurrenz kopierbar.

Corporate Design und Corporate Communication

Corporate Design bezeichnet das Bestreben, die Unternehmensvision möglichst in allen Artefakten des Unternehmens erkennbar zu machen. Corporate Design sollte dabei alle Interessengruppen bedenken, die mit dem Unternehmen zu tun haben. Zum Corporate Design zählen Disziplinen wie:

▶ Produktdesign/Service Design/Interaction Design
▶ Kommunikationsdesign
▶ Architektur/Innenarchitektur
▶ visuelles Erscheinungsbild (Logo, Schriften, Farben, Raster etc.)

Die Liste zeigt, dass Corporate Design nicht nur auf das visuelle Erscheinungsbild eines Unternehmens beschränkt bleibt. Das Erscheinungsbild ist dennoch ein wichtiges Instrument, das der eindeutigen Wiedererkennbarkeit des Unternehmens bzw. der Marke dient. Corporate Design Guides, z.B. für Broschüren, sorgen dafür, dass im Unterbewusstsein der Absender erkannt wird, noch bevor eine Zeile Text gelesen wurde. Es ist empfehlenswert, Styleguides und die entsprechenden grafischen Elemente für alle Medienformate zentral zu pflegen und allen Beteiligten zur Verfügung zu stellen.

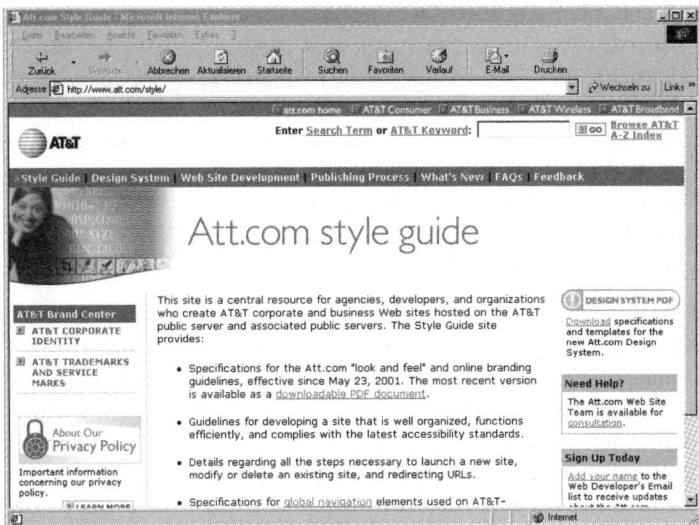

Abbildung 2.4 Schneller Zugriff auf Elemente des Corporate Designs beim AT&T Web-Styleguide (www.att.com/style)

Styleguides dienen dazu, die Einheit in der Vielfalt zu erzeugen. Sie dürfen nicht zu starre Raster vorgeben und werden ständig weiterentwickelt. Corporate Styleguides spiegeln die Veränderungen wider, die sich im Unternehmen im Laufe der Zeit ergeben. Es gilt die Styleguides sorgfältig zu pflegen, immer wieder zu hinterfragen und an neue Situationen anzupassen.

Welche Facette des Corporate Designs besonders fokussiert wird, kann von Branche zu Branche differieren. Bei Anbietern von Digitalkameras etwa wird das Produktdesign eine andere Rolle spielen als bei Banken. Doch selbst hier zeigt sich, dass auch scheinbar abstrakte Dienstleistungen sich immer mehr in interaktiven Tools widerspiegeln. Onlinebanking steht und fällt mit der Usability des Tools. Produkt bzw. Interaction Design spielt eine immer größere Rolle, je mehr solche Tools Teil der Dienstleistung werden. Abstrakte Dienstleistungen zeigen sich hier als Interface, das im Gebrauch das Unternehmen repräsentiert. Im Gebrauch der anschaulich gewordenen Dienstleistung muss das Unternehmen seine Glaubwürdigkeit beweisen.

Eng verwoben mit dem Corporate Design ist der Bereich der Corporate Communication. Gemeint sind damit die Kommunikationsaktivitäten eines Unternehmens nach innen und nach außen. Unter Corporate Communication fallen Disziplinen wie:

▶ Werbung
▶ Verkaufsförderung
▶ Public Relations
▶ Investor Relations
▶ Sponsoring
▶ Events

[Corporate Identity Prozess]

Vision / Leitbild / Strategie

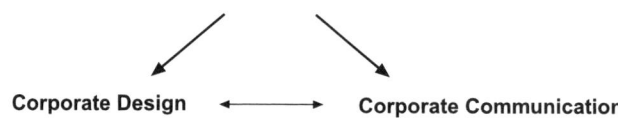

Corporate Design ◀▶ **Corporate Communication**

[Corporate Image]

Abbildung 2.5 Funktion von Corporate Design und Corporate Communication bei der Bildung des Corporate Images

Corporate Behaviour

Nun ist Kommunikation sehr schwer von Design zu trennen. Denn jede Art von Kommunikation verkörpert sich und ist daher auch gestaltbar – in Anzeigen, Werbespots, Briefen oder gar Telefongesprächen. Design spielt also immer in die Corporate Communication mit hinein. Die Grenzen des Designs zur Kommunikation liegen dort, wo Verhalten eine Rolle spielt. Zum Beispiel das Verhalten des Gesamtunternehmens, das sich in seiner Politik widerspiegelt oder in dem Verhalten seiner Mitarbeiter nach innen und außen. Kommunikationsverhalten ist nicht direkt gestaltbar, sondern allenfalls anregbar. Es ist der Ausdruck von Motivation und einer inneren Haltung – auch wenn diese nicht bewusst eingenommen wird. Corporate Behaviour ist die Summe der Verhaltensweisen, die die Mitarbeiter gegenüber der Umwelt und sich selbst an den Tag legen.

Corporate Image

Das Bild eines Unternehmens oder einer Marke wird bei jedem Menschen mit jedem Kontakt immer wieder aktualisiert. Es ist – je nach Erfahrungen – bei jedem unterschiedlich und wird ständig erneuert. Das Corporate Image ist das, was beim Kunden wirklich ankommt. Es gibt also nicht nur ein einziges »Corporate Image«, sondern so viele, wie es Rezipienten gibt. Ob die (imaginäre) Schnittmenge aller individuell wahrgenommenen Images mit dem übereinstimmt, wie das Unternehmen seine Corporate Identity »konstruiert« hat, bestimmt den Grad des Erfolgs von Corporate Strategy, Corporate Design und Corporate Communication.

Dieser Erfolg ist nicht exakt messbar, es lohnt sich aber, Aussagen über das Corporate Image systematisch zu sammeln und auszuwerten. Dazu gehören natürlich auch Presseartikel. Durch ihre Multiplikatorfunktion können sie das Corporate Image erheblich beeinflussen – zum Guten wie zum Schlechten.

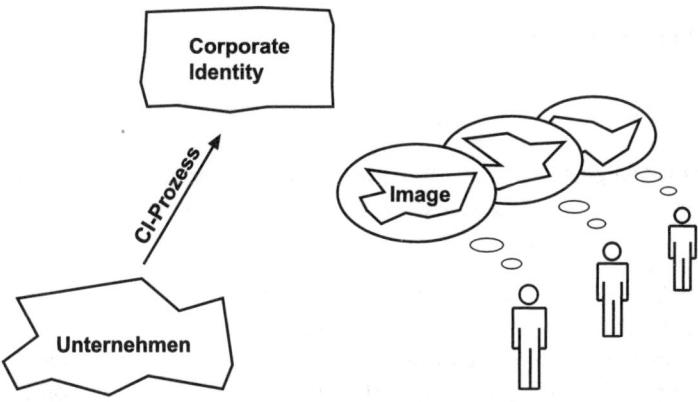

Abbildung 2.6 In jedem Kopf ein anderes Bild

Nur im Zusammenhang mit einem Corporate-Identity-Prozess kann das Corporate Image gesteuert werden. Deshalb ist das Thema Corporate Identity so relevant wie nie zuvor. Die Schwerpunkte der Aktivitäten sind dabei im Begriff, sich zu verändern. In Anbetracht der Komplexität und Vernetzung der Produkte steht nicht mehr allein das grafische Erscheinungsbild eines Unternehmens im Zentrum, sondern die Wert- und Qualitätserfahrung, die Kunden mit jedem der Berührungspunkte eines Unternehmens machen können.

So stellt etwa auch Dieter Herbst fest: »Images sind das Ergebnis vielfältiger Informationen und Eindrücke. Sie entstehen aus der Wahrnehmung von Design (Produktdesign, Kommunikationsdesign, Architekturdesign), Kommunikation (Werbung, Verkaufsförderung, PR) und Verhalten (zum Beispiel gegenüber Kunden, Mitarbeitern, Aktionären). Stimmen diese Elemente nicht überein, entsteht kein einheitliches Bild.«[7]

Unternehmensbilder, Markenbilder

Unternehmensbilder und Markenbilder stützen sich im Alltag des Marktes gegenseitig. Ist eine Unternehmensmarke etabliert und erzeugt sie positive Corporate Images bei den Konsumenten, kann dies Produktmarken auf die Sprünge helfen, die in ihrem Markt eine eher schwierige Position haben. Besonders in der Automobilbranche ist dieser Effekt gut zu beobachten. Für den Autokäufer heißt es in diesem Fall: Ob Astra oder Omega – Hauptsache, es ist ein Opel. Das Corporate Image entscheidet, ob man einem Produkt vertraut und es sich zu Eigen macht. Opel hat bei vielen das Image von Solidität und Zuverlässigkeit, gleichzeitig aber auch einer »gewissen Sportlichkeit«. Besteht eine solche Identifikation mit der Unternehmensmarke als Dachmarke, wird der Autokäufer anschließend entscheiden, ob ihm der Sinn nach einem Kleinwagen oder einer Limousine steht. Die Produktmarke profitiert in diesem Beispiel von der Unternehmensmarke.

Umgekehrt wird die positive Erfahrung, die ein Kunde mit dem Gebrauch eines Sony-Camcorders gemacht hat, sich auf sein Bild von Sony insgesamt, das Corporate Image, niederschlagen. Erwägt der Kunde nun den Kauf einer Spielkonsole (ein völlig anderer Markt), besitzt Sony dann bereits einen Vertrauensvorteil bei der Auswahl zwischen den Konkurrenzprodukten von Microsoft und Nintendo – It's not a game. It's a Sony ...

---

7 Herbst, Dieter. E-Branding, Starke Marken im Netz. Berlin: Cornelsen, 2002

2.3 Die Rolle des Marketings

»Ich habe kein Marketing gemacht. Ich habe immer nur meine Kunden geliebt.«
Zino Davidoff

Im Bereich des Marketings gibt es recht unterschiedliche Auffassungen davon, welche Aufgaben Marketing eigentlich wahrnehmen soll. Wolfgang Formatschek definiert den Tätigkeitsfokus des Marketings folgendermaßen:»Marketing bedeutet die Zielsetzung, Planung, Koordination und Kontrolle aller auf die aktuellen und potenziellen Märkte ausgerichteten Unternehmensaktivitäten, um die Befriedigung der Bedürfnisse relevanter Zielgruppen im Markt und um die eigenen Unternehmensziele zu erreichen.«[8] Marketing im engeren Sinn bedeutet also, die Aktivitäten auf den Käufermarkt zu lenken. Marketing kümmert sich um das Problem, wie ein Absatz von Produkten erzielt werden kann.

Bei der Marketingstrategie spielen deshalb Produkt, Distribution, Preise und Konditionen eine zentrale Rolle. Berücksichtigt werden muss dabei insbesondere die Kommunikation mit der Zielgruppe. Aber unter den vernetzten Bedingungen zählen genau genommen nicht nur die (potenziellen) Kunden zur Zielgruppe. Auch das Verhältnis zu einem Zulieferer kann indirekt Auswirkungen auf Lieferbarkeit oder die Qualität des Produkts haben. Im Begriff der Corporate Communication kommt dies zum Ausdruck, da es dabei nicht nur um Kommunikation mit den Konsumenten auf dem Markt geht, sondern auch mit den restlichen Interessengruppen wie Investoren, Zulieferer, Kommunen oder der Presse.

Adressaten des Marketing

Dies erklärt die zunehmende Tendenz, unter dem Begriff Marketing die Steuerung sämtlicher Kommunikationstätigkeiten zu fassen, nicht nur die im engeren Sinne marktbearbeitenden Maßnahmen. So werden inzwischen Public Relations oder Investor Relations auch als marketingrelevant angesehen.[9]

---

8 Wolfgang Formatschek, Erfolgreiche Marketingkonzepte. Würzburg: Lexika-Verlag, 1998, S. 11
9 So können schließlich Kunden potenziell auch gleichzeitig Shareholder sein – das wird in Deutschland spätestens seit der Emission der T-Aktie klar: Unternehmensbeteiligung wird zum Massenphänomen. Ebenso können sie zur gleichen Zeit Mitarbeiter der Konkurrenz oder eines Zulieferers sein.

Um den Wert und die Marktchancen eines Unternehmens zu erhöhen, spielen Marken eine große Rolle. Marketing bedeutet also auch, Marken zu schaffen und zu pflegen. Diese sind aus Investoren- wie aus Konsumentensicht relevant. Marketing mit der Fokussierung allein auf Verkauf und der Generierung von Umsatzzahlen mit den kurzfristigen Mitteln der Verkaufsförderung ist eine überholte Denkweise, die nach und nach einem integrierten Ansatz Platz macht. Marketingstrategie bedeutet, langfristige Werte zu schaffen. Die Schaffung von echten Markenwerten erfordern eine andere Art von Anstrengung als die bloße Etikettierung von beliebigen Gegenständen.

Die Produktpolitik und das Produktdesign sind dabei von herausragender Bedeutung. Produktdesign und Kommunikationsdesign verschmelzen heute in der Gestaltung von Web-Interfaces. Gerade hier können Marken gestärkt werden, aber auch extremen Schaden erleiden, sind die Interfaces nicht gut gearbeitet. Dabei ist zu bedenken, dass ein interaktives Markenerlebnis, als eine Erfahrung des befriedigenden Gebrauchs, viel intensiver erlebt werden kann als ein statisches Bild.

Die qualitative Bewertung der Äußerungsformen, die durch die Anwendung des Marketingmix zum Einsatz kommt, rückt mehr als bisher in den Vordergrund. Das »Wie« wird immer wichtiger. Wie können Kunden Preise vergleichen? Wie hoch ist der Grad an *Convenience*, die einem Kunde bei produktbegleitenden Services gewährt wird? Je komplexer Produkte oder Dienstleistungen werden, desto eher sprechen sie für sich: Produkt ist Kommunikation.

Die alte Denkweise, dass Kommunikation bedeutet, nur das Unternehmen hätte etwas mitzuteilen, wird zunehmend bestraft. Zeitgemäßes Markenmanagement muss die Markenwerte zunehmend über interaktive, dialogische Kommunikation vermitteln. Das Internet ist der ideale Kanal, den Dialog zu organisieren. Die Stärke des Internets liegt in seinem Rückkanal und der Möglichkeit zur Interaktivität. Der Austausch von Meinungen, Informationen und Gefühlen wird vereinfacht. Die Markenstrategie sollte diese Möglichkeiten nutzen. Hinzu kommt, dass das Internet zur Produktdifferenzierung durch produktverbundene Services genutzt werden kann. Neuartige Produkte können entstehen. Die Marketingstrategie hat dabei die Aufgabe des Priorisierens.

Potenziale von Produkten

Produkte schließen sich aus Sicht des Konsumenten immer mehr zu technischen Systemen zusammen. Zunehmend werden materielle Produkte mit Dienstleistungen aufgeladen, wie das Beispiel von Fiat Automobil AG und Connect zeigt. In den meisten Fiats und Alfa Romeos bekommt der Kunde heute ein Informationssystem mitgeliefert, das neben der Verkehrsnavigation auch die direkte, zum Teil kostenfreie Verbindung zu Servicecentern bietet. Dort können Reiseinformationen (Städte, Hotels, Veranstaltungstipps) abgerufen werden, aber auch direkt via Telefon oder SMS eine Verbindung zu Servicemitarbeitern hergestellt werden. Das gemeinsame Projekt erhielt den Innovationspreis 2002 der englischen Fachzeitschrift *Automotive World* mit dem 1. Preis in der Kategorie E-Communication.

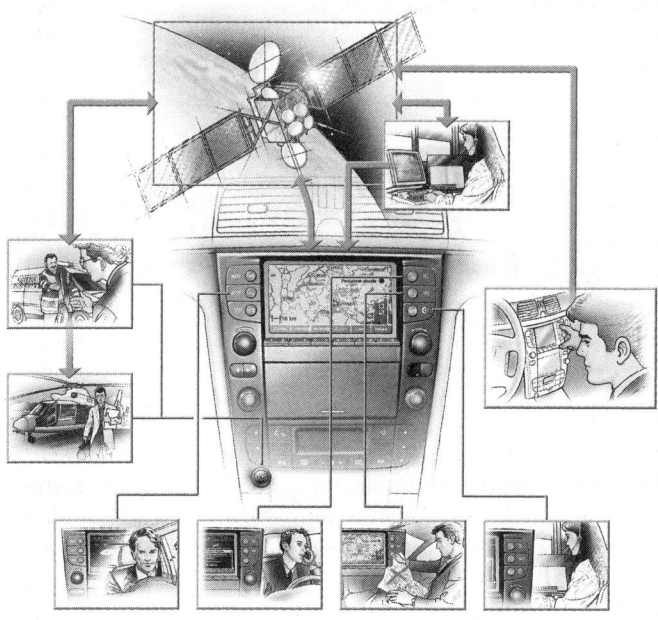

Abbildung 2.7 »Connect« von Fiat Automobil AG. Die Hardware tritt zurück. Das vernetzte Produkt wird erst durch die angeschlossenen Dienstleistungen wertvoll. (Quelle: Fiat Automobil AG)

Bei diesem Projekt, aber ebenso bei all den anderen telematisch betriebenen Dienstleistungen, hängt die Qualität zu einem großen Teil von den Mitarbeitern in den Call- bzw. Kommunikationscentern ab. Ein gutes Callcenter kann entscheidend dazu beitragen, die Qualität eines Produktes zu verbessern. Dies gilt natürlich auch im umgekehrten Fall. Ist das Callcenter ständig technisch überlastet und sind die Mitarbeiter schlecht ausgebildet, wird dies dem Image des Produktes bzw. seiner Marke verstärkt Schaden zufügen.

Abbildung 2.8 Connect-Contaktcenter: 24 Stunden täglich und 7 Tage die Woche sind 800 Mitarbeiter für den Service tätig. (Quelle: Fiat Automobil AG)

Durch die Vernetzung der Konsumenten mit den Unternehmen, werden die Konsumenten in die Produktplanung mit einbezogen. Der Konsument wird somit zum Prosument. Dies stellt eine große Chance für die Produktentwicklung dar. Denn es gibt keine bessere Voraussetzung für die Entwicklung von Produkten, als wenn die potenziellen Nutzer sich daran beteiligen.

Für viele Produktmanager mag es ein Horrorszenario sein, sich mit den unterschiedlichsten Wünschen und Ansprüchen auseinander setzen zu müssen. Es kommt dabei aber vor allem darauf an, wie man die Konsumenten in den Prozess integriert.

Es wird verstärkt notwendig sein, die Produkte ständig an die sich ändernden Gegebenheiten anzupassen. Das können spezielle Kundenwünsche sein, veränderter Wettbewerb, neue Technologien oder veränderte gesellschaftliche Voraussetzungen. Bedingt durch die Vernetzung muss immer schneller auf Veränderungen reagiert werden. Flexible Entwicklungsprozesse sind hier gefordert. Um die notwendige Sensibilität gegenüber dem Markt aufzubauen, ist es zu empfehlen, Kommunikationskanäle so einzusetzen, dass Kundenbedürfnisse einen Weg finden, um in Produktplanungs- und Entwicklungsprozesse einzufließen. Sei dies z. B. durch webbasierte Ideenwettbewerbe, Wunschzettel, CRM-Tools (Customer Relationship Management) oder konkrete Konsumentenbefragungen. Daraus ergeben sich neue Chancen für das Verhältnis von Unternehmen zu seinen Kunden.

Wenn das Produkt einen Nutzen bietet und vom Konsumenten verstanden wird und einfach bedienbar ist, wird die Produkterfahrung positiv sein und die Marke gestärkt. Dabei sehen die Nutzer die Marke als Gesamtheit aller Erfahrungen mit einem Produkt an. Dies muss bei der Produktplanung bzw. dem Markenmanagement bedacht werden. Eine groß angelegte Werbekampagne in teuren Printmedien z. B. wird ihre Wirkung verfehlen, wenn das Produkt nicht verstanden wird. Produktplanung und Produktwerbung müssen im Unternehmen zusammenfließen.

Marken als imaginäre Werte

Der Erfolg von Strategien misst sich nicht zuletzt an der Schaffung von Werten. Diese Unternehmenswerte setzen sich aus materiellen und immateriellen Werten zusammen. Zu den materiellen Werten gehören neben den vorhandenen Geldwerten sämtliche Güter, Immobilien und Produktionsmaschinen. Die immateriellen Werte bestehen aus Patenten, Lizenzen, Erfindungen, aber vor allem auch aus den Beziehungen zu den Stakeholdern.

Diese Beziehungen haben letztendlich einen großen Einfluss auf den Wert der Marken. Und der Wert der Marke ist es, der zunehmend an Bedeutung gewinnt und im Grunde die gesamte Unternehmensbewertung widerspiegelt. Bei börsennotierten Unternehmen kann man (etwas vereinfacht ausgedrückt) sagen, dass der Wert der Marke aus Investorensicht dem des Aktienkapitals entspricht. Unternehmensmarken machen dem potenziellen Sharehol-

Markenwert

der ebenso Versprechungen, wie es für den Kunden die Produkte tun. Die einen vertrauen in die Wachstumschancen des Unternehmens, die anderen in die Qualität der Leistungen.

Unternehmen	
materielle Werte Güter Geld Immobilien Maschinen	**immaterielle Werte** Patente Lizenzen Erfindungen Marken Beziehungen 　Kapitalgeber 　Mitarbeiter 　Lieferanten 　Gesellschaft 　Kunden

Abbildung 2.9 Unternehmenswerte

Es besteht die Tendenz einer Werteverschiebung von den materiellen hin zu den immateriellen Werten. Dabei spielen Markenwerte eine herausragende Rolle. Für Firmenbewertungen bei Übernahmen oder Verkäufen, aber auch für Versicherungen gewinnt der Markenwert zunehmend an Wichtigkeit. Besonders deutlich wird dies beim Markenwert von Coca-Cola. Hier macht die Marke ca. 60 Prozent des Gesamtunternehmenswertes aus.[10]

In Abbildung 2.10 wird sichtbar, wie sich im Verlauf der letzten 30 Jahre die Gewichtung der Werteanteile bezogen auf die Gesamtwirtschaft verschoben hat. In den Business-to-Business-Industrien der Pharma- und Chemieunternehmen spielt der Markenwert noch keine so große Rolle, aber in den typischen Konsumentenmärkten machen sie zum Teil über die Hälfte des Unternehmenswertes aus.

Markenwerte werden durch die Beziehungen zu den unterschiedlichen Interessengruppen definiert. Zu den immateriellen Werten, auch *Intangible Assets* genannt, gehören aber auch die Beziehungen zu den verschiedenen Interessengruppen (siehe Abbildung 2.11) Eine dieser Stakeholder-Gruppen sind die Kapitalgeber, die Shareholder.

---

10 Quelle: BusinessWeek/Interbrand

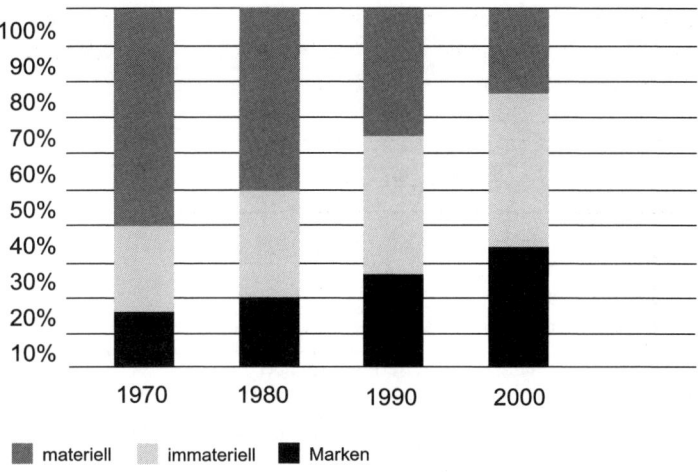

100%
90%
80%
70%
60%
50%
40%
30%
20%
10%

1970   1980   1990   2000

■ materiell   ▨ immateriell   ■ Marken

Abbildung 2.10 Wertentwicklung der Marken (Quelle: Interbrand)

In jüngster Vergangenheit war es für viele börsennotierte Unterneh-   **Kapitalgeber**
men sehr wichtig, die Interessengruppe der Kapitalgeber bei Laune
zu halten. Vor allem für die Firmen am Neuen Markt wurde die Aufmerksamkeit auf den Shareholder Value gelegt. Auch die Öffentlichkeit hat oft nur den Börsenkurs eines Unternehmens interessiert, nicht das Produkt. In der kurzen New Economy-Phase hat es
oft gereicht, eine Technologie anzuwenden und nett zu verpacken,
um enorme Börsenwerte zu erzielen. An der Börse ist der weiche
Faktor des Vertrauens (bzw. der Hoffnung) in das Corporate Image
mitunter stärker als die »harten« Fakten der Fundamentaldaten.

Heute und in Zukunft wird ein Unternehmen langfristig nur Erfolg
haben, wenn es sich zunächst um die anderen Interessengruppen
bemüht – vor allem um die Kunden. Denn in der transparenter
gewordenen Welt der Vernetzung haben sich die Ansprüche der
Kunden verändert. Sie lassen sich nicht mehr so leicht etwas vormachen, sie wissen gut Bescheid und erwarten höhere Qualität. So
ist es für jegliches unternehmerisches Handeln von überlebens-
wichtiger Bedeutung, dem Kunden einen echten Mehrwert anzubieten.

Aus Unternehmenssicht wird es immer notwendiger, die Aufmerksamkeit gleichmäßig auf alle Stakeholder zu richten.

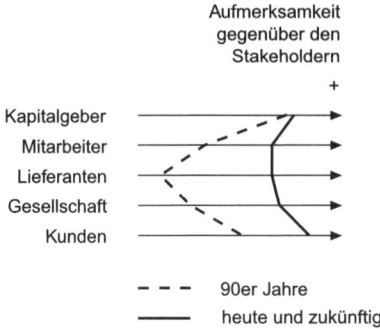

Abbildung 2.11 Stakeholder (Interessengruppen)

Wert und Nutzen Steigt der Wert, den ein Produkt für den Kunden darstellt, wird es auch für das Unternehmen eine Wertsteigerung geben. Die Werte, die dem Kunden wichtig sind, sind u. a. Zuverlässigkeit, Qualität, Support, Vertrauen, Freude und vor allem, dass er vom Unternehmen ernst genommen wird, was sich im Umgang mit den vernetzten Kommunikationsmedien für den Kunden leicht überprüfen lässt.

Der Shareholder Value (der Wert für die Kapitalgeber) kann nur nachhaltig steigen, wenn der Wert für die Kunden steigt. Dies natürlich nur unter der Voraussetzung, dass die Fundamentaldaten des Unternehmens nicht außer Acht gelassen werden und das Unternehmen finanziell gesund bleibt.

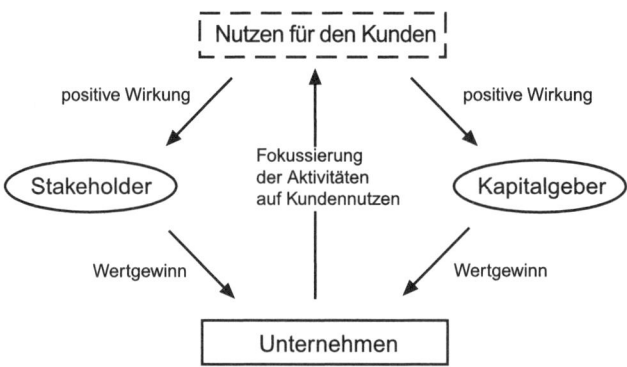

Abbildung 2.12 Kundennutzen zahlt sich für alle aus.

Der Wert für den Kunden ist nicht zuletzt eine Frage der Gebrauchstauglichkeit des Produkts. Usability als Branding-Maßnahme führt zu Wertsteigerung bei allen Interessengruppen.

Abbildung 2.12 zeigt den Zusammenhang zwischen Kundennutzen und Wertsteigerung. Auch die Kapitalgeber werden langfristig auf ihre Kosten kommen. Denn Unternehmenserfolg bedeutet auch Erfolg im Umgang mit Mitarbeitern, Lieferanten, der Öffentlichkeit und dem Kunden. Kundennutzen meint hier keineswegs nur praktische oder funktionale Werte. Die emotionale Bindung, die Freude über den Besitz oder beim Gebrauch stellt für den Kunden ebenfalls einen Nutzen dar.

Integrierte Kommunikation

Integrierte Kommunikation ist die Konsequenz, die sich aus der Methode des Corporate-Identity-Prozesses ergibt. Aus Unternehmenssicht ist dies die Koordination aller Äußerungsformen des Unternehmens, mit dem Ziel, ein konsistentes Bild zu zeichnen. Aus Kundensicht sieht dies alles wesentlich einfacher aus: viele Kanäle, aber nur ein einziges Corporate Image – je nachdem, was der Kunde mit der Marke erlebt hat. Aus Kundensicht ist *Integrierte Kommunikation* schon immer Realität, denn das Produkt oder das Unternehmen wird immer als Gesamtheit wahrgenommen. Die Art und Weise der Markenwahrnehmung ist das Ergebnis von Corporate Design und Corporate Communication. Integrierte Kommunikation vereinigt beide Aspekte.

Für viele Unternehmen wurde in jüngster Zeit die Integration von Offline- und Onlinemedien zum Thema. Doch ist dies nur ein geringer Ausschnitt aus integrierter Kommunikation. Denn der wichtigste Bote des Unternehmens bleibt das Produkt selbst.[11] Im Pro-

---

11 Diese These spitzt Rudolf Schönwandt noch weiter zu: »Die Sache eines Unternehmens sind seine Produkte. Hier – und eigentlich nur hier – kann es Kultur verwirklichen, indem es seine Produkte als einen konkreten Beitrag zur Lebenskultur versteht. Wenn es sich auf seine Produkte konzentriert, ihre Legitimität, ihren Wert, ihre Qualität ernst nimmt, dann entsteht ganz von selbst auch eine Unternehmenskultur, eine besondere Art und Weise also, wie das Unternehmen seine Arbeit gestaltet, von den Produktkonzepten bis zur Marketingstrategie, von der Personalpolitik bis zur Architektur der Fabrikgebäude.« Schönwandt, Rudolf: Vom Verschwinden der Differenz zwischen Gestalt und Gebrauch. In: Bachinger, Richard (Hrsg.). Unternehmenskultur. Frankfurt/Main: 1990

dukt- und Servicedesign besteht die Chance, ein ganzheitliches Markenerlebnis zu bieten, das als einzigartig erlebt werden kann. Ob Amazon, ALDI oder Mercedes – auch wenn Visionen und Strategien noch so verschieden sind – das Produkt bringt die Corporate Identity zu großen Teilen auf den Punkt und stellt für den Kunden in seiner Einzigartigkeit und Unverwechselbarkeit einen Wert an sich dar.

Rolle der Agenturen Viele Agenturen schreiben sich auf die Fahnen, dass sie integrierte Kommunikation für die Unternehmen anbieten. Doch dies ist ein schwieriges Unterfangen. Denn heute ist durch die digitalen Medien der Kontakt vom Kunden zum Unternehmen direkt und gewissermaßen in Echtzeit möglich. Medienkompetenz ist hier nicht nur bei Agenturen gefragt, sondern vor allem auch bei den Mitarbeitern. Integrierte Kommunikation führt zwangsläufig dazu, dass den Unternehmen ein Stück ihrer Kommunikationskompetenz zurückgegeben wird. Agenturen können hierbei Hilfestellung bieten, indem sie den Prozess der Corporate Identity begleitend moderieren und bei Bedarf – wenn sie dies nicht selber anbieten – bei der Auswahl externer Dienstleistungen behilflich sind, die aus dem Prozess heraus notwendig werden. Unternehmensberatungen, Branding-Spezialisten, CI-Berater und Werbeagenturen konkurrieren in diesem Feld miteinander.

Usability Besonders sensibel ist hierbei der Bereich komplexer Produkte bzw. Dienstleistungen. Hier ist die Gefahr, dass Markenbilder einbrechen, besonders groß. Usability ist so ein unmittelbarer markenrelevanter Faktor. Dies gilt für menügesteuerte Geräte ebenso wie für Web-Interfaces. Die Art und Weise der »Benutzerführung« kann durchaus Markenwerte vermitteln. Durch positive Erfahrungen mit der Marke im Web wird diese nachhaltig gestärkt. Manche Webagenturen sprechen hier etwas umständlich von einer UEP (*Unique Experience Proposition*). Ob man solche Begriffsbildungen mag oder nicht: Die interaktive Auseinandersetzung mit der Marke ist das Feld, auf dem enormes Differenzierungspotenzial möglich wird.

Unternehmen müssen ihr Kommunikationsschicksal wieder verstärkt selbst in die Hand nehmen und können sich nicht mehr nur darauf verlassen, dass die Agentur schon weiß, was zu tun ist. Denn Agenturen stehen immer außen, was Vor-, aber auch Nachteile hat. Entscheidend für die Integration von Kommunikation ist insbesondere, dass sie von innen heraus entwickelt und gelebt wird. Dies ist gerade einer der positiven Effekte eines explizit vorangetriebenen Corporate-Identity-Prozesses: Im besten Fall wird das ganze Unternehmen für Fragen der Kommunikation sensibilisiert, was die Voraussetzung dafür ist, dass sich innerhalb des Unternehmens eine Art bewusst gepflegte Kommunikationskultur herausbilden kann. Dieser Weg ist mitunter weit, es lohnt sich aber, ihn zu beschreiten.

Integrierte Kommunikation stellt weitgehend ein noch nicht befriedigend gelöstes Problem dar. Doch wenn man den etwas staubigen Begriff des Marketings dahingehend ausweitet, dass er in allen Unternehmensteilen die Erfüllung der Kundenwünsche verankert, dann geraten die Begriffe von integrierter Kommunikation und von integriertem Marketing immerhin schon einmal in Sichtweite.

Kompakt

▶ Neue Technologien ermöglichen neue Produkte, neue Kommunikationsformen und daher auch neue Organisations- und Geschäftsmodelle.

▶ Werden Strategien an Unternehmensvisionen gebunden, ist die Chance am größten, von den Marktteilnehmern konsistent wahrgenommen zu werden.

▶ Corporate Design ist für alle Berührungspunkte eines Unternehmens mit dem Kunden zuständig – Produkt- und Servicegestaltung sind dabei die herausragenden Aufgaben.

▶ Corporate Design und Corporate Communication prägen gemeinsam das Bild, das sich ein Kunde von einem Unternehmen macht.

▶ Marken dienen nicht nur der vereinfachten Kommunikation, sondern sie stellen für das Unternehmen auch einen immateriellen Wert dar.

▶ Integrierte Kommunikation im Sinne eines konsistent interpretierbaren Auftretens eines Unternehmens über alle Berührungspunkte zur Unternehmensumwelt ist ein schwer erreichbares, aber erstrebenswertes Ziel. Nur wer im Markt erkennbar ist, kann auf den gewünschten Erfolg hoffen.

3 · Interfaces

»Eine gute Theorie ist das Praktischste, was es gibt.«
Gustav Robert Kirchhoff

I ntegrierte Kommunikation ist ein erstrebenswertes Ziel. Doch was bedeutet »Kommunikation« eigentlich? Und an welcher Stelle wird aus Kundensicht Kommunikation relevant?

Marktorientierte Unternehmensführung hat sich Kommunikation auf die Fahnen geschrieben. Kunden, Zulieferer und Händler wollen angesprochen, Mitarbeiter motiviert werden. Und gegenüber dem Wettbewerb und in der Öffentlichkeit gilt es ebenfalls, Zeichen zu setzen: Das wirksame Reklamieren von Kompetenz und die Besetzung der dazugehörigen Begriffsfelder ist hier das strategische Ziel.

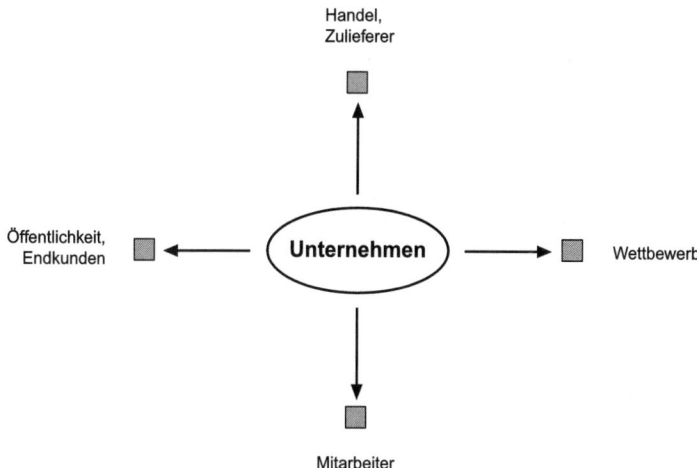

Abbildung 3.1 Adressaten der marktorientierten Unternehmensführung

Dass Unternehmen nicht zuletzt kommunizierende Organismen sind, teilt die Lehre von der marktorientierten Unternehmensführung mit der Auffassung der Agenturen für Corporate Design. Diese sehen ihr Ziel darin, das *Positioning*, die Unternehmensidentität, sinnlich erfahrbar zu machen, in allen Einzelheiten der Äußerungen

Positioning

des Organismus gegenüber seiner Umwelt. Die Praktiker des Corporate Designs bzw. der Corporate Identity gehen von der einfachen, aber nicht minder stichhaltigen Überlegung aus, dass die schönsten Geschäftsmodelle und Kommunikationskonzepte nur dann wirklich zum Tragen kommen, wenn sich ihre originäre Haltung den Partnern auf den ersten Blick vermittelt.

Doch verschiedentlich tut sich das Management mit den Designern schwer. Den »Grafikern« wird unternehmerisches Denken nicht zugetraut, wie sich umgekehrt für manchen Manager das Corporate Design auf die Einhaltung eines Styleguides zu beschränken scheint. Nur wenige Generalisten unter den Gestaltern, die aufgrund ihrer kommunikativen Kompetenz in der Lage sind, mit Unternehmensführern und Marketingmanagern auch kontrovers zu diskutieren, konnten sich durchsetzen und eine für beide Seiten Gewinn bringende Arbeit leisten.

Corporate Design
Dass Corporate Design, insbesondere im Zusammenspiel mit einer am Produktdesign orientierten Unternehmensstrategie, zu durchschlagendem Markterfolg führen kann, haben Unternehmen wie Braun, Olivetti, Erco oder Apple bewiesen. Auch eine Marke wie Body Shop, deren USP sich auf generalisierbare Produkteigenschaften aufbaute (Herstellung nach ökologisch nachhaltigen Verfahren und mit gesundheitlich unbedenklichen Rohstoffen – in den siebziger Jahren eine Marktlücke), stellt ein solches Beispiel dar. Hier ist besonders deutlich zu sehen, dass Produktdesign nicht immer etwas mit Formen, Farben und Radien zu tun haben muss, sondern sich mit Fragen der Strategie überschneidet.

Wenn Design irgendeine Rolle im unternehmerischen Handeln spielt, dann ist es die der Vermittlung, und zwar die Vermittlung zwischen Unternehmenswerten und der für das Unternehmen lebenswichtigen Umwelt. Dies trifft sowohl auf Produkt- als auch auf Kommunikationsdesign zu. Diese Rolle der Vermittlung wird jedoch von vielen Unternehmensführungen in ihrer Bedeutung völlig verkannt. Design ist dort nur der Zusatznutzen, etwas von außen Aufgeklebtes – etwa nach Raymond Loewys Motto aus den vierziger Jahren: Hässlichkeit verkauft sich schlecht.

Design ist jedoch nicht nur eine Tätigkeit, deren Ergebnis sich formal konsistent und manchmal farbenfroh darstellt. Design kann ebenso als »Messgröße« für ein Unternehmen aufgefasst werden:

als feststellbarer Status quo einer zu einem bestimmten Zeitpunkt mehr oder weniger gelungenen Vermittlung von Inhalten und Werten. So gesehen gibt es keinen menschlich geschaffenen Zusammenhang, der frei von »Design« wäre. Denn das Gegenteil von gutem Design ist immer schlechtes Design, nicht seine Abwesenheit. Produkt- und Kommunikationsdesign haben in der Bemühung um eine flüssige »Vermittlung« ihren gemeinsamen Kern.

Was hat es mit dieser Vermittlung auf sich? Im Rahmen einer designtheoretischen Auseinandersetzung hat ein Vermittlungsmodell auf sich aufmerksam gemacht, das den Gegenstand des Produktdesigns neu zu fassen versucht. Dieser Ansatz wird im Folgenden kurz vorgestellt. Das Modell stammt von Gui Bonsiepe und datiert aus den frühen neunziger Jahren. **Vermittlung**

Die Erfahrungen bei der gestalterischen Auseinandersetzung mit »Benutzerschnittstellen« von Computern hatten gezeigt, dass typografische und räumliche bzw. zeitliche Aspekte sich in der zu gestaltenden Struktur untrennbar ineinander verschränken.

Der Kernbegriff des Modells ist der des *Interface*: »Alles Design ist Interface Design.«[1] Bonsiepes »ontologisches Design-Diagramm« (in Abbildung 3.2 vereinfacht dargestellt) zeigt, dass das Interface die Beziehung zwischen einem Benutzer, seiner Aufgabe und dem Werkzeug – mit dessen Hilfe die Aufgabe gelöst werden soll – organisiert. Das Interface ist demnach der zentrale Gegenstand des Designs.

Aufgabe

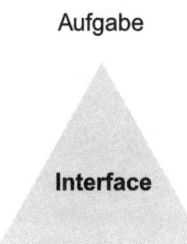

Benutzer   Werkzeug

Abbildung 3.2 Interfaces als Vermittlung zwischen Benutzer, Aufgabe und Werkzeug

---

1 Vgl. Bonsiepe, Gui. Interface. Design neu Begreifen. Mannheim: Bollmann, 1996

Bemerkenswert ist daran vor allem, dass nicht der Gegenstand, sondern der Benutzer und sein konkreter Kontext in den Mittelpunkt der gestalterischen Überlegungen gerückt wird. Das Objekt ist nicht einfach Objekt, sondern erhält erst im Zusammenhang mit einer konkreten Aufgabe einen Sinn. Ohne einen Kontext bleibt das »Objekt an sich« zunächst belanglos.

Vermittlung findet hier zwischen einem Subjekt – mit seinen je eigenen Zielen – und einem Objekt statt. Sieht man den Kontext des Benutzers als dem Benutzer zugehörig, ergibt sich eigentlich nur eine Vermittlung zwischen zwei Polen: Das Interface vermittelt zwischen einem Benutzer (und der Aufgabe, die er sich stellt) und einem Werkzeug.

Ein Mangel besteht allerdings darin, dass die Rolle des Corporate Designs – die, wie wir gesehen haben, in der Vermittlung zwischen zwei Subjekten (Unternehmen und Kunde) liegt – nicht ausreichend im Modell berücksichtigt ist. Denn ein Medienaspekt von Objekten wird in Bonsiepes Modell nicht thematisiert.

Medium und Werkzeug Die Einbeziehung des Medienaspekts würde ein Modell ermöglichen, das nicht nur die Vermittlung von Subjekten und Werkzeugen, sondern auch von Subjekten mit anderen Subjekten (Kommunikation!) abbildet. Ein solches Modell wäre dann sowohl für das Design als auch für den Ansatz der integrierten Kommunikation interessant.

Das im Folgenden vorgestellte Kommunikationsmodell nimmt infolgedessen die Denkweise der integrierten Kommunikation auf und verbindet diese mit einer Erweiterung des soeben erwähnten Designmodells des Interface. Das Ziel ist dabei, ein praktikables Denkmodell vorzustellen, das für Marketing und Design gleichermaßen relevant ist.

3.1 Was sind Interfaces?

»Individuen kommunizieren, indem sie Medienangebote produzieren/präsentieren, also Meinungen und Äußerungen übersetzen und zum Verstehen anbieten – vom Face-to-Face bis zum Interface des Internets.«
Siegfried J. Schmidt

Was sind Interfaces? Unter Interfaces verstehen wir im Folgenden alle sichtbaren, hörbaren, riechbaren, schmeckbaren oder tastbaren Kontaktangebote einer Marke, die ein Kunde konkret erlebt. Die Erfahrungen an diesen Berührungspunkten prägen das Bild der Marke im Kopf des Kunden.

Was heißt das konkret? Ganz einfach: Interfaces können sich als Gerät oder als Broschüre, Katalog, Fernsehwerbung, Website, Mail, Briefsendung bis hin zur Hotline zeigen. Vermutlich werden Sie jetzt fragen: Warum sollte man dies alles unter einen solch abstrakten Begriff zusammenfassen? Und außerdem: Warum nicht weiterhin von »Kommunikationskanälen« sprechen, wie dies im Rahmen des Mediamix gebräuchlich ist?

Auf den ersten Blick scheint dieser Einwand plausibel. Jeder vom Unternehmen genutzte Kommunikationskanal konkretisiert sich natürlich in den jeweiligen Gestaltungen, d.h. in Produkten, Broschüren, Katalogen usw.

Doch bei genauerer Betrachtung zeigt sich ein wichtiger Unterschied. Kommunikationskanal und Interface sind nicht identisch. Wenn von Kommunikationskanälen die Rede ist, spiegelt dies die Sicht des Unternehmens wider. Wenn wir aber von Interfaces sprechen, sprechen wir aus der Sicht des Kunden. Und aus Kundensicht sieht das, was die Kommunikationskanäle bereithalten, oftmals ganz anders aus, als dies vom Unternehmen intendiert war.

Betrachten wir dazu einen ganz zentralen Kommunikationskanal: den des Produkts selbst. Geht ein Kunde mit einem Produkt um, macht er Erfahrungen. Diese Erfahrungen summieren sich zu einem Urteil, zu einer bestimmten Vorstellung von dem Produkt. Diese Vorstellung kann aber eine gänzlich andere sein, als diejenige, die der Produzent von seinem Produkt hat. Der Kunde nimmt das Produkt nicht in seiner »objektiv gegebenen« Form wahr, sondern

Kunden-perspektive

sieht es aus seiner Perspektive, in seinem Kontext. Für den Kunden ist das Produkt nicht einfach das Produkt, sondern er setzt sich konkret mit ihm in Beziehung. Darin wird das Produkt zum Interface für ihn.

Erst wenn man sich diesen Unterschied auf Unternehmensseite wirklich bewusst macht, eröffnet sich bei der Gestaltung der Interfaces plötzlich eine neue Chance, auf die Situation und die Bedürfnisse des Kunden einzugehen. Diese Chance sichtbar zu machen, ist der Grund, den Begriff des Interface einzuführen.

Sophie A. und die Tücken des Objekts

Der Frühling ist da und Sophie A. hat gleich Feierabend. Als sie ihre Sachen zusammensucht und in ihre Tasche verstaut, stellt sie fest, dass die eingebaute Uhr ihres neuen Handys eine Stunde vorgeht. »Na klar, die Sommerzeit«, fällt es Sophie wieder ein.

»Komisch«, denkt sie. »Eigentlich könnte das Ding doch selber merken, dass die Zeit umgestellt wird! Schließlich gibt es doch SMS und das Gerät ist eigentlich immer auf Empfang. Und darüber, ob die Uhr vor- oder nachgeht, müsste ich mir dann vielleicht auch keine Gedanken mehr machen!«

Zwar ist Sophie keine Technikerin, sondern Sekretärin. Aber sie ist nicht auf den Kopf gefallen und mit einiger Phantasie ausgestattet, was ihr das Leben nicht unbedingt immer erleichtert.

Wohl oder übel, aber auch mit einer gewissen Neugier, durchforstet Sophie also die Menüstruktur ihres kleinen Kommunikators. Sollte eigentlich ganz einfach sein. Benutzerfreundliche Bedienung, hatte der Verkäufer gesagt. Doch irgendwie gewöhnungsbedürftig. »Verflixt, wo kann man ... wo kann man das nur einstellen?«, denkt Sophie. Nach einer Weile: »Aha, Telefoneinstellungen!«. Doch die lange Liste der Begriffe, die sie dort findet, deutet nicht auf 'Uhrzeiteinstellung' hin. Also noch ein weiterer Versuch: Im Hauptmenü. »Nein, da kann es nicht sein, es *muss* unter ›Telefoneinstellungen‹ sein«, brummt sie, langsam schon etwas genervt. »Ups, was ist das eigentlich? ›Erweiterte Funktionen‹«, murmelt sie. »Mal probieren. Die Option auf ›On‹ stellen.«

Das Display springt zurück ins Menü ›Telefoneinstellungen‹. Sophie ahnt etwas. Während sie dieses Menü nun zum dritten Mal durchscrollt, taucht tatsächlich der Punkt »Datum« auf, der vorher noch nicht da war, wie die aufmerksame Sophie bemerkt. Und siehe da, hier kann man endlich auch die Uhrzeit einstellen.

Puh! Ganz einfach war das nicht. Sophie überlegt. Uhren stellen war früher viel einfacher. Was für ein Chaos in diesem Telefonmenü! Na ja, egal. Bis jetzt hatte sie solche Dinge immer hingekriegt. Ihr geistesabwesender Blick fällt erneut auf das Display ihres Handys: die Uhrzeit. Fünf nach halb sechs. »Na großartig!« Sie lässt sich auf ihren Stuhl fallen. Typisch Sophie. Ihren Bus würde sie wohl nicht mehr kriegen.

Sophie fühlt sich irgendwie schlecht. »I'm not amused«, zischt sie. »So toll ist dieses Telefon doch nicht, wie der Typ im Laden meinte.«

In der »Verbuchung«, die Sophies Einstellung zur Marke definitiv verändert, vollzieht sich Kommunikation. Um es in der Terminologie der Nachrichtenübertragung auszudrücken: Der Sender ist die Herstellermarke. Der Kanal wäre in diesem Fall die widerspenstige Benutzerführung von Sophies Handy. Der Empfänger ist Sophie. Die von einer finster gelaunten, auf den Bus wartenden Sophie decodierte Message könnte – überspitzt formuliert – in etwa so lauten: »Wir von der Herstellermarke legen nicht so viel Wert auf Usability – der Verkaufserfolg gibt uns Recht. Verlorene Zeit musst du, Sophie, halt in Kauf nehmen, auch wenn du diese Zeit an für uns völlig vorhersehbare Probleme verschwendest. Andere Kunden kommen damit doch auch zurecht! Außerdem hast du jetzt ein Gerät einer Marke, die laut unserer Brand Mission ›Fortschritt und Spitzentechnologie‹ symbolisiert. Und du darfst dazugehören ...«.

Einstellung zur Marke

Was Sophie hier erlebt hat, wird in der Konsumentenpsychologie als *kognitive Dissonanz* beschrieben. Die Message der Marke will einfach nicht so recht zur erlebten Produkterfahrung passen. Kognitive Dissonanzen führen nicht selten zu Einstellungsänderungen und können eine ernsthafte Gefahr für Marken darstellen. Sie stellen nämlich den sensiblen Kern einer Marke in Frage: ihre Glaubwürdigkeit.

Kognitive Dissonanz

Wir hatten bereits angedeutet, dass in der Gestaltung des Interface für das Unternehmen die Chance liegt, auf die Situation und die Bedürfnisse des Kunden einzugehen. Dies weist auf die Gestaltung der Produkte und Medienangebote hin, also auf Produkt- und Kommunikationsdesign.

Dialog Das Interface birgt noch eine weitere, ganz wesentliche Chance: einen Dialog herzustellen bzw. zu erleichtern. Doch zuvor gilt es zu klären, was unter Kommunikation eigentlich verstanden werden soll. Denn auch in den Kommunikationswissenschaften herrscht darüber keineswegs Einigkeit. Umso wichtiger ist es, sich ein für das Marketing adäquates und praktisch brauchbares Kommunikationsmodell bereitzulegen. Klar und konsistent mit den Begriffen Kommunikation, Dialog und Medium zu hantieren kann nicht zuletzt eine Menge Geld sparen. Nämlich dann, wenn dadurch vermieden wird, Marketingstrategien auf brüchige, weil ungenügend durchdachte Grundannahmen aufzubauen.

3.2 Auffassung von Kommunikation

>*Der Hörer, nicht der Sprecher, bestimmt die Bedeutung einer Aussage.*«
Heinz von Foerster

Kommunikation ist zunächst die wechselseitige Interpretation von Zeichen zwischen Menschen – wie indirekt und vermittelt ein solcher Austausch auch immer erfolgt. So einfach und plausibel dies erscheinen mag – diese Sichtweise ist keineswegs selbstverständlich. Sie enthält allerdings auch weitreichende Implikationen, über die man sich im Klaren sein sollte.

Anthropomorphie Im Alltag neigen wir leicht dazu, auch Dingen ein Leben einzuhauchen. Die Psychologie nennt dies den »Hang zur Anthropomorphie«. So kommen uns Redewendungen wie »Mein Rechner spielt heute mal wieder verrückt!« keineswegs irritierend vor. Wird diese unterschwellige Beseelung des Gegenstands doch einmal bemerkt, ist dies eher ein Grund zum Schmunzeln. Ernster wird die Sache schon, wenn Kommunikationsagenturen keinen klaren Begriff von Kommunikation haben. So ist im Zusammenhang mit der Gestaltung von digitalen Medien gerne einmal von *Mensch-Maschine-Kommunikation* die Rede. Der Computer wird in diesem Zusammenhang als Partner konzipiert, der bei der Lösung von Problemen behilflich ist. Die Rede von digitalen Assistenten, virtuellen Moderatoren oder autonomen Agenten macht dies deutlich.

Künstliche
Intelligenz

Der Begriff »Mensch-Maschine-Kommunikation« kommt aus der Software-Ergonomie und ist zudem ein Überbleibsel aus der Zeit, als die KI-Forschung noch optimistisch sein durfte, in naher Zukunft »Denkmaschinen« nach dem Vorbild des menschlichen Bewusstseins konstruieren zu können. Diese Träume haben sich jedoch spätestens seit Ende der achtziger Jahre verflüchtigt. Von Mensch-Maschine-Kommunikation zu sprechen ist irreführend, insofern dabei suggeriert wird, man könne mit Gegenständen kommunizieren. Ein Computer ist, was er ist: eine Maschine. Die Entdeckung seiner Möglichkeiten und Eigenschaften ist unter dem Gesichtspunkt der Kommunikation allenfalls Kommunikation des Benutzers mit sich selbst – mit anderen Worten: Lernen.

Mensch-
Maschine-
Interaktion

Die »intelligente« Reaktion eines Geräts ist nichts weiter als die Folge der Anordnung, die den mehr oder weniger vorausschauenden Hard- und Softwaredesignern zu verdanken ist. Um den sowieso schon schwierigen Begriff der Kommunikation nicht zu verwässern, ist es deshalb ratsam, von *Mensch-Maschine-Interaktion* zu sprechen, wenn man lediglich die Benutzung eines Gerätes im Sinn hat.

Doch Mensch-Maschine-Interaktionen können auch kommunikative Aspekte enthalten, aber in einem anderen Sinn: Dann nämlich, wenn die Maschine gleichzeitig als Medium zwischen zwei Akteuren benutzt wird. Das Beispiel mit der Sommerzeit hat dies verdeutlicht: Sophie macht sich während der Benutzung des Produkts – mehr oder weniger willentlich – ein Bild der Herstellermarke. Es hat also nicht nur physische Interaktion, sondern auch Kommunikation stattgefunden. Sophie hat in diesem Fall nur die Zeichen anders gedeutet, als die Produkt- und Marketingmanager sich das vermutlich so gedacht haben. Sie hat sich selbst in ein verändertes Verhältnis zur Herstellermarke gebracht, als in ihrem Kopf das strahlende Markenimage zerplatzt ist und sie sich sozusagen selbst aus dem Markenhimmel geholt hat.

Insofern scheint »Kundenbeziehung« sogar originär vom Kunden auszugehen. Welche Konsequenzen diese Einsicht für die praktische Markenbildung hat, werden wir im Verlauf der weiteren Betrachtung noch sehen. Doch wenden wir uns zunächst einer Auffassung von Kommunikation zu, die sich so flächendeckend wie hartnäckig in das Marketingdenken eingegraben hat. Gemeint ist das nachrichtentechnische Kommunikationsmodell (siehe Abbildung 3.3).

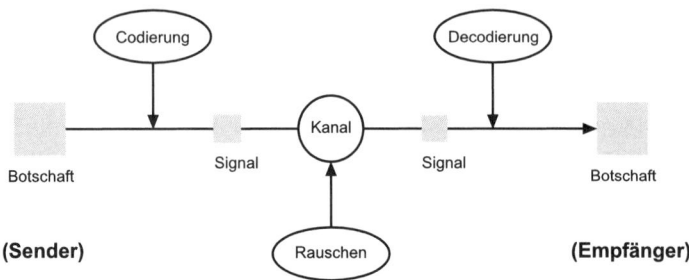

Abbildung 3.3 Nachrichtentechnisches Kommunikationsmodell

Das Gros der Marketingabteilungen sieht im Rahmen der Marketingstrategie genau dies als Haupttätigkeit an: Das Unternehmensinteresse in wirksame Aussagen kleiden, die geeigneten Kanäle (Mediamix) auszuwählen und die Message »rüberbringen«.

In den Kundenmeetings der Werbeagenturen wird demzufolge mit dem Auftraggeber über die Claims und Messages diskutiert, die dem Kunden in den aufzusetzenden Kampagnen zugetragen werden sollen. Doch bei genauerer Betrachtung erfasst dieses Modell von Marketingkommunikation nur im Ansatz das, was im Kommunikationsprozess beim Kunden stattfindet.

Modelle haben den Zweck, komplexe Vorgänge auf das Wesentliche zu reduzieren. Dadurch lassen sich Eingriffe genauer verorten und begründen. Im Fall der Anwendung des Nachrichtenmodells auf die Marketingkommunikation wird allerdings das Kind mit dem Bade ausgeschüttet. Denn Kommunikation wird hier nicht als vermittelnder Interpretationsprozess, sondern lediglich als Übermittlung von Reizen verstanden.

Nachrichten-
modell
Das Modell selbst geht auf die beiden Kybernetiker Shannon und Weaver zurück, die es 1949 vorgestellt haben.[2] Sie legten dabei Wert auf die Feststellung, dass dieses Modell auf das *technische* Problem der Nachrichtenübertragung bezogen sein sollte, nicht auf

---

2 Shannon, C.E.; Weaver, W.: The Mathematical Theory of Communication. Urbana: 1949

die Kommunikation zwischen Menschen. Doch dieser Hinweis hat nichts genützt. Denn die implizite Gleichsetzung von Nachrichtenübertragung und Kommunikation ist bis heute landläufige Praxis. Gestützt wird diese Auffassung auch von der Literatur, der zufolge falsch verstandene Signale lediglich auf »Codierungsfehler« hinweisen.[3]

Die Aneignung dieses nachrichtentechnischen Modells durch das Werbedenken verheißt, dass Push-Marketing objektiv machbar sei – wenn man seine Message (Werbebotschaft) nur richtig codiert (zielgruppengerecht) und das Rauschen (Mediaplanung) im Griff behält.

Das folgende Kapitel soll deutlich machen, warum dies eine verkürzende Sichtweise ist, die sich in der Praxis immer mehr als kontraproduktiv erweist. Denn das aktive Potenzial des Kunden, das Unternehmen für sich nutzen könnten, bleibt diesem Modell verborgen.

3.3 Das dialogische Kommunikationsmodell

»Jeder Versuch, sich mitzuteilen, kann nur mit dem Wohlwollen der anderen gelingen.«
Max Frisch

Kommunikation ist alles andere als ein trivialer Prozess. Je komplexer sich ein Prozess in der Realität darstellt, desto wichtiger ist es, über ein gutes Modell zu verfügen.

Wie bringen wir also die Kommunikatoren, die Mittel der klassischen Werbung, Produkteigenschaften und Angebotsbedingungen und die sonstigen Instrumente des Marketingmix unter einen Hut? Und wie verhalten sich diese Elemente zum Begriff der Kommunikation? Dies ungefähr ist das Problem.

Marketingmix

Gehen wir zunächst vom Nachrichtenmodell der Kommunikation aus. Die Schwäche des Nachrichtenmodells liegt darin, dass es nur funktionieren kann, wenn man annimmt, dass man bei Codierung

Schwäche des Nachrichtenmodells

---

3 Vgl. z.B. Schweiger, G, Schrattenecker, G.: Werbung. 4. überarb. und erw. Auflage. Stuttgart: 1995, S. 21. Zwar weisen die Autoren darauf hin, dass auch Umwelteinflüsse im Kontext des Empfängers den Erfolg der Nachrichtenübertragung beeinträchtigen können. Doch wird dieser Kontexteinfluss als »Störquelle« begriffen, nicht als jede Kommunikation erst konstituierende, prinzipielle Tatsache.

und Decodierung auf zuverlässige und kompatible Konventionen aufbauen kann. Aus der Sicht eines Ingenieurs, der eine nachrichtentechnische Anlage im Sinn hat, ist dies ein lösbares Problem. Wenn die Ziffer 1 »Ventil öffnen« bedeuten soll, kann der Ingenieur dafür sorgen, dass die 1 beim Decodieren richtig entschlüsselt wird und die Botschaft die entsprechende Wirkung nach sich zieht. Aus Sicht eines Sozialpsychologen, der es mit Menschen zu tun hat, sieht die Sache fundamental anders aus.[4] Während beim Nachrichtenmodell im Wesentlichen syntaktische/semantische Aspekte zu beachten sind, geht es bei der Kommunikation zwischen lebenden Systemen auch um einen pragmatischen Aspekt. Dabei treten Beziehungen und Rückkoppelungen in den Vordergrund.

Wenn wir jemandem etwas mitteilen, was er qua Konvention sowieso schon weiß, sind wir – aus der Perspektive von Kommunikation gesehen – erst einen kleinen Schritt weiter. Allenfalls erreichen wir durch wiederholte Ansprache des Gleichen ein *Priming*, also ein Verankern der Marke im aktiven Gedächtnis des Kunden. Damit wissen wir aber noch nicht, wie der Angesprochene unsere Mitteilung verarbeitet, geschweige denn können wir davon ausgehen, dass sich seine Einstellung zu diesem bereits Gewussten ändert.

Darüber hinaus soll sich eine Marke von der Konkurrenz abheben. Ein innovatives Angebot soll in den Markt eindringen, indem es die Konventionen des Marktes umformt: mit überraschenden Aussagen, neuartigen Produkten, innovativen Dienstleistungen. Insofern stellt sich dem Branding gerade bei der Einführung einer Marke die Aufgabe, den Status quo von Konventionen und kollektivem Marktwissen zu *verändern*. Diese Tatsache sollte ein Kommunikationsmodell berücksichtigen, will man den Marketing-Etat nicht von vorneherein falschen Voraussetzungen opfern.

Gerade das letzte Jahrzehnt hat sich als besonders innovationsfreudig erwiesen. In den allgemeinen Sprachgebrauch sind völlig neue Begriffe eingegangen, vom Carving-Ski bis zum World Wide Web – ganz abgesehen von der Innovationsfreude und Kombinationsviel-

---

4   Vgl. z.B. Watzlawick, P.; Beavin, J. H; Jackson, D.D.: Menschliche Kommunikation. Formen, Störungen, Paradoxien. Bern, Stuttgart, Toronto: 1990 [1967]

falt der Mode und des Lebensstils. Sich in diesem Kontext an ein Kommunikationsmodell zu halten, das Innovationen nur als Sonderfall denken kann, ist dabei geradezu bizarr.

Was genau bei der Aufnahme von neuen Informationen beim Kunden passiert, wissen auch Hirnforscher nicht. Uns reicht es zu wissen, dass Gehirne operativ geschlossene Systeme sind – d.h., alles, was über die Sinnesorgane ins Bewusstsein gelangt, sind keine Qualitäten (blau, heiß, laut), sondern Quantitäten. Die Leistung des Gehirns besteht darin, aus diesen Quantitäten Qualitäten erst zu erzeugen. Was bedeutet das für ein Kommunikationsmodell? In der Hauptsache dies: Wahrnehmung ist kein *passiver*, sondern ein höchst *aktiver* Prozess.

Wahrnehmung als aktiver Prozess

Der so genannten operativen Geschlossenheit steht eine kognitive Offenheit[5] des Menschen gegenüber: Wir sind in der Interaktion mit unserer Umwelt lernfähig. Nimmt man diesen Sachverhalt ernst, erscheint Marketingkommunikation in einem anderen Licht. Alles, was Kommunikation tun kann, ist Angebote zu machen. Beim Versuch der Voraussage, ob der Angesprochene an diesem Angebot interessiert sein wird, treten Normen und Konventionen plötzlich zugunsten des konkreten Kontexts, der Erwartungen und der Interessen des Angesprochenen zurück. Der Kunde erzeugt aus unserem Kommunikationsangebot die Botschaft, die er in seinem Kontext für angemessen erachtet. Bei der Betrachtung des Kommunikationsprozesses tritt also das jeweilige Bewusstsein der Kommunikationspartner in den Vordergrund, der Kanal und die Botschaft tritt demgegenüber zurück. Abbildung 3.4 verdeutlicht das Bewusstseinsmodell von Kommunikation.

Der direkte Weg zum Bewusstsein des Kunden ist versperrt. Der Kunde kann sich gewissermaßen nur selbst beeinflussen, indem er das in einem Medium dargebotene Angebot aktiv wahrnimmt. Kommunikation spielt sich hauptsächlich in den Köpfen der beteiligten Akteure ab. Das Medienangebot (aus Kundensicht: Interface) ist jedoch das Einzige, was man als Kommunikator direkt beeinflussen kann. Und dies ist die Aufgabe von Design.

---

5 Zu operativer Geschlossenheit und kognitiver Offenheit vgl. z.B. Faßler, Manfred: Was ist Kommunikation? München: 1997, S. 31 ff.

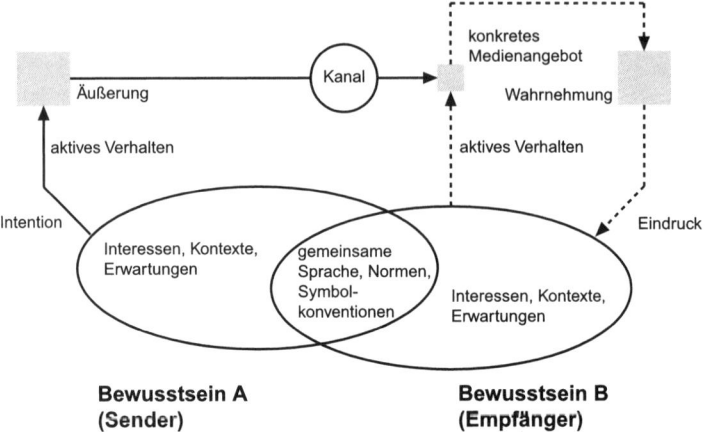

Abbildung 3.4 Bewusstseinsmodell von Kommunikation

> ### Kommunikation
>
> Kommunikation ist die Interaktion zwischen zwei Akteuren, bei der Zeichen mit dem Ziel der Verständigung wechselseitig interpretiert werden. Kommunikation ist medial vermittelt und immer in eine Kommunikationssituation eingebunden. Medien haben dabei immer materielle Eigenschaften.

Zwar gibt es die rhetorische Trickkiste, um Kommunikationspartner mit einiger Wahrscheinlichkeit zu überzeugen. Doch letztendlich haben auch diese Rezepte nur den Charakter eines Köders. Der Fisch muss selbst anbeißen – und die Fische werden immer intelligenter. Um die Einstellung einer anderen Person direkt zu beeinflussen, fehlen zuverlässige Mittel – und dies gilt es zunächst einmal nüchtern zu erkennen.

All dies ist uns eigentlich bekannt – aber nur unterschwellig. So kann in einer freien Wirtschaft nur dann sinnvoll von »Werbung« die Rede sein, wenn die damit Angesprochenen eine Wahl haben. Und je selbstbewusster Kunden und Konsumenten werden – und das ist in der Zukunft zu erwarten –, desto ausgiebiger werden sie von diesen Wahlmöglichkeiten Gebrauch machen und desto wahrscheinlicher werden sie Werbung ignorieren oder hintergehen. Die Kriterien ihrer Wahl werden nicht mehr in allgemeinen Konventionen zu suchen sein.

Man tut gut daran, zu akzeptieren, dass der Kunde von morgen eine völlig neue »Power« besitzt. Nur wenn es gelingt, das Vertrauen des Kunden zu gewinnen, besteht die Chance, eine von Wohlwollen geprägte Beziehung mit ihm einzugehen. Vertrauensbildung, Integrität, Convenience und Service sind die Faktoren, die bei der Kundengewinnung entscheiden werden. Denn der selbstbewusste, vernetzte Kunde ist aktiv und unberechenbar, er entscheidet allein aus seinem Wertekontext heraus.

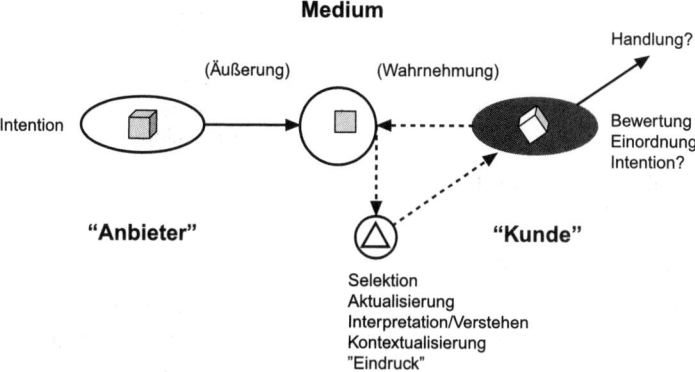

Abbildung 3.5 Aktive Wahrnehmung von Medienangeboten als bestimmender Faktor im Kommunikationsprozess

Die in den Kommunikationskanälen hinterbrachten Angebote – die Produkte selbst, Websites oder Broschüren – werden beim Kunden gemäß seiner persönlichen Erfahrung selektiert, interpretiert und bewertet. Was durch das individuelle Raster fällt, wird nicht beachtet. Und was dabei als beachtenswert eingestuft wird, ist vor einer Zweckentfremdung nicht sicher. Was die Werbeagentur als »cool« empfindet, ist dem aufgeklärten Konsumenten im Zweifel schon längst schal geworden. Der Kunde agiert mit dem Unternehmen auf Augenhöhe, indem er potenziell Zugriff auf nahezu jede Information hat.

In der Informationsgesellschaft bleibt ihm so gut wie nichts verborgen – sofern er sich dafür interessiert. Die Vielfalt der Medienangebote ermöglicht es ihm, seine Erfahrungswelt selbst zu bestimmen, indem er sie selbst komponiert.

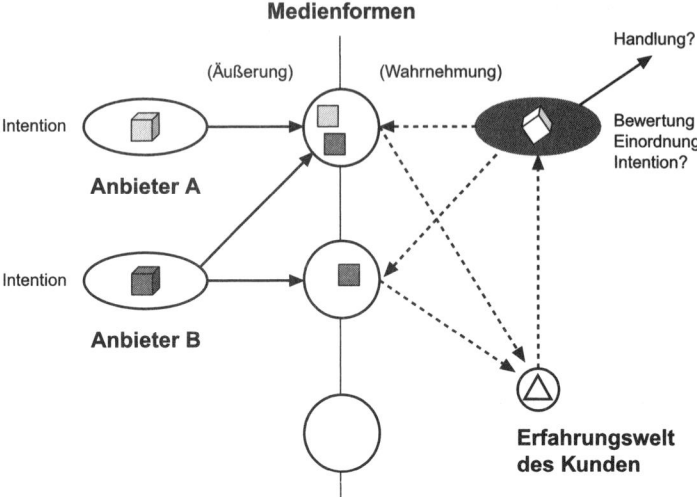

Medienformen

(Äußerung) (Wahrnehmung)

Intention

Anbieter A

Intention

Anbieter B

Handlung?

Bewertung
Einordnung
Intention?

**Erfahrungswelt
des Kunden**

Abbildung 3.6 Herausbildung der individuellen Erfahrungswelt des Kunden durch Selektion aus einer vielfältigen Medienumwelt

Zielgruppe als Fiktion

Es wird dadurch für die Marktforschung immer schwieriger, Menschen zu Zielgruppen zusammenzufassen. Die Atomisierung der Märkte ist ebenso eine Atomisierung der Zielgruppen. Die Bedeutung von Konventionen für Einstellungen und Werthaltungen nimmt ab, lokale Kontexte treten an ihre Stelle. Der Kommunikationspartner lebt in seinem eigenen Universum. Diese allgemeine Tendenz, die in der Gesellschaft zu beobachten ist, deckt sich mit einem dialogischen Kommunikationsmodell, das den aktiven Charakter der Wahrnehmung und den Kontext der Person in den Mittelpunkt stellt. Dabei ist auch der Aspekt wichtig, dass Zeit immer weiter an Orientierung stiftender und synchronisierender Funktion einbüßt. Erweiterte Ladenöffnungszeiten, flexible Arbeitszeiten, Teilzeitmodelle, Freiberuflertum und projektbezogenes Arbeiten sind die äußeren Merkmale davon. Jeder Akteur lebt nach seinem eigenem Rhythmus, seiner eigenen Zeiteinteilung. Wenn er als Kunde Zeit und Aufmerksamkeit für ein Angebot aufwendet, sollte der Anbieter ein offenes Ohr für ihn haben – auch wenn es nachts um halb drei ist. Dies gewinnt zusätzlich an Bedeutung, je weiter sich Märkte auch über Zeitzonen hinweg öffnen.

Zeitversetzte Kommunikationskanäle fangen diese Ungleichzeitigkeit, diesen Verlust an Synchronität auf und gewinnen an Bedeutung. Das Internet nimmt hier eine herausragende Rolle ein, da es den Zugriff auf Inhalte und Leistungen eines Unternehmens zu jedem beliebigen Zeitpunkt ermöglicht. Die Hoheit des Zugriffs wird im Gegensatz zur klassischen Kommunikation dem Kunden überlassen.

Zeitversetzte Kommunikation

Das Kaufhaus, das seine Produkte im Internet anbietet, überlässt es dem Kunden, wann, wo und wie lange er die Informationen nutzt. Je leichter es sich durch das Angebot navigieren lässt und je vollständiger die Informationen sind, desto größer ist für ihn der Nutzeffekt. Das Unternehmen bedrängt den Kunden nicht, sondern bietet ihm eine Handlungsoption. Dem Kunden das Gefühl zu geben, ein gleichberechtigter Partner zu sein, ist der einzige Weg, echte Loyalität zu erzeugen.

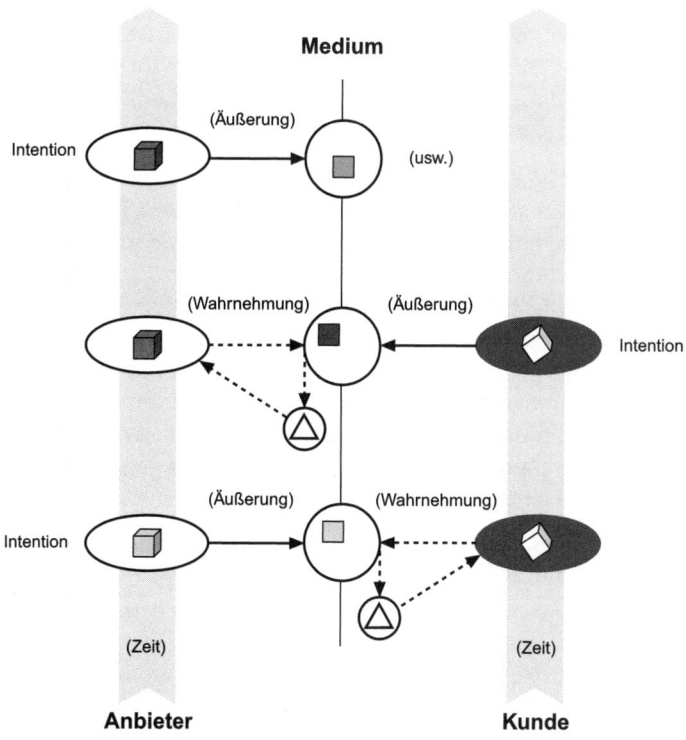

Abbildung 3.7 Dialogischer Kommunikationsprozess

Ein dialogischer Kommunikationsprozess zeichnet sich durch symmetrische Wechselseitigkeit aus. Die Kommunikationspartner begegnen sich auf Augenhöhe. Denn was für das Unternehmen Gesetz ist, hat auch umgekehrt für den Kunden Gültigkeit. Auch der Kunde ist letztlich gezwungen, sich gegenüber dem Anbieter zu artikulieren, wenn er ein Interesse an seinen Leistungen hat.

Damit eine derartige dialogische Kommunikation überhaupt funktionieren kann, ist es notwendig, sich so weit wie möglich in die Lage des Kommunikationspartners hineinzuversetzen.

Dies geschieht in den Gesprächssituationen des Alltags, ohne dass wir besondere Notiz davon nehmen. Bevor wir uns äußern, hegen wir bereits »Erwartungserwartungen«, haben uns also ein Bild von den Erwartungen gemacht, die wir unserem Gesprächspartner probeweise unterstellen. Dieses rekursive Spiel von Versuch und Irrtum kann auf Dauer nur zu Verständigung führen, indem wir die unterstellten Erwartungen ständig anpassen, sodass das Gespräch sich schließlich auf »eine Wellenlänge« einschwingt. Nur auf dieser Basis können Angebote gemacht werden, die den Kommunikationspartner wirklich weiterbringen und die sein echtes Interesse finden.

Der Dialog ist gewissermaßen die »natürlichste« Form der Kommunikation, die am meisten von den Kommunikationspartnern preisgibt. Auch wenn der Dialog in der Praxis nicht immer machbar ist, sollte sich marktorientierte Unternehmensführung trotzdem an diesem Modell orientieren. Dabei ist zu beachten, dass hier mit Dialog nicht die Massenaussendung eines Serienbriefs mit individualisierter Ansprache gemeint ist. Dies ist ein Missverständnis, an dem Direktmarketing bzw. Dialogagenturen nicht ganz schuldlos sind. Das Entscheidende am Dialog ist, dass die Möglichkeit einer individuellen Kommunikation besteht, aus der sich ein in gewissem Rahmen unvorhersehbares Gespräch entwickelt.

»Information at your Fingertips« Dialog muss dabei nicht immer Face-to-Face-Dialog oder Telefongespräch bedeuten. Das klassische Beispiel der zeitversetzten dialogischen Kommunikation ist der Briefwechsel; in seiner beschleunigten, telematischen Version die E-Mail. Ein besonders nützlicher, weil »zeitunabhängiger« Kanal ist das Internet. Hier können Kommunikationsangebote statisch hinterlegt oder in Echtzeit generiert werden. Das große Potenzial des Internets liegt aus Kundensicht in der Möglichkeit der »Information at your Fingertips« (Bill Gates). Die Gestaltung netzbasierter Interfaces ist dabei von enormer Bedeutung, ob dieses Potenzial vom Kunden realisiert werden kann oder nicht.

3.4 Das veränderte Kundenbild

»Von den Berufseinbrechern wissen wir nur zu gut, dass es
eine Menge Schlüssel gibt, die anders geformt sind als unsere,
aber unsere Türen nichtsdestoweniger aufsperren.«
Ernst von Glasersfeld

In der Werbewelt und vor allem bei den großen Konsumgüterkonzernen hat sich über die Jahrzehnte ein Konsumentenbild verfestigt, das sich in letzter Konsequenz an psychologischen Reiz-Reaktions-Modellen orientiert. Dies erklärt den bizarren Charme so mancher Waschmittelspots. Das Verharren auf behavioristischen Vorstellungen wird bis heute vor allem durch die einflussreiche Konsumentenforschung Kroeber-Riels gestützt. Der Konsument wird dort zuweilen als das nahezu willenlose Opfer einer verhaltensbeeinflussenden Sozialtechnik dargestellt.[6]

Entgegen dieser Annahme sollte man davon ausgehen, dass Menschen sehr wohl in der Lage sind, selbstmotiviert zu handeln. Wäre es anders, müsste man annehmen, dass Konsumenten ihr gesamtes Geld für Pornos ausgeben, sobald diese ihnen vorgehalten werden.[7] Kunden treffen ihre Entscheidungen aus ihrem Kontext heraus und überwinden darin – je nach Motivation – mit Leichtigkeit psychische Reiz-Reaktionsschemata. Wer auf Reiz-Reaktionsschemata setzt, muss sich überlegen, ob er die Kunden überhaupt haben will, die darauf ansprechen, respektive »hereinfallen«. Denn Reklamedenken führt (je nach Branche) möglicherweise zu

---

6 »Das Verhalten des Menschen wird (...) oft und auch hinsichtlich seines Konsumverhaltens durch Reiz-Reaktions-Beziehungen gesteuert. Die Werbung beeinflusst gerade solche reizgesteuerten Verhaltensweisen und beeinflusst damit die Verbraucher.« (Kroeber-Riel, Werner; Weinberg, Peter. Konsumentenverhalten. 7. verb. u. erg. Auflage. München: 1999, S. 654)
»Durch sozialtechnische Ansprache der ererbten Reaktionen eines Menschen und durch systematische Anwendung lerntheoretischer Prinzipien kann das Konsumentenverhalten in beträchtlichem Maß so beeinflusst werden, wie es den Marketingzielen entspricht.« (ebd., S. 656)
7 Zu einer detaillierteren Kritik an den Schlussfolgerungen Kroeber-Riels vgl. Heller, Eva. Wie Werbung wirkt: Theorien und Tatsachen. Frankfurt: 1984

Absatzerfolgen, aber nicht zu langfristiger Kundenbeziehung. Auch Beate Uhse gründete ihren nachhaltigen Erfolg auf Kompetenz und Vertrauen, also auf Markendenken, nicht auf Reklamedenken.

Es gilt, den Kunden wirklich zu überzeugen, nicht zu überrennen. Dafür muss er als Kommunikationspartner ernst genommen werden, denn nur dann wird er sich auch integer verhalten.

Der Kunde als Akteur

Der Kunde ist weder passiver User, williger Konsument noch ist er »König«, sondern er ist ein ernst zu nehmender Partner für die Zukunft – er ist potenziell genauso aktiv und intelligent wie das Unternehmen, das zu ihm Kontakt sucht. In ihm ist ein selbstbestimmter Akteur zu sehen, der zur Verfolgung seiner Ziele möglicherweise die Unterstützung durch Güter oder Dienstleistungen eines Unternehmens benötigt – ebenso wie das Unternehmen die Unterstützung des Kunden brauchen kann:

▶ zum Absatz der Produkte
▶ zur Verbesserung der Produkte
▶ zur Ideenentwicklung für neue Produkte

Die Interfaces eines Unternehmens sollten wie die Hand wirken, die dem Kunden zur Hilfe gereicht wird. Interfaces sind so zu gestalten, dass ein ernsthafter Dialog mit dem Kunden ermöglicht wird. Nur dann kann von echter Kundenbeziehung gesprochen werden.

3.5 Konsequenzen für das Branding

> *»Unsere Hauptschwierigkeit bei der Kommunikation ist es, mithilfe unserer Vorstellungskraft zu erfassen, wie viel die anderen Leute wissen oder nicht.«*
> *Cyril Northcote Parkinson*

Bereits in den achtziger Jahren stellte die Soziologin und Werbekritikerin Eva Heller fest: »Die Bedeutung einer Botschaft für den Rezipienten ist der Faktor, der die Wirkung jeder Kommunikation determiniert.« Anders ausgedrückt heißt das, dass nur die Bedeutung, die der *Rezipient* einer Botschaft gibt, eine Wirkung hervorrufen kann, nicht die Botschaft als solche. Die Bedeutung aber ist vom konkreten, lebensweltlichen Kontext des Kunden abhängig.

Kundenbeziehung ist also eine Funktion, auf die vor allem der Kunde selbst einen maßgeblichen Einfluss hat. Der *Kunde* muss die Beziehung wollen! Ein Unternehmen kann ihm die Beziehung schlecht aufdrängen. Und wenn dies durch »Kundenbindungsmaßnahmen«, die auf einen *Lock-in-Effekt* spekulieren, dennoch versucht wird, ist davon auszugehen, dass sich der Kunde nicht wohl dabei fühlen und sich seinem Schicksal eher missliebig fügen wird. Mit diesen Mitteln wird also genau das Gegenteil von Offenheit und Wohlwollen erreicht, die die Grundlage einer kundenmotivierten Beziehung bilden.

Lock-in-Effekt

Welche Schritte können also in diese Richtung unternommen werden? Hier ist es nützlich, sich das Verhältnis von Werbung und Branding (Markenbildung) vor Augen zu führen. Die Münze der Werbung ist Aufmerksamkeit. Doch der Einfluss der Werbung ist begrenzt. In der Werbewirkungsforschung gemessene Faktoren wie *Aided Recall* und *Unaided Recall* können zwar belegen, ob ein so genanntes *Priming* stattfindet – also ein Eingang der Marke in den aktiven Wortschatz des Konsumenten im besten Fall derart, dass der Begriff auf Befragung hin als erster genannt wird. Wie der Kunde die Marke aber tatsächlich für sich bewertet, steht auf einem ganz anderen Blatt.

Wir alle kennen Coca-Cola, denn überall, wo wir hinkommen, ist Coca-Cola schon da. Wenn wir das Wort »Erfrischungsgetränk« hören, drängt sich in unserem Bewusstsein der Name »Coca-Cola« auf. Wir wissen (aus der Werbung), dass Coca-Cola »richtig erfrischt«. Wir wissen dies, aber glauben wir es auch? Wahrhaftig? Nur wenn wir es auch glauben, hat die Marke gegenüber uns als Kunden ihre Schuldigkeit getan – erst dann nämlich hat sie uns *überzeugt*.

Unbestritten zeigt eine Werbestrategie, die allein auf Priming und auf die Vermittlung von Botschaften setzt, auch Wirkung: Schon aus Marktdurchdringungsgründen greifen auch diejenigen zu Coca-Cola, die weder die Marke noch das Getränk wirklich sympathisch finden.

Die Marke Coca-Cola in unserem Kopf ist das Ergebnis einer »Brute-Force«-Strategie: Die Geburt der Marke aus der Werbung. Doch nur wenige Weltkonzerne können es sich leisten, derart ausdauernd und flächendeckend die Werbekeule zu schwingen. Man sollte also nicht den Fehler begehen, die Praktiken der »Hypermarken« ohne weiteres auf »kleinere« Marken übertragen zu wollen. Denn es gibt auch andere, Erfolg versprechende Wege des Brandings.

Empfehlung Der kostengünstigere Weg ist – und dies mag paradox klingen –, den Kunden tatsächlich zu überzeugen. Dies umso mehr, je komplexer die Produkte sind, die sich mit der Marke verbinden sollen. Body Shop oder Napster sind klassische Beispiele dafür, wie das alte Prinzip der Mund-zu-Mund-Propaganda funktioniert. Dieses Prinzip greift aber nur, wenn der Empfehlende nicht nur die Behauptung des Produktnutzens kennt (also den »Claim« aus der Werbung), sondern von diesem aus eigener Erfahrung überzeugt ist. Denn die Wirksamkeit der Empfehlung ist eng an die persönliche Integrität des Empfehlenden geknüpft.

Einen Schritt in Richtung Mund-zu-Mund-Propaganda zu tun, setzt allerdings beim Unternehmen eine ausgeprägte Servicehaltung voraus. Der zentrale Punkt ist dabei: den Kunden als Partner zu betrachten, ihn ernst zu nehmen und ihm einen echten Nutzen zu bieten.

Konzentration auf den Produktnutzen ist nicht nur eine strategische Unternehmensmaxime unter vielen, sondern kann aus Marketingsicht zwingend *erforderlich* sein, insbesondere dann, wenn das Markenprodukt folgende Eigenschaften beinhaltet:

▶ Netzbasierte Services, die auf anderen vorhandenen Basistechnologien und deren Funktionsautomatismen aufbauen; z.B. jede Art von browserbasiertem Service, Websites, WAP-Services, Instant Networks

▶ Funktionale Koppelung von Produkt und Service: materielle Produkte (Geräte), immaterielle Produkte (Dienstleistungen, Services, Support); z.B. Mobiltelefon und Mobilfunk-Provider

▶ Mikroelektronische Geräte mit dynamischen, interaktiven Menüsteuerungen (komplexe Mensch-Maschine-Interaktion); z.B. komplexe Geräte wie Videokameras, Fahrkartenautomaten, Automobil-Cockpits

Man könnte nun einwenden, auf den Produktnutzen zu schauen sei doch selbstverständlich. So einfach ist es jedoch nicht. Denn man übersieht allzu leicht den Grad der Schwierigkeit, der darin besteht, dass »Nutzen« sich nicht als objektiv messbarer Wert darstellen lässt. Ganz abgesehen davon, dass Nutzen immer mehr aus Services, also abstrakten Dienstleistungen, gezogen werden kann: Der Entwicklungsingenieur interpretiert Nutzen anders als der Marketingleiter, der Vorstand anders als die Marktforscher. Und diese geben zwangsläufig – durch die Abstraktionswirkung der zumeist angewendeten quantitativen Methoden – nur ein sehr eingeschränktes Bild dessen wieder, was die Kunden später faktisch bei der Benutzung erleben. Je komplexer Produkte sind, desto mehr fällt diese Problematik ins Gewicht. Andererseits erhöht diese Bedingung auch die Chance, dass sich das Produkt durch seinen Nutzen von der Konkurrenz abhebt.

Oft unterscheiden sich Produkte im Wettbewerb nur marginal. Bei komplexen Produkten können jedoch bereits subtile Unterschiede zu erheblicher Nutzenverschiebung führen. Die Erfahrungen aus der Optimierung von Graphical User Interfaces (GUI) von Softwareprodukten haben dies gezeigt. Erfolg versprechend sind ebenso Modifikationen an sekundären und immateriellen Produktmerkmalen wie Serviceleistungen, Garantien usw. Amazon hat dies gezeigt, indem nach und nach neue Servicemerkmale in den Shop integriert wurden, die von den Kunden als wertvoll eingestuft wurden, wie z. B. die Empfehlung von Büchern durch *Collaborative Filtering*[8]. Wenn ein solches Service Design gut gelingt, kann dieser Unterschied den Ausschlag dafür geben, dass ein Angebot nachhaltig von anderen unterschieden werden kann. Vorausgesetzt, die immaterielle Dienstleistung wird im Interface für den Kunden plausibel, verständlich und benutzbar inszeniert. Amazon bleibt ein Shop im Web. Aber eben einer, der sich subtile Gedanken über seine Kunden macht. Durch solche Servicequalität kann wirksame Mund-zu-Mund-Propaganda ausgelöst werden.

---

8 Dabei werden die Statistiken über das Kaufverhalten einzelner Kunden anonym verwertet, nach dem Motto: »Kunden, die Bücher von Autor A gekauft haben, haben auch Bücher der folgenden Autoren gekauft.« Es entsteht auf diese Weise ein für den Kunden nicht vorhersehbares Netz von Querverweisen zwischen Autoren, Büchern und Themen, das mitunter sehr interessant und anregend für den Literatursuchenden sein kann.

So verstanden kann Branding die Antwort auf die Machtlosigkeit der Werbung sein. Werbung kann die Marke und das Produkt einer Öffentlichkeit bekannt machen. Überzeugen muss die Marke selbst. Seit der Antike dient das Markenzeichen in erster Linie dazu, auf den Absender hinzuweisen. Die Kerben auf der Unterseite römischer Tongefäße markierten den Erzeuger. Nicht das Medium, sondern der Absender ist hier die »Botschaft«. Kommunikationserfahrungen mit der Marke sind in dieser Hinsicht entscheidende Kriterien, ob ein Kunde für sich ein wohlwollendes Markenbild aufbaut bzw. behält. Wie viel Kredit haben Sie als Unternehmen beim Kunden? Je intensiver der Wettbewerb, desto weniger werden Fehler verziehen. Branding ist mehr als die Lancierung des Markenzeichens. Das, was von einer Marke an der Oberfläche sichtbar ist, ist nur die Spitze des Eisbergs.

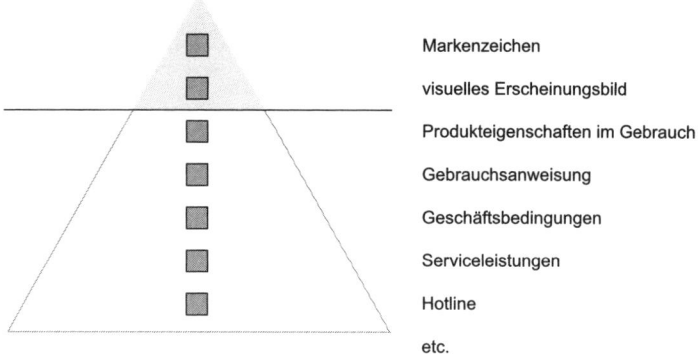

Markenzeichen

visuelles Erscheinungsbild

Produkteigenschaften im Gebrauch

Gebrauchsanweisung

Geschäftsbedingungen

Serviceleistungen

Hotline

etc.

Abbildung 3.8 Markenzeichen und visuelles Erscheinungsbild: lediglich die Spitze des Eisbergs im Prozess der Markenbildung

Die Benutzbarkeit der Produkte prägt bei komplexen Produkten zunehmend das Bild der Marke. Sei es vor oder nach dem Kauf eines Produkts: Die Marke muss den Kunden davon überzeugen, dass die Leistung des Produkts stimmt.

Die Marke im Kopf Überzeugen heißt gleichzeitig, beim Kunden ein Wohlwollen gegenüber der Marke zu erzeugen. Wenn die Marke den Kunden nicht durch die »Wiederholung des Immergleichen« langweilen will, muss sie den Kontext des Kunden aufgreifen und reflektieren. Für den Kunden zeigt sich das Unternehmen in jedem Kommunikationskanal als Interface. Das Interface ist der Ort, an dem die Marke im Kopf des Kunden entsteht. Dem Interface sollte daher die konzentrierte Aufmerksamkeit gewidmet werden, wenn die Marke gestärkt werden soll.

Im letzten Jahrzehnt wurden wir einer Vielzahl neuer komplexer, elektronischer Interfaces ausgesetzt. Man muss nur durch die Elektronikabteilung eines Kaufhauses gehen. Was da alles blinkt, piepst, sendet und menügesteuert werden will, ist beachtlich. Auch in den Haushalts-, Spiel- und sogar Sportabteilungen kann man dies erleben. Kaum ein Gerät, bei dem keine menügesteuerten Funktionen zu finden sind. Zusätzlich hält das Web täglich neue Services bereit, deren Nutzen vielversprechend klingen, aber erst vom Kunden mühsam erforscht werden müssen. Eine Markenstrategie muss die Unsicherheit, die aus der Handhabungskrise erwächst, im Besonderen berücksichtigen.

Das Web als Ganzes betrachtet hat für den Kunden einen erheblichen Zusatznutzen gebracht: Es ist das prädestinierte Medium für zeitversetzte Kommunikation. Es gibt dem Kunden die Macht, auf Informationen genau zu dem Zeitpunkt zuzugreifen, an dem er sie gerade braucht. *Information on Demand* ist das Modell, das noch viel mehr als bisher für das Branding an Bedeutung gewinnen wird. Dies wirft neue Fragen auf, denn aus ehedem passiver Rezeption wird eine aktive Aneignung über das Interface.

Diese Mensch-Maschine-Interaktion hat nun einen technisch-pragmatischen Charakter: Sie gelingt gut, mäßig oder gar nicht. Usability, die Nutzbarkeit also, entscheidet darüber, ob der Adressat zur Marke findet oder nicht. Dies gilt für Informationen genauso gut wie für Transaktionen: Ist überhaupt ersichtlich, ob etwas bestellt werden kann? Ist der Bestellvorgang ausreichend transparent? Ist die Datenübermittlung mit der Kreditkarteninformation sicher? Diese und noch viele andere Fragen haben sich Interface Designer zu stellen, um *Transaction on Demand* den Weg zu bahnen. E-Commerce steht und fällt mit der Usability des Interface.

Im Online Branding muss die Marke ihr Qualitätsversprechen im Gebrauch der Site einlösen – viel mehr als bei Drucksachen. Deshalb ist das Web ein Bereich, in dem die Verschränkung von Branding und Usability besonders deutlich wird. Das Web stellt in diesem Sinne tatsächlich einen Sonderfall dar. Med700charakter und Werkzeugcharakter sind bei der Benutzung einer Website gleicher-

Qualitäts-versprechen

maßen dominant. Da sich das Web ursprünglich aus einem »Werkzeug«-Bereich herausbildete, nämlich der Softwareentwicklung, ist es auch nicht verwunderlich, dass hier, wie bei anderen komplexeren Werkzeugen auch, die Gestaltung allein von technischen Kriterien dominiert war.

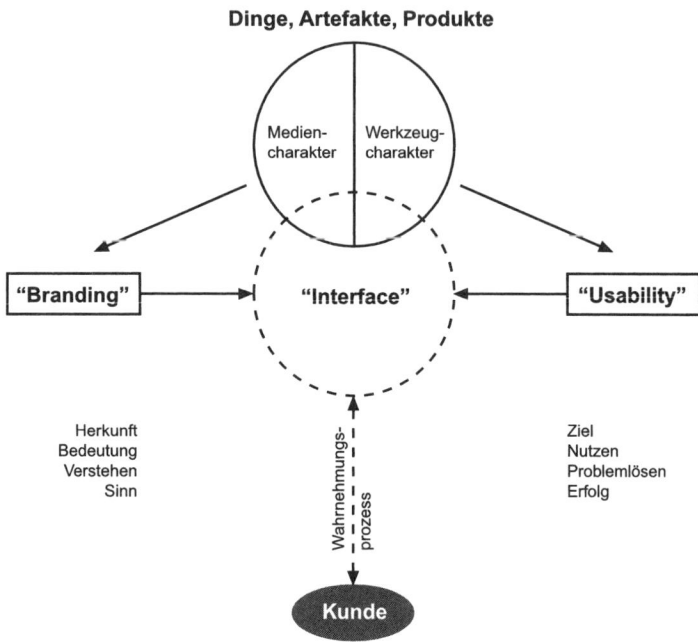

Abbildung 3.9 Integration von Branding und Usability in der Wahrnehmung der Konsumenten

Doch die Kunst der Webgestaltung sollte vor allem darin bestehen, sich einerseits auf das Branding zu konzentrieren, ohne andererseits den Anspruch der Gebrauchstauglichkeit aus den Augen zu verlieren. Die Schwierigkeit dieser Aufgabe ist so groß wie die Anzahl der Agenturen, die sich daran versuchen – und dabei nicht selten grandios scheitern. Was zumeist unterschätzt wird ist, dass eine gute Gestaltung das Web wie das Lösen einer Gleichung mit mehreren Unbekannten ist: ein anspruchsvolles Problem. Denn es geht um die Integration von Markenbildung und Usability.

Markenbildung als unternehmensinterner Vorgang ist ein permanenter Prozess, der einem Unternehmen eine Haltung verleiht. Auf dieser Grundlage sollte sich entscheiden, wie das Unternehmen mit den Kunden interagiert und kommuniziert. Die Marke wird aufgebaut, indem ein geeignetes Verhalten (Strategien) und geeignete Zeichen (Design) in geeignete Medien eingespeist werden, die diese Haltung nach außen sichtbar machen (Interfaces).

Diese Interfaces treten dem Kunden gegenüber und bilden Teile seines Erfahrungsraums. Die Marke kann als Gesamtheit aller Erfahrungen interpretiert werden, die ein Akteur mit den Interfaces eines anderen Akteurs macht. Der Kunde bildet sich faktisch – bewusst oder unbewusst – bis zum nächsten Interface-Kontakt ein gültiges Gesamturteil über die Marke, um sein Handeln zu orientieren. Das Branding ist also der immer während Versuch, die Einstellung des Kunden gegenüber der Marke zu beeinflussen.

Erfahrungsraum

Interessant für den Kunden ist dabei nicht die Entschlüsselung der Markenbotschaft als solche, sondern die Entdeckung neuer Gesichtspunkte und Handlungsmöglichkeiten, die er für seinen Kontext als nützlich erachtet. »Ist es für mich relevant?«, fragt Sophie. Es gilt also, sich in den Kunden hineinzuversetzen, um herauszufinden, was für ihn einen qualitativen Unterschied ausmacht.

Die Funktion des Brandings

Das Ziel von Branding-Aktivitäten sollte nicht darauf begrenzt sein, eine Marken*botschaft* unter die Leute zu bringen. Branding sollte vor allem bewirken, dass die Angesprochenen den Markeninhalt für sich sinnvoll interpretieren können. Die Marke sollte sich im Kopf der Kunden in plausible und konkrete Handlungsoptionen verwandeln, die als nützlich und interessant empfunden werden. Der Aufbau von fiktionalen und emotional aufgeladenen Markenwelten mag Aufmerksamkeit erregen. Doch wird diese Fiktion leicht vom potenziellen Kunden durchschaut, wenn das Produkt, die Kontakt- und Interaktionsmöglichkeiten oder die Art und Weise der Kommunikation die geweckten Erwartungen nicht erfüllen kann.

Markenbildung (Branding) beinhaltet nicht nur den Aufbau eines schönen Scheins, sondern auch die Durchsetzung einer bestimmten Kommunikationskultur, die sich im besten Fall in allen Interfaces widerspiegelt. Denn stimmen gestaltetes Markenimage und reale Leistung nicht überein, ist dies aus markenstrategischer Sicht katastrophal. Die Marke läuft in diesem Falle Gefahr, das zu verlieren, was ihre eigentliche Stärke unter allen Umständen sein sollte: Glaubwürdigkeit und Integrität in den Augen der Kunden.

3.6 Interfaces als Arbeitsfeld des Marketings

»Der Absatz eines Produkts ist kein Indikator für effektive Werbung. Der Absatz kann auch allein ein Indikator für die Qualitäten eines Produkts sein.«
Eva Heller

Die Produktwelt wird immer vielschichtiger. Neue Gattungen von elektronischen Geräten, POIs oder Websites bieten immer komplexere Leistungen und Services. Produkte und Dienstleistungen verschmelzen und werden über das Internet konfigurierbar.

Ubiquitous Computing Doch ist dies erst ein Vorgeschmack auf weitere Entwicklungen. Nach Mainframe- und Personal-Network-Computing steht die dritte Welle der Computerisierung unter dem Namen *Ubiquitous Computing* vor der Tür. Prozessoren erobern die Gegenstandswelt und aktivieren unsichtbar Datenströme zwischen vordergründig »harmlosen« Gegenständen. Diesen technischen Möglichkeiten realen Nutzen einzuhauchen, erfordert einigen Erfindungsgeist, was zu neuartigen Interfaces führen wird. Dem Kunden wird dabei Aufmerksamkeit und gleichzeitig Geschick abgefordert. Die Wahrscheinlichkeit, beim Umgang mit diesen komplexen Interfaces zu scheitern wird immer größer, denn es wird immer mehr Lernaufwand nötig, um allein die automatisierten Abläufe und die neuartigen Services, zu denen die Interfaces Zugang bieten sollen, zuerst einmal zu verstehen. Der Kampf um Marktanteile wird zunehmend zum Kampf um die Qualität des Gebrauchs, die ein Kunde erfährt. Frustrationen bei der Benutzung schlagen sich hingegen negativ auf das Markenbild nieder.

Es gilt also zuallererst zu verhindern, dass Interfaces, die komplexe Funktionen managen sollen, beim Kunden zu Verunsicherung oder sogar Resignation führen. Der Kunde befindet sich dabei in einem Zwiespalt: Einerseits will er auf die neuen Leistungen nicht verzichten, andererseits ist er immer stärker im Zeitdruck und nicht bereit, mehr Zeit, Aufmerksamkeit und Energie zu investieren, um eine Leistung für sich rational nutzbar zu machen. Der Kunde will in der Regel nicht das Gadget um des Gadgets willen.

Was bedeutet dies für technisch komplexe Markenprodukte und das Design von Produkten oder Internetservices? Langfristig werden sich bei den komplexen Produkten nur jene Marken im Kopf des Kunden durchsetzen, die in der Lage sind, die *Lifetime-Convenience* ihrer Produkte gegenüber dem Kunden nicht nur zu verbessern, sondern in den Mittelpunkt zu stellen. Marketingorientierte Unternehmensführung sollte also der Beschaffenheit des Produkts eine größere Aufmerksamkeit schenken als bisher. Usability wird zum Branding-Faktor, weil gute Usability den Kunden entlastet. Denn das wertvollste Gut, das dieser zu verlieren hat, ist nicht sein Geld, sondern seine Lebenszeit.

Lifetime-Convenience

Die Integrität, mit der das Unternehmen mit all seinen Kommunikationsaktivitäten und Produktangeboten einem Kunden gegenübersteht, hat für diesen eine wichtige Orientierungsfunktion. Um integrierte Kommunikation praktizieren zu können, braucht es in allererster Linie ein Problembewusstsein dafür, wo die Schwierigkeit der Umsetzung liegt. Je größer das Unternehmen, desto differenzierter sind seine kommunikativ wirksamen Aktivitäten. Dies macht sich bemerkbar in lose miteinander verbundenen Instrumenten, die es zu integrieren gilt:

▶ Produktgestaltung
▶ klassische Werbung
▶ PR/Öffentlichkeitsarbeit
▶ Corporate Design
▶ Verkaufsförderung
▶ Mitarbeiterkommunikation
▶ Sponsoring
▶ Eventmarketing
▶ Multimedia-Kommunikation

- Direktmarketing
- Personal-Selling/Verkauf
- Messen/Ausstellungen

Jeder dieser Bereiche kocht allzu oft noch sein eigenes Süppchen und doch prägen sie alle gemeinsam das Bild des Unternehmens und seiner Produkte nach außen. Jeder dieser Bereiche verfolgt seine Aktivitäten nach eigenen Erfolgsmaßstäben: Die klassische Werbung orientiert sich an Messages, Claims und erzielten Kontaktziffern, der Verkaufsförderung geht es um kurzfristige Absatzzahlen, das Direktmarketing wertet möglichst hohe Response-Raten als Erfolg und dem Eventmarketing geht es um die richtigen Kontexte und Zielgruppen.

Wie bringt man diese Aktivitäten nun im Rahmen einer integrierten Kommunikation unter einen Hut, ohne die Flexibilität, die sich aus dem Nebeneinander ergibt, zugunsten interner Kontrolle, etwa einer »Designpolizei«, zu verlieren? Dafür gibt es bislang kein Patentrezept. Und Corporate Design allein – verstanden als die Einhaltung des Styleguides, der die Platzierung des Logos bestimmt – ist zuwenig, um eine Unternehmensidentität zu prägen. Doch ergibt sich aus dem bisher Gesagten ein gemeinsamer Nenner. Denn alle genannten Disziplinen stehen im Dienst des gleichen Ziels: der Optimierung des Interface. Das Ziel der Kundenzentrierung kann deutlicher formuliert werden, indem die produzierten Medienangebote nicht mehr messbaren, spezialisierten Kriterien wie Klick- oder Response-Rate verpflichtet sind, sondern allein dem Erfahrungsraum des Kunden. Und weil dieser Erfahrungsraum zwangsläufig mit jedem einzelnen Kunden changiert, scheint es angeraten, sich über die eigene Haltung gegenüber den Kunden zu verständigen.

Integrierte Kommunikation kommt nicht an einem Verständnis des Unternehmens von sich selbst vorbei, bei der die Mitarbeiter als wichtige Kontaktpunkte für den Kunden mit einbezogen werden müssen.

Änderung der Strategie Denn eigentlich geht es nur um eines: den Kunden. Spätestens seit Ende der achtziger Jahre ist Kundenorientierung zur wichtigsten Strategieveränderung des Marketings geworden – seitdem nicht mehr zu leugnen ist, dass sich die Anbietermärkte in Kundenmärkte verwandelt haben.

Nimmt man diese Forderung der Kundenzentrierung ernst – was dringend zu empfehlen ist – wird klar, dass die Messages an abstrakte Zielgruppen zunehmend an Bedeutung verlieren. In den Mittelpunkt der Aufmerksamkeit rückt der Erfahrungsraum des Kunden. Hier sollten sich die Interfaces der Marke sinnvoll einfügen. Als Marken-Interface in einer Pre-Sales-Phase, als Produkt-Interface in der After-Sales-Phase. Kundenzentrierung bedeutet vor allem, sich wieder auf das Produkt zu konzentrieren – aber aus Sicht des Kunden betrachtet, der das Produkt konkret gebraucht. Das Problem des Kunden ist dabei nicht der Mangel an Produkt-Features, sondern in den allermeisten Fällen der Mangel an Orientierung. *Einfachheit* wird zu einem immer häufiger genannten Qualitätsmerkmal, das von Kundenseite eingefordert wird. Ob Sie Ihre Steuererklärung machen, Ihren Videorekorder bedienen oder nur telefonieren möchten – Sie wollen, dass es einfach geht!

Für den Kunden zeigt sich jeder Kommunikationskanal in dem ihm eigenen Interface. Das Interface ist der Ort, an dem die Marke im Kopf des Kunden entsteht. Den Interfaces sollte daher die konzentrierte Aufmerksamkeit gewidmet sein, will man die Marke stärken. Zielsetzung der Optimierung von Interfaces sollte sein, die Zahl und die Qualität der Möglichkeiten zu vergrößern, die die Kommunikationspartner vorfinden, um Ihre Interessen zu verfolgen. Der zu erzielende Effekt dabei ist, dass das Unternehmen aufgrund dieser Leistungen Wohlwollen beim Kunden erzeugt und dadurch eine Magnetwirkung erzielt wird. Integrierte Kommunikation wird so zu einer Frage ganzheitlichen Interface Design.

Dies gilt auch bis zu einem gewissen Grad gegenüber dem Wettbewerb. Es ist nicht gesagt, dass es die beste Strategie ist, seinem Konkurrenten grundsätzlich die kalte Schulter zu zeigen. Einkaufsallianzen, Überkapazitäten, gemeinsame Mitgliedschaften in Verbänden, Umweltproblematiken oder Messen können Anlässe oder Gründe darstellen, sich auch mit der Konkurrenz an einem Tisch konstruktiv auseinander zu setzen. Diplomatische Etikette, höflicher, kollegialer und respektvoller Umgang ist in diesem Sinne auch eine Form von Interface. Aber natürlich auch der Messestand, der sich von der Konkurrenz unterscheidet. Konkurrenz belebt das Geschäft, und deutlich sichtbare Differenzierung tut allen Beteiligten gut.

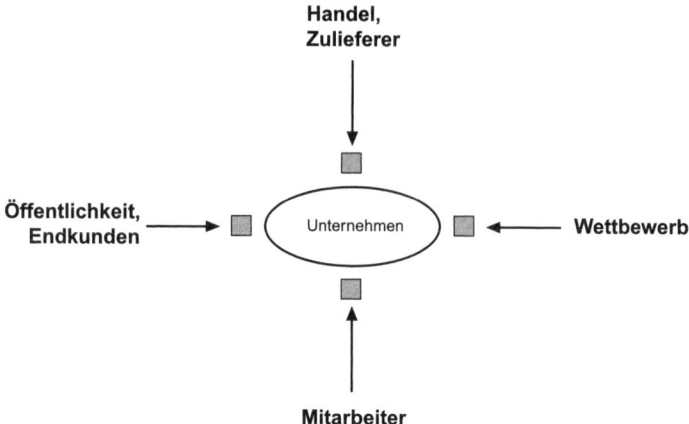

Abbildung 3.10 Zielsetzung des integrierten Marketings: Markenidentität durch optimierte Interfaces

3.7 Konkrete Erscheinungsformen von Interfaces

> »Das Design sollte das Produkt sozusagen zum Sprechen bringen.«
> Dieter Rams

Interfaces umfassen alle gestaltbaren Berührungspunkte eines (potenziellen) Kunden mit einer Marke. Der Begriff des Interfaces wird aus Kundensicht betrachtet, nicht aus Unternehmenssicht. Aus der Perspektive des Kunden machen Unterscheidungen wie »Above the Line« oder »Below the Line« keinen Sinn. Ebenso wenig für diejenigen, die mit gutem Willen und der Kundenbrille auf der Nase die Unternehmens-Interfaces konkret gestalten und organisieren.

Interface-Typen Es liegt daher nahe, Interface-Typen nicht nach Maßgabe der eher zufällig gewachsenen Disziplinen (z.B. klassische Werbung, PR, Webdesign) zu differenzieren, sondern aus systematischer Sicht, die den Erfahrungsmodus des Kunden im Blick hat. Jeder Interface-Typ steht danach für eine andere Art der Beteiligung, zu der ein konkretes Interface einlädt. Grob kann hier unterschieden werden zwischen einem statisch-dinglichen und einem dialogisch-lebendigen Involvement – mit entsprechenden Zwischenformen (siehe Tabelle).

Interface-Typ	Eigenschaften	Beispiel
(a) statisch-zweidimensional	flächenhafte Darstellungsform	Plakat, Anzeige, Datenblatt, Brief
(b) statisch-dreidimensional	räumliche Darstellungsform	Architektur, Messestand, Verkaufsstand; Produkt (z. B. Bleistift)
(c) statisch-vierdimensional	zeitliche Darstellungsform	Kinospot, digitale Reklametafel, Bannerwerbung
(d) dynamisch	periodisch, kontext- bzw. zeitsensitiv oder programmabhängig	Newsletter, Newsticker, Echtzeit-Börsenkurse, Temperaturanzeige
(e) reaktiv (physikalisch)	Verschiedene Zustände, direkte (physische) Benutzerkontrolle	Faltbroschüre, Buch, physisches Produkt (z. B. Schweizer Messer)
(f) reaktiv (elektronisch)	Verschiedene Zustände, indirekte (elektronische) Benutzerkontrolle	Website mit FAQs und Produktinfos, komplexere physische Produkte (z. B. Walkman, Handy, Automobil usw.)
(g) interaktiv	Verschiedene Zustände in Echtzeit, in deren Rahmen eine Vielzahl von Variationen stattfinden können	Produktvergleichstools,Webprodukt-konfigurator, Chatrobot, Computerspiel, Börsencharts
(h) dialogisch	Echtzeit-Handlung, bzw. Kommunikation, alles ist möglich im Rahmen sozialer Konvention	Face-to-Face, Kundengespräch, Telefongespräch, E-Mail, Internet-Foren, Chat, Multi-User-Computerspiel

Ein konkretes Interface wie z. B. eine Website kann verschiedene dieser Typen in sich vereinen. Es ist aufschlussreich, einmal die bestehenden Interfaces anhand der Typenmatrix durchzugehen, einzuordnen und zu quantifizieren, um sich so ein Bild darüber zu machen, in welchem Verhältnis vom jeweils medienspezifischen Potenzial Gebrauch gemacht wird. Inwieweit stimmt dies mit den

Zielen einer Gesamtstrategie überein? Wie ist die Kommunikation mit dem Kunden organisiert? Welche sinnlichen Erfahrungsmodi werden genutzt? Welche Interfaces werden von den Kunden erwartet bzw. gewünscht? Welche Prozessvorteile ergeben sich für beide Seiten, wenn man in reaktive, interaktive und dialogische Interfaces investiert?

In allen Situationen, in denen ein Kunde zu Qualitätsurteilen über die Marke kommen kann, hat er es mit einem Interface zu tun. Interfaces sind Kontaktpunkte mit der Marke, die potenziell eine Veränderung der Einstellung des Kunden gegenüber der Marke bewirken können. An diesen Kontaktstellen besteht die Gefahr, dass positive Erwartungen an das Markenbild nicht erfüllt werden – oder aber die Chance, dass die Bedürfnisse oder Wünsche des Kunden in den Interfaces antizipiert werden. Neuland aus Marketingsicht sind insbesondere die Interfaces, die aus dem technologischen Umbruch der Digitalisierung erwachsen.

Die folgende Liste soll einen Überblick über mögliche Interfaces verschaffen und dafür sensibilisieren, an welchen Stellen intendierte Markenwerte in Gefahr geraten können, ihre Glaubwürdigkeit zu verlieren. Die Liste soll Ihnen also dabei helfen, die »undichten Stellen« Ihrer Marke aufzuspüren.

Adressat: Endkunde

▶ Produkteigenschaften im Gebrauch
▶ Gebrauchsanweisung
▶ Serviceleistungen
▶ Hotline
▶ Erreichbarkeit, Antwortzeit (Telefon, E-Mail)
▶ Händlernetz
▶ Produktindividualisierung
▶ Kaufunterstützung (E-Commerce, Leasing)
▶ Produktinformation bzw. -simulation (im Internet)
▶ Newsletter, Communities
▶ Added Services / Kundenstatus
▶ Kaufberatung

Adressat: Öffentlichkeit

▶ Klassische Werbung
▶ Presseinformationen
▶ Events
▶ Sponsoring
▶ Investor Relations

Adressat: Mitarbeiter

▶ Organisation
▶ Arbeitsmittel (z.B. Intranet)
▶ Arbeitsbedingungen

Adressat: Händler, Zulieferer usw.

▶ Produktinformationen (z.B. elektronische Kataloge)
▶ POS-Unterstützung
▶ Transaktionsunterstützung (B2B-Commerce)
▶ Kommunikationsunterstützung (z.B. Extranet)

Kompakt

▶ Ein *Interface* ist die konkrete Erscheinungsform eines Mittels (Mediums oder Werkzeugs), wie sie sich einer Person in ihrem Kontext darstellt.

▶ Jeder *Kommunikationskanal*, ob es sich um das Produkt selbst handelt oder um Werbung, Website, Textbroschüre oder persönliche Kundenberatung, stellt sich für den Kunden als *Interface* dar – nämlich als Vermittlung zwischen seinen kontextabhängigen Bedürfnissen einerseits, und den Angeboten der Absendermarke andererseits.

▶ Kommunikationskanal und Interface sind nicht identisch. Die Rede von Kommunikationskanälen erfolgt aus der Sicht des Unternehmens. Die Rede von Interfaces erfolgt aus der Sicht des Kunden.

▶ Ein *Medium* ist ein Mittel, das sich zur Kommunikation eignet. Ein Absender schreibt in ein Medium hinein, ein Kunde liest etwas daraus heraus. Was vom Kunden herausgelesen wird, hängt von der allgemeinen Konvention, vor allem aber vom Kunden und seinem konkreten Kontext ab. Eine Botschaft wird also nicht einfach *übertragen*, sondern beim Kunden in seinem momentanen Kontext erst *erzeugt*. Für das Marketing folgt daraus vor allem, dass es verstärkt auf die konkreten Kontexte der Kunden eingehen muss.

▶ Jedes vom Kunden benutzte *Produkt* hat für ihn potenziell eine doppelte Funktion: Einerseits tritt ihm das Produkt in seinem *Werkzeugcharakter* gegenüber. Die Frage des Kunden lautet: »Wie brauchbar ist das Produkt in meinem konkreten Kontext?« Andererseits hat das Produkt auch einen *Mediencharakter*. Die Frage lautet hier: »Wer ist der Hersteller und was stellt er für mich dar?«

▶ Produkte sind also stumme Boten, die vom Kunden sowohl als Werkzeug als auch als Medium interpretiert werden können. Werkzeug- und Mediencharakter gehen ineinander über. Usability und Branding sind nicht zu trennen. Diese Integration zu leisten ist die große Herausforderung für Corporate Design und Corporate Communication, für Kommunikations- und Produktdesign.

▶ Um Produkte zu sprechenden Boten zu machen, muss das Branding daran arbeiten, die Kontexte des Kunden ganzheitlich zu antizipieren sowie das Augenmerk auf Feedback-Möglichkeiten und Serviceleistungen lenken.

▶ Für den Kunden zeigt sich das Unternehmen in jedem Kommunikationskanal als Interface. Das Interface ist der Ort, an dem die Marke im Kopf des Kunden entsteht. Dem Interface sollte daher die konzentrierte Aufmerksamkeit gewidmet werden, wenn die Marke gestärkt werden soll.

4 Qualität

»What is needed is not more technology design but
more 'value concept' design. Technology can deliver
almost any value we design – but we are lagging far
behind in design of value.«
Edward de Bono

Brauchbarkeit und Wertschätzung sind die Kriterien, an denen sich der Erfolg von Produkten beim Kunden entscheidet. Wie wertvoll ein Produkt für den Kunden ist, zeigt sich im Erleben von Qualität. Qualität im Sinne einer subjektiven Erfahrung lässt sich nicht allgemein definieren. Aus Kundensicht spricht Qualität das Gefühl an, ohne dass im Einzelnen bewusst wird, woraus sich dieses Gefühl zusammensetzt. Wer als Kunde Qualität erfährt, spürt es schlichtweg. Dieses Gefühl wird durch unterschiedliche Faktoren beeinflusst: u.a. Werbung, PR, Website, Preisgestaltung, Produktdesign, Produktnutzen, Usability, Service, Support und Dialog. Das Zusammenspiel all dieser Faktoren bildet beim Kunden einen persönlichen Erfahrungsraum, der seine Qualitätswahrnehmung prägt. Diese Erlebnisse sind es, durch die beim Kunden Markenimages entstehen.

Abschnitt 4.1 widmet sich der Frage, wie Qualität auf Konsumentenseite wahrgenommen wird. In Abschnitt 4.2 geht es um Usability, also um die Qualität bei der Nutzung von Produkten. Die Abschnitte 4.3 bis 4.6 handeln von den Methoden, die dazu dienen, Aussagen zur Qualität von Interfaces aus Konsumentensicht zu machen. Ziel dieser Methoden ist es, eine Art Qualitätssicherung für subjektiv wahrgenommene Qualität zu etablieren und daraus Erkenntnisse über bestehendes und zukünftiges Interface Design zu gewinnen.

4.1 Das Erleben von Qualität

»Die 'neue Qualität' der Produkte scheint wohl darin zu
bestehen, dass sie immer komplexer werden, immer schwieriger zu bedienen sind und dass wir immer mehr Zeit benötigen, ihren Umgang zu erlernen.«
Bernhard E. Bürdek

Qualität hat zwei Seiten: die objektive, die durch die messbare Beschaffenheit der Produkte beschrieben werden kann, und die subjektive, die sich allein vom Standpunkt des Konsumenten und seines aktuellen Kontexts aus erschließt. Die subjektive Seite der Qualität ist die, die letztlich zur Kaufpräferenz führt.

Faktoren bei der Qualitätsbeurteilung

Auch wenn das subjektive Qualitätserleben nicht verallgemeinert werden kann, gibt es doch allgemeine Bedingungen, die bei der Beurteilung von Qualität aus Kundensicht eine Rolle spielen. Dabei können sechs Einflussfaktoren unterschieden werden (siehe Abbildung 4.1).

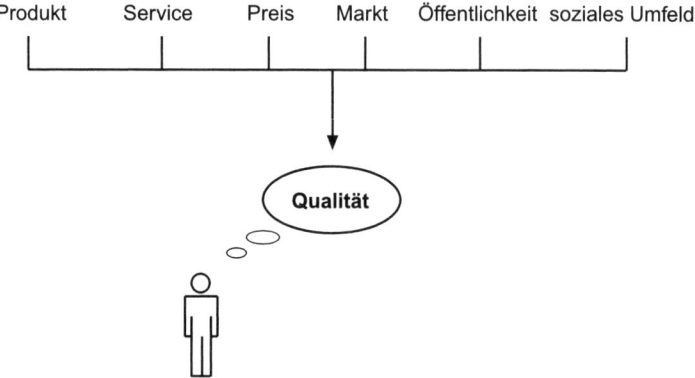

Abbildung 4.1 Einflussfaktoren auf das Qualitätserlebnis

Produkt

Die Beschaffenheit des Produkts selbst steht beim Erleben von Qualität natürlich im Mittelpunkt – doch dies nicht nur in rein technischer Hinsicht. Bei der Beurteilung des Werts, den ein Produkt für einen Kunden darstellt, kann man zwischen vier Grundtypen unterscheiden:

▶ **Gebrauchswert:** Er beschreibt den praktischen Nutzen, den ein Produkt bietet: »Was kann ich damit machen?« bzw. »Welchen Aufwand habe ich damit?«

▶ **Psychologischer Wert:** Dieser beschreibt, welche Emotion sich mit dem Produkt verbindet: »Wie fühle ich mich damit?«

▶ **Sozialer Wert:** Dieser hängt von der Außenwahrnehmung durch andere ab: »Wie werde ich damit wahrgenommen?«

▶ **Tauschwert:** Dieser betrifft den finanziellen Wert des Produkts als Geldanalage oder im Falle des Wiederverkaufs: »Was kostet mich das?« bzw. »Welches finanzielle Risiko gehe ich ein?«

Je nach Produktgattung kann einer dieser Grundtypen bei der Beurteilung die anderen dominieren. Bei der Entscheidung für eine Flasche Champagner werden in den meisten Fällen der psychologische und der soziale Wert die anderen übertrumpfen.

Service

Neben dem direkten Produkterlebnis sind es zusätzlich angebotene Services, die Produkte aufwerten können. Angenommen, Sie haben ein neues Faxgerät gekauft, das sich dann aber nach einer Woche als defekt herausstellt. Sie werden den Hersteller gnädiger beurteilen, wenn er Ihnen das Gerät anstandslos gegen ein funktionstüchtiges umtauscht – jedenfalls gnädiger, als wenn er das Gerät erst zum Kundendienst einschicken lässt und Sie es dann im besten Fall erst in drei Wochen wiedersehen.

Preis

Der Preis ist aus Unternehmenssicht ein Mittel, um das Produkt in einem Marktsegment zu positionieren. Ein hoher Preis suggeriert Exklusivität und ein Qualitätserlebnis besonderer Art. Die Frage, ob ein Ferrari sein Geld wert ist, lässt sich nicht auf dem Prüfstand beantworten. Der Kunde wird den Preis im Verhältnis zu dem von ihm subjektiv eingeschätzten Wert setzen.

Markt

Neben dem Produkt selbst und den zugehörigen Dienstleistungen ist das Angebot der Konkurrenz mit entscheidend für die Bewertung der Qualität. Wo es möglich ist, wird ein Konsument Produkte vergleichen und sie jeweils in Relation zueinander setzen. Dieses Vergleichen geschieht auf allen genannten Ebenen.

Öffentlichkeit

Zum einen werden Produkte von Redaktionen und Verbraucherschutzorganisationen in Printmedien, Fernsehen und im Internet auf ihre Qualität beurteilt und mit dem Markt verglichen. Zunehmend werden auch Online-Käufergemeinschaften genutzt, in denen sich Konsumenten über ihre Erfahrungen mit Produkten austauschen (z. B. www.ciao.de, www.amazon.de, www.smartgirl.com).

Zum anderen beobachtet die Öffentlichkeit die Arbeits- und Produktionsweisen von Unternehmen. Wird z.B. bekannt, dass ein Unternehmen die Angestellten und Arbeiter schlecht behandelt (Kinderarbeit, Arbeitszeiten, Arbeitssicherheit, Sozialleistungen) oder sich politisch oder ökologisch »unkorrekt« verhält, kann dies zu Kaufverweigerung führen. So geschehen in den neunziger Jahren bei der geplanten Versenkung der Shell-Ölplattform »Brent Spar«, als die Shell-Tankstellen flächendeckend boykottiert wurden, was zu empfindlichen Umsatzeinbußen führte.[1]

Soziales Umfeld

Bei der Bewertung von Produkten sind oft Dritte hilfreich. Freunde, Kollegen, Verwandte und Bekannte geben Tipps und Einschätzungen zu Produkten. Im Internet sind es immer häufiger auch Communities, in denen Meinungen über Produkte ausgetauscht werden. Die Mundpropaganda ist ein besonders preiswertes und wirksames »Marketingtool«, dem durch die Vernetzung eine besondere Bedeutung zukommt.

Vom Prüfzeichen zum Markenzeichen

Bei den Ideal-Werken, die in den zwanziger Jahren in Berlin Kopfhörer produzierten, wurden die intern geprüften Geräte mit einem blauen Punkt versehen. In den Geschäften, in denen Produkte unterschiedlicher Hersteller verkauft wurden, verlangten die Käufer häufig nach denen mit dem blauen Punkt, da es sich herumgesprochen hatte, dass diese besonders gut seien. So entstand die Marke Blaupunkt. Das Prüfzeichen wurde zum Markenzeichen und später auch zum Firmennamen. Es war also nicht das Marketing, das dieses Markenzeichen schuf, sondern die Käufer, die ein qualitativ hochwertiges Produkt wollten. Das gute Produkt erzeugte sein Markenzeichen selbst.

---

1 Zu aktuellen Oppositionsbewegungen gegenüber Marken-Konzernen, die es an »political correctness« fehlen lassen, vgl . Klein, Naomi. No Logo.

Markenwahrnehmung

Die Marke prägt die Erwartungshaltung gegenüber Produkten. Sie ist dabei ein wesentlicher Orientierungspunkt in einem immer unübersichtlicheren Angebot.[2] Für die Konsumenten leistet sie einen wichtigen Dienst als Informationsfilter.

Markenwerte werden zunehmend im Internet erfahren. Die Marken können mittels interaktiver Interfaces vom Konsumenten unmittelbarer erlebt werden. Die Qualität der Kommunikation, die im Gebrauch entsteht, prägt das Markenbild im Kopf des Konsumenten.

Marken können dem Kunden bieten:

▶ Orientierung im Markt
▶ Sicherheit bei der Kaufentscheidung
▶ emotionalen Mehrwert

Neben Luxusgütern (z. B. Uhren, Kleidung usw.) sowie austauschbaren Produkten (z. B. Zigaretten, Waschmittel usw.) ist die Bedeutung der Marke für die Kaufentscheidung vor allem bei technischen, komplexen Produkten maßgebend. Die Anbieter haben hier die große Chance, durch bewusst betriebene Produktgestaltung das Markenbild des Konsumenten zu prägen. Der Produktgebrauch kann hier zur differenzierenden Markenerfahrung werden.

Welches Produkt erscheint Ihnen viel zu kompliziert, aber Sie haben sich nie Gedanken darüber gemacht, weil keine Alternative vorhanden ist?

▶ Ihr Faxgerät?
▶ Ihr Textverarbeitungssystem?
▶ Ihr Videorecorder?
▶ Ihre Onlinebank?

---

2 Welche Rolle Marken mittlerweile für die Definition der eigenen Person spielen, zeigt das Beispiel einer niederländischen Kennenlernseite im Internet. Die Partnersuchenden beschreiben sich mit Marken, die sie entweder gut oder völlig unmöglich finden. Der gewünschte Partner wird ebenfalls durch die Beschreibung von Markenpräferenzen beschrieben. Inwieweit dieses Konzept einen Beitrag zur Partnerfindung darstellt, ist uns nicht bekannt. Vielleicht dient es den Betreibern auch hauptsächlich dazu, Markenvorlieben von Konsumenten zu erfahren (www.branddating.nl). Dass hier nur holländisch gesprochen wird, sollte kein großes Problem darstellen. Es genügt zu wissen, dass »Vrouw« Frau, und »Man« Mann heißt. Die Markennamen sind zumeist international bekannt.

- ▶ Ihre Steuererklärung?
- ▶ Ihr Mobiltelefon?

Was zu kompliziert ist, wird im Markt keine große Chance auf Erfolg haben, sobald es Alternativen gibt, die einfachere Lösungen für das gleiche Problem bieten.

Erfahrungs-
raum
Die Möglichkeiten elektronischer Produkte und neuer Kommunikationstechnologien erweitern und verändern den möglichen Erfahrungsraum des Konsumenten drastisch. Wenn Konsumenten immer mehr in den Menüs von Website, Smartphone oder Fahrkartenautomat verstrickt sind, dann finden Markenbeziehungen darin neue Interfaces. Produktgebrauch und Kommunikation vermischen sich. Das Markenimage eines Produkts oder eines Unternehmens wird zunehmend indirekt vermittelt, nämlich im Produktgebrauch.

4.2   Usability

>»If something is hard to use, I just don't use it.«
Melanie Krug

Der AOL-Fernsehspot mit Boris Becker und seinem verblüfften »Hä? Bin ich schon drin, oder was?« ist sehr aufschlussreich in Bezug auf die große emotionale Bedeutung von Usability. Der Spot sagt uns nämlich: Wenn es sogar ein Tennisstar schafft, ins Internet zu kommen – dann kann es wirklich nicht so schwer sein! Doch er deutet implizit auch etwas anderes an und das macht die Raffinesse und den Erfolg des Spots aus: Er spielt auf die für den Laien meistens von Frustrationen geprägten, aber von einer breiten Masse geteilten Erfahrungen beim Versuch an, einen PC für den Internetzugang zu konfigurieren. AOL setzt in seiner Werbung auf die Sehnsucht nach Usability und hat Erfolg damit.

Abbildung 4.2 »Ich bin drin – das ist ja einfach!«

Können Sie sich eine ähnliche Werbung für eine Brotschneidemaschine vorstellen, bei der die Hauptaussage darin besteht, dass jemand es geschafft hat, eine Scheibe Brot zu schneiden?

Wollen komplexe Produkte Erfolg haben, muss ihre Komplexität durch ein einfaches Interface nutzbar gemacht werden. Wenn die Mikroelektronisierung voranschreitet, die komplexe Funktionen zur Verfügung stellt, gewinnt Usability immer mehr an Bedeutung.

Zu kompliziert?

Ein psychologisches Phänomen des technisierten Menschen ist es, bei Bedienungsproblemen von schlecht gestalteten Produkten sich selbst die Schuld zu geben. Dies mag eine Ursache dafür sein, dass viel zu wenig für gute Benutzbarkeit getan wird und häufig niemand Kritik an schlechten Produkten äußert. Das gilt vor allem für Produkte im öffentlichen Raum. Wer gibt schon gerne zu, dass er nicht weiß, wie man eine Fahrkarte aus dem Automat bekommt, wie man den Parkscheinautomat bedient oder wo man drücken muss, um den Aufzug dazu zu bewegen, zum Erdgeschoss zu fahren, wo sich hoffentlich der Gebäudeausgang befindet. Oder wer wagt es, im Büro zu äußern, dass die Software zu kompliziert ist?

Um Ihnen einen Eindruck zu vermitteln, welche subtile Rolle Usability im täglichen Umgang mit Artefakten spielt, im Folgenden einige alltägliche Beispiele:

▶ In welche Richtung öffnet sich diese Tür, muss ich ziehen oder drücken?

▶ Welcher Schalter an diesem Herd ist für welche Platte zuständig?

▶ Wie öffne ich diese Verpackung?

▶ Wie schalte ich diese Lampe an?

▶ Wie funktioniert die Wahlwiederholung dieses Telefons?

▶ Wie fülle ich die Steuererklärung aus?

▶ Wie finde ich den richtigen Ausgang, wenn ich in einer fremden Stadt am Bahnhof angekommen bin? In welche Richtung muss ich den Bahnsteig entlanggehen, wenn ich aus dem Zug ausgestiegen bin?

Diese Beispiele zeigen, dass die Problematik von schlecht gestalteten Interfaces nicht erst mit der Computerära begann. Die Sensibi-

Problem-orientierung

lität für derartige Szenarien kennzeichnet das problemorientierte Produkt- und Kommunikationsdesign, seit es diese Disziplinen gibt.

Dennoch ist Usability erst im Kontext des Internets zu einem viel diskutierten Thema geworden, als hier das Frustrationspotenzial aufgrund der komplexen Strukturen offensichtlich wurde. Nicht immer wird die Subtilität, die zu Benutzungsproblemen auf Websites führt, von den Gestaltern erkannt bzw. antizipiert. Dabei werden Fragen des Informationsdesigns oft nicht ausreichend durchdrungen. Insbesondere bei der Gestaltung von komplexen Gebilden, die Websites nun mal darstellen, braucht man Designer, die sich in die Lage des Kunden hineinversetzen und von ihrer eigenen Erfahrung abstrahieren können. Das Produkt »Website« muss sich in allen Verwendungssituationen bewähren können und daraufhin bereits bei der Konzeption getestet werden.

Usability in der ISO-Norm 9241-11

»Usability bezeichnet das Ausmaß, in dem ein Produkt durch bestimmte Benutzer in einem bestimmten Nutzungskontext genutzt werden kann, um bestimmte Ziele effektiv, effizient und mit Zufriedenheit zu erreichen.«

Effektivität bezeichnet, wie genau und vollständig die Benutzer ein Ziel erreichen. Mit Effizienz wird der im Verhältnis zur Effektivität eingesetzte Aufwand benannt. Die Zufriedenheit der Nutzer wird durch den Grad der Beeinträchtigungsfreiheit und Akzeptanz der Nutzung definiert. Unter *Nutzungskontext* vesteht man Benutzer, Ziele, Aufgaben, Ausrüstung (Hardware, Software und Materialien) sowie die physische und soziale Umgebung, in der das Produkt genutzt wird.

Dabei wird in der Norm darauf hingewiesen, dass es für die Bewertung von Usability kein Regelwerk geben kann, da sie immer vom speziellen Kontext abhängt. Die Norm hat daher einen Richtliniencharakter.

»Weil die relative Bedeutung dieser Komponenten der Gebrauchstauglichkeit sowohl vom Nutzungskontext abhängt als auch von dem Zweck, für den die Gebrauchstauglichkeit zu beschreiben ist, gibt es keine allgemeine Regel dafür, wie Maße ausgewählt oder kombiniert werden sollen.«

Typische Ursachen für schlechte Usability bei Websites sind aber auch oft handwerklicher Art und lassen sich anhand von Standard-kriterien teilweise allgemein gültig identifizieren:

▶ **Informationshierarchie:** Sind die Seiten vollgestopft mit Elementen, denen das gleiche optische Gewicht zufällt, wird die Rezeption des Nutzers nicht geführt – er muss selbst herausfinden, in welcher Relation die Inhalte zueinander stehen.

▶ **Orientierung:** Der User benötigt Anhaltspunkte, in welcher Ebene oder Tiefe sich der User auf einer Seite befindet. Insbesondere dann, wenn der User über einen Link auf eine Unterseite gelangt, möchte er wissen, wo er sich befindet.

▶ **Differenzierung:** Je weniger Navigationselemente und Links sich von den Inhalten abheben, desto mehr wird Navigation zum Zufallsereignis.

▶ **Konsistenz:** Verwirrung wird gestiftet, wenn gleiche Funktionen unterschiedlich dargestellt oder benannt werden.

▶ **Feedback:** Fehlendes Feedback erzeugt Unsicherheit darüber, ob ein Klick vom System angenommen wurde. Oft wird dann erneut geklickt und der Ladevorgang beginnt von neuem.

▶ **Lesbarkeit:** Zu starke oder zu schwache Kontraste bei Lesetext oder zu kleine oder bildschirmuntaugliche Schriften strengen den Benutzer an.

▶ **Farben:** Je nach Zweck einer Site kann eine übermäßige Verwendung von knalligen Farben zur Tortur werden.

▶ **Ruhe:** Blinkende Elemente können sehr stark vom Lesen der Inhalte oder vom Navigieren ablenken.

▶ **Terminologie:** Verwendung von Begriffen, die dem Benutzer nichts sagen, da es sich um unternehmensinterne Begriffe handelt. Auch zu allgemeine Begriffe wie »Information« oder »Service« sowie Anglizismen sind oft wenig hilfreich und tragen nicht zur Orientierung und Verständlichkeit bei.

▶ **Geschwindigkeit:** Wartezeiten wegen zu großer Datenmengen führen oft dazu, dass der Benutzer den Ladevorgang abbricht.

▶ **Aktualität:** Veraltete Inhalte können die Erwartungshaltung des Benutzers enttäuschen.

▶ **Transparenz:** Unklare Log-in- und Bestellprozesse führen oft zum Abbruch von Bestellaktionen.

▶ **Kontrolle:** Wenn die Site unerwartet bzw. inkonsistent reagiert, kann dies zu einem Gefühl von Kontrollverlust beim Benutzer führen.

Abbildung 4.3 Redundanz von Elementen führt häufig zu Orientierungsproblemen. Beispiel: www.telekom.de

Wartezeiten sind ein häufiger Grund für den Misserfolg von Websites. Insbesondere dann, wenn eine lange Wartezeit auftritt, noch bevor auf einer Startseite Navigationsmöglichkeiten angeboten werden. Problematisch ist z.B. die Website des Minicomputerherstellers OQO (siehe Abbildung 4.4). Hier muss der Besucher mitunter schon einmal 5 Minuten auf das Laden der Flash-Applikation warten, ehe sich die Startseite zeigt. Solange erhält er keinerlei Information, weder über das Unternehmen noch über den zu erwartenden Inhalt der Website. Flash bietet wunderbare Möglichkeiten, um besonders emotionale Werte zu vermitteln. Aber die Technologie sollte überlegt eingesetzt werden. Meistens empfiehlt es sich, eine alternative Navigation ohne Flash anzubieten, bevor ein Flash-Film geladen wird.

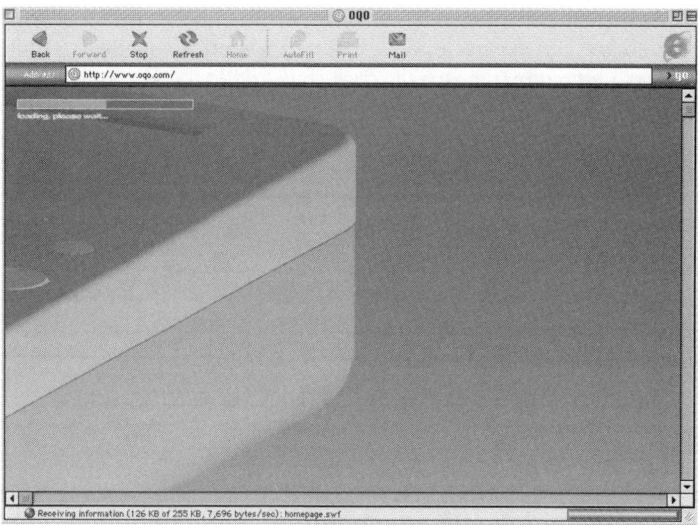

Abbildung 4.4 World Wide Wait? (www.oqo.com)

Die Menge der gleichzeitig dargestellten Inhalte kann leicht zu einem Usability-Problem werden. Wo alles gleichrangig behandelt wird, gibt es keine Prioritäten, keine Differenzierung, keine Identität. Der User muss kognitive Ordnung wohl oder übel selbst herstellen – mit ungewissem Ausgang. Problematisch ist dies insbesondere bei Portalseiten. Einerseits macht es ihren Sinn aus, möglichst viele Links auf einer Seite zu vereinigen, andererseits soll die Übersicht gewahrt bleiben. Hier kommt es bei der Gestaltung auf Nuancen an, die einen qualitativen Unterschied ausmachen können. Nicht nur Farbe, Kontrast, Größe, Differenzierung von Text und Überschrift sowie Link-Kennzeichnung sind hier in ein Gleichgewicht zu bringen, sondern auch die Anordnung und Gruppierung der Inhalte auf der Seite – bis hin zum *Wording*.

Patentrezepte zur Gestaltung von Websites helfen hier nicht weiter. Usability ist keine feststehende Konstante, sondern ist immer im Kontext zu bewerten. Zudem darf der Markenaspekt nicht aus den Augen verloren werden. Denn nur dann kann gewährleistet werden, dass Konsumenten Markendifferenzierungen wahrnehmen und als Qualität begreifen können. Unterbleibt dies, entsteht ein Einheitsbrei von Webseiten, die zwar den Binsenweisheiten der

Web-Usability entsprechen (man denke an das von Jakob Nielsen gepredigte Dogma der unterstrichenen Hyperlinks in Blau ...), die aber dann kein markenspezifisches *Look and Feel* mehr aufweisen.

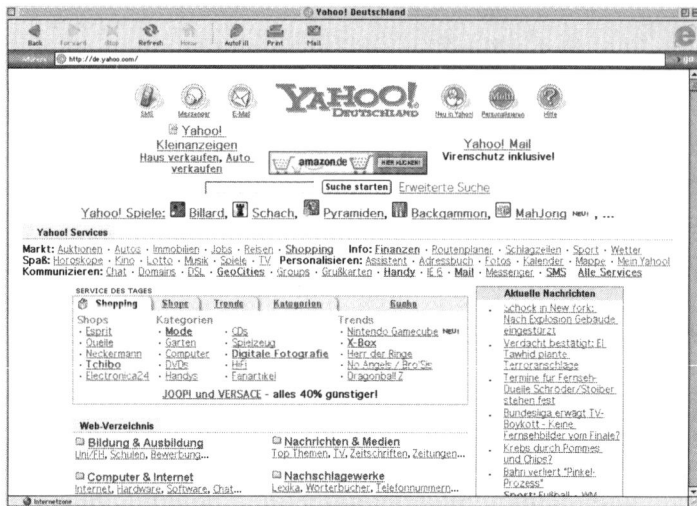

Abbildung 4.5 Mehr Möglichkeiten führen zu größerer Unübersichtlichkeit (www.yahoo.de)

Zunehmende Bedeutung von Usability

Probleme bei der Benutzung von niederkomplexen Produkten (Türklinke, Lichtschalter, Lampe usw.) sind zwar ärgerlich, aber zumeist kann man sich irgendwie damit arrangieren. Bei sehr komplexen Produkten allerdings kann schlechte Usability zu immer wiederkehrender Fehlbedienung führen. Im Fall von Websites bedeutet dies, dass die Benutzer die Site ganz schnell wieder verlassen. Im Falle einer Software entsteht ein hoher Grad an Unzufriedenheit der Mitarbeiter und hohe Schulungskosten. Im Fall von Consumer-Produkten steigt die Unzufriedenheit der Kunden.

Komplexe
Produkte

Die Bedeutung von Usability steigt in dem Maße, wie komplexe Produkte Verbreitung finden. Durch die Verlagerung von Bedienelementen auf wie auch immer geartete Bildschirme erhöhten sich die Anforderungen an den Benutzer schlagartig. Viele Produkte erfordern heute einen hohen Lernaufwand, um sie bedienen zu können, und sind oft ohne vorhergehendes Handbuchstudium überhaupt nicht bedienbar:

▶ Telefone (mit Displays)
▶ Hifi-Elektronik
▶ Kameras
▶ Mikrowellengeräte
▶ Automobil-Bordelektronik
▶ Digitaluhren
▶ Drucker
▶ Kopierer
▶ Faxgeräte
▶ PDAs
▶ Software

Last but not least sind es Softwareanwendungen, die wegen ihrer hohen Komplexität einen gesteigerten Bedarf an Verbesserungen im Bereich Usability haben. Dabei stellt die Reduktion auf Wesentliches und die Gruppierung von Funktionselementen eine Hauptaufgabe für das GUI (Graphical User Interface) dar. Die Untersuchung bzw. Entwicklung von Nutzungsszenarien als Grundlage für die Gestaltung sind dabei ein Erfolg versprechender Weg. Aufgabenangemessene und für bestimmte Userlevel individualisierbare GUIs bieten hier einen Lösungsweg, um die Probleme beim Gebrauch von vorneherein zu vermeiden.

Neben Websites und Softwaretools bekommen Intranets eine **Intranet** immer stärkere Bedeutung. Für die unternehmensinterne Kommunikation sind sie heute unerlässlich, bieten aber nur Nutzen, wenn sie leicht benutzbar sind und aktuelle Inhalte bieten. Zunehmend verbinden sich in ihnen Eigenschaften von Tools wie z. B. Projektmanagement oder Zeitmanagement mit Informationsdiensten, wie sie im Web Verwendung finden. Auch in Extranets bzw. *Closed User Groups* übernehmen webbasierte Tools eine immer wichtigere Rolle. Bei derartigen Werkzeugen ist eine klare und einfache Bedienbarkeit Vorraussetzung für fehlerfreie Bedienung und somit effizienten Einsatz und Akzeptanz durch die Anwender.

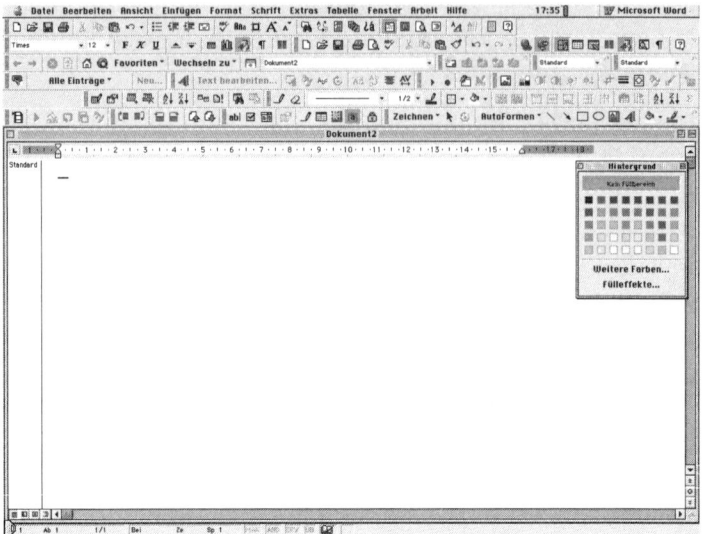

Abbildung 4.6 Die Ornamente der Funktionenvielfalt von Microsoft Word: nur 26 Buchstaben, aber Hunderte von Funktionen und verborgene Automatismen

Das Thema *Accessibility*[3] ist dem Problemfeld Usability zuzuordnen. Es geht dabei darum, auch Menschen mit einer Behinderung die Benutzung von (Web-)Software zu ermöglichen. Insbesondere Sehbehinderten und Blinden kann durch eine entsprechende Gestaltung und Programmierung die Benutzung von Websites ermöglicht werden. Da dies nur rein textbasierte Seiten vermögen, ist es meist notwendig, spezielle Seiten anzubieten, wie dies beispielsweise amazon.com macht. Aber auch wenn man diesen Aufwand nicht leisten kann, ist eine Optimierung der Seiten für Sehbehinderte möglich.

---

3 Zur Gestaltung von Websites für Menschen mit Handicaps vgl. www.w3.org/WAI

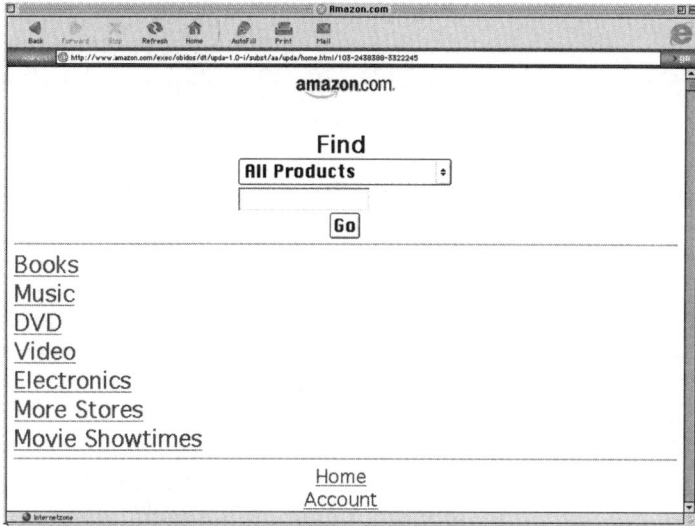

Abbildung 4.7 www.amazon.com/access: eine Website für Sehbehinderte

Usability menügesteuerter Produkte

Ein anschauliches Beispiel für ein menügesteuertes Produkt mit großer Verbreitung ist das Mobiltelefon. Die Gerätefunktionen werden über das Zusammenspiel von Tasten und Display gesteuert. Bei solchen menügesteuerten Produkten hängt die Bedienungsqualität zu einem großen Teil von der Menüstruktur ab, die über das Display vermittelt wird.

Nehmen wir das bereits beschriebene Beispiel, die Änderung der Uhrzeit auf Sommerzeit. Um die Unterschiede im Bereich der Usability aufzuzeigen, betrachten wir drei verschiedene Handytypen.

Handytyp A
Zum Einstellen der Uhr ist es notwendig, zuerst unter einem Menüpunkt **Einstellung** das Untermenü **Erweiterte Einstellung** auszuwählen, damit die Möglichkeit der Uhrzeiteinstellung in der zweiten Menüebene sichtbar wird.

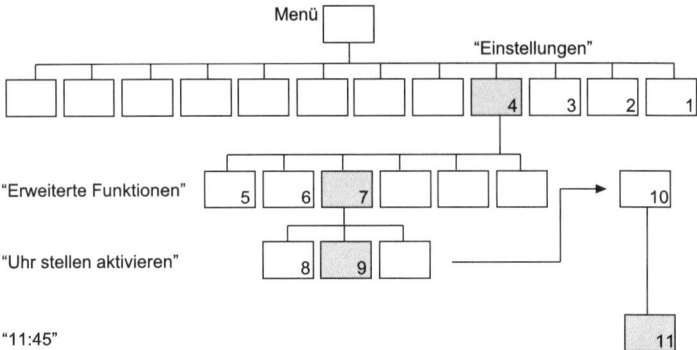

Abbildung 4.8 Handytyp A, mit 11 Klicks zur Sommerzeit

Handytyp B

Durch Auswählen der Menüpunkte der ersten Ebene gelangt man in ein Untermenü **Uhr**, in dem die Funktion **Uhr stellen** angeboten wird. Im Vergleich zum Handytyp A ist die Usability für diesen Typ und diese Aufgabe deutlich besser.

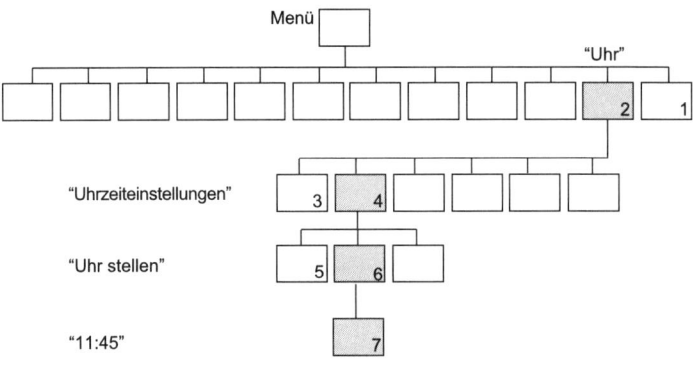

Abbildung 4.9 Handytyp B, mit 7 Klicks zur Sommerzeit

Handytyp C

Bei diesem Handytyp benötigt man die Einstellung der Uhrzeit nicht, da sie automatisch im Netz abgefragt wird. Zwar lässt sich dieser Automatismus ein oder ausschalten, um die Uhrzeit wie bei Typ B auch manuell einstellen zu können, doch ist dies eher selten erforderlich – eventuell dann, wenn man die Zeit einer anderen

Zeitzone präferiert, weil man per Handy oft Gespräche ins Ausland führt und dann wissen möchte, um wie viel Uhr man jemanden gerade aus dem Bett klingelt.

Bemerkenswert an diesem Beispiel ist, dass hier ein potenzielles Usability-Problem, das sich an einer Menüstruktur zeigt, durch eine Dienstleistung, die an einen technischen Automatismus geknüpft ist, aufgelöst wird. Dies zeigt, dass elegante Lösungen von Usability-Problemen nicht immer dort zu finden sein müssen, wo sie entstehen. Handytyp B und C waren ansonsten baugleich. Der Unterschied entsteht allein durch die angebotene Dienstleistung des Providers. Je nach Tarifmodell wird dieser »Netzdienst« angeboten.

Usability von Dienstleistungen

Auch die Gestaltung von Kommunikationsprozessen unterliegt mehr und mehr dem Gebrauchsnutzen. Wenn Sie bei einer Bank anrufen, um sich über das Produktangebot zu informieren, gelten ebenso Usability-Kriterien. Sie möchten effizient und effektiv auf eine freundliche Art Informationen erhalten. Werden Sie erst fünfmal verbunden, hängen in Warteschleifen und bekommen am Schluss doch nur die Auskunft, dass momentan niemand da ist, der Ihre Frage beantworten kann, so ist das schlechte Usability, die sich direkt auf das jeweilige Bild der Marke auswirkt.

Anhaltspunkte zur Softwaregestaltung

Diese Liste stellt Anhaltspunkte zur Gestaltung dar. Es gibt jedoch keine Patentrezepte.[4]

▶ Der Benutzer wird nicht mit unnötigen Lernprozessen zur Bedienung des Programms (der Anwendung) belastet.

▶ Die Oberfläche bietet auf allen Ebenen Orientierungspunkte in gleicher Darstellung.

▶ Die Hierarchie der eingesetzten Navigationselemente ist eindeutig erkennbar.

▶ Die Navigationselemente heben sich deutlich vom Seiteninhalt ab.

---

4 Quelle: Fröbisch, Dieter, Lindner, Holger, Steffen, Thomas. MultiMediaDesign, Das Handbuch zur Gestaltung Interaktiver Medien. München: Verlag Laterna Magica, 1997

- ▶ Die Navigationselemente sind in Form, Größe und Position der Abspielplattform angepasst.
- ▶ Die Steuerung von Prozessen ist vom Nutzer beeinflussbar.
- ▶ Linear ablaufende Sequenzen können abgebrochen werden, ohne dass automatisch der Seiteninhalt gewechselt wird.
- ▶ Funktionen mit gleicher Bedeutung oder Auswirkung werden immer auf die gleiche Art dargestellt und sind auf die gleiche Art zu aktivieren.
- ▶ Status und Dauer von Warte-, Antwort- oder Reaktionszeiten werden dem Nutzer angezeigt.
- ▶ Aktionen des Nutzers werden akustisch oder visuell bestätigt.
- ▶ Rücksprünge sind an jeder Stelle möglich.
- ▶ Ähnliche Aufgaben werden mit ähnlichen Bedienelementen bearbeitet.
- ▶ Fehlerhafte Benutzereingaben führen nicht zu unkontrollierten Reaktionen oder Abbrüchen des Systems.
- ▶ Korrekturen oder Hilfen zu fehlerhaften Benutzereingaben erfolgen unmittelbar und verständlich.
- ▶ Fehlermeldungen erfolgen immer in gleicher Form.
- ▶ Die Benutzeroberfläche ermöglicht dem Nutzer, die innere Logik und Struktur des Programms nachzuvollziehen.
- ▶ Optik und Sprache der Befehlselemente entsprechen dem bekannten und gewohnten Umfeld des Benutzers.

4.3 Qualitätssicherung subjektiv erlebter Qualität

»Kein Kunde kauft jemals ein Erzeugnis. Er kauft immer das, was das Erzeugnis für ihn leistet.«
Peter Drucker

Unter Qualitätssicherung wird im Allgemeinen die Einhaltung von überprüfbaren Standards bei der Herstellung von Produkten und Dienstleistungen verstanden. Inwieweit dies aber auch zu einer Qualitätserfahrung beim Kunden führt, ist damit noch nicht gesagt. Der internen Qualitätssicherung ist deshalb eine externe Überprüfung des Produkt- und Markenbildes hinzuzufügen. Was bedeutet

Qualität aus Kundensicht? Dabei ist besonders die Möglichkeit mit einzubeziehen, das Kundenfeedback direkt in die Neuentwicklung oder Verbesserung von Produkten eingehen zu lassen.

Bewertungen von Produktqualität ergeben sich aus subjektiven Erfahrungen der Konsumenten mit allen oder einzelnen Interfaces eines Unternehmens bzw. einer Marke. Die Gesamtheit der Konsumentensichten auf Produkte und Dienstleistungen eines Unternehmens definieren das Markenimage. Will man die Marke profilieren, muss die Gesamtheit aller Interfaces und ihre Image bildenden Potenziale erkannt und konsistent im Sinne der Marke gestaltet werden.

Bewertungen

Subjektiv erlebte Qualität unterscheidet nicht zwischen Gebrauch und emotionaler Markenbedeutung. Entscheidend ist, dass beides zusammenpasst und somit glaubwürdig wird. Marktforschung muss beide Aspekte, Branding und Usability, berücksichtigen, um einen Eindruck zu gewinnen, wie der Kunde ein Produkt bzw. seinen Hersteller beurteilt.

Bislang sind das allgemeine Verständnis und die Erwartungen von Unternehmen an die klassische Marktforschung damit verbunden, dass Marktforschungsunternehmen Daten für die Definition von Zielgruppen liefern und bei der Akzeptanz von Werbekampagnen und Produktpräsentationen Befragungen durchführen. Diese dienen dann z.B. als Basis für die Entscheidung, ob die Verpackung eines neuen Erfrischungsgetränkes grün oder blau wird. Die Frage, ob überhaupt ein weiteres Erfrischungsgetränk von den Konsumenten gewünscht wird, bleibt dabei eher außen vor. Bei Erfrischungsgetränken ist dies noch zu verkraften, ist das Produkt doch so niederkomplex und bekannt, dass im Allgemeinen die Erfahrung der Marketingabteilung ausreicht, um zu entscheiden, ob man das Risiko einer Neuentwicklung eingeht.

Marktforschung

Bei komplexen Produkten hat die Marktforschung eine neue, zusätzliche Aufgabe. Sie muss vor allem Aussagen darüber liefern, welche Probleme der Kunde eigentlich lösen möchte, welche Probleme bei der Handhabung von Produkten auftauchen und wie Produkte verstanden werden.

Dabei kann man zwischen der Analyse des Marktes, des Markenbildes und der Gebrauchstauglichkeit unterscheiden. Je nach Ausprägung des Produkts spielen die jeweiligen spezifischen Betrachtungsweisen eine Rolle. Bei einer Broschüre z.B. stehen neben den Inhalten hauptsächlich Markenaspekte im Zentrum der Analyse, da die Bedienbarkeit einer Broschüre wenig komplex und zudem lange bekannt ist. Bei einem Mobiltelefon liegt hingegen der Schwerpunkt auf der Analyse der Bedienbarkeit des Gerätes.

Websites stellen eine eigene Form dar, weil hier Markenaspekt und Funktionsaspekt meist gleichwertig nebeneinander stehen. Gerade bei Websites sind die markenprägenden Möglichkeiten sehr groß und die Usability spielt eine entscheidende Rolle bei der Akzeptanz einer Site. Branding und Usability beeinflussen sich wechselseitig und verschmelzen beim Kunden zu einer einzigen Erfahrung.

4.4 Marktforschung

> »Wenn ich Hundefutter verkaufen will, muss ich erst einmal die Rolle des Hundes übernehmen; denn nur der Hund allein weiß ganz genau, was Hunde wollen.«
> Ernest Dichter

Zur Analyse von Marken können zunächst einmal die klassischen Methoden der Marktforschung eingesetzt werden. Diese sollen Auskunft darüber geben, ob die vom Unternehmen erwünschte Markenpositionierung innerhalb des Marktes mit den Markenempfindungen der Konsumenten übereinstimmt (man spricht auch von »Brand Perception«). Dabei spielt das Wettbewerbsumfeld eine entscheidende Rolle.

Marktforschung dient dazu, Verhaltensweisen von Konsumenten zu erkennen und zu erklären, um daraus Prognosen über zukünftiges Verhalten ableiten zu können. Grundlegend für die so genannten Erhebungen sind Befragungen der Zielgruppe. Durchgesetzt haben sich dabei Teilerhebungen, d.h. Befragungen einer Auswahl der anvisierten Konsumentengruppe.

Marktforschungsmethoden

Die meistverwendeten Marktforschungsmethoden sind folgende:

- ▶ Persönliche Interviews
- ▶ Schriftliche Interviews
- ▶ Telefoninterviews

- ▶ Exploration
- ▶ Gruppendiskussionen/Fokusgruppen
- ▶ Panels
- ▶ Mehrthemenbefragung

In den **persönlichen Interviews** stellen die Interviewer Fragen und protokollieren diese. Teilweise wird zur Protokollierung der Computer eingesetzt – man nennt dies dann CAPI (»Computer Assistent Personal Interviewing«).

Schriftliche Interviews mit Fragebögen bringen dann verwertbare Ergebnisse, wenn sie nicht zu umfangreich sind, und viel Raum für freie Meinungsäußerung bieten. So können sie ebenfalls als Inputquelle sehr nützlich sein. Rein quantitative Abfragen hingegen, sind eher kritisch zu bewerten, da kaum Möglichkeiten der Kontrolle bestehen.

Telefoninterviews werden heute oft mittels CATI-Technologie realisiert. Das Kürzel steht für »Computer Assistant Telefon Interviewing« und bedeutet nichts anderes, als dass die Antworten der Befragten direkt während des Telefonats in ein Softwaresystem eingegeben werden. Dadurch lassen sich Datenbankerhebungen und Analysen schnell verwirklichen. Außerdem ist es möglich, während des Interviews Plausibilitätsprüfungen der gegebenen Antworten durchzuführen, um so die Zuverlässigkeit der Ergebnisse bewerten zu können. Meist wird eine große Anzahl Personen (>200) von einem Team geschulter Interviewer innerhalb kurzer Zeit befragt. Telefoninterviews stellen somit meist eine quantitative Methode der Befragung dar.

Wie das Interview auch, stellt die **Exploration** eine persönliche mündliche Befragung dar. Es handelt sich aber um ein freies, qualitatives Gespräch, das keinem Fragenkatalog folgt und insofern offen für alle Äußerungen des Befragten ist. Dadurch können neue Einsichten und Ideen ermittelt werden. Diese Methode wird vorwiegend bei Image- und Motivstudien angewendet.

Gruppendiskussionen mit so genannten Fokusgruppen, also mit typischen Kunden, werden meist in frühen Phasen einer Marktstudie durchgeführt, um erste Ideen, Meinungen und Äußerungen aus moderierten Gesprächen zu erhalten. In der Regel werden diese

Gruppengespräche mit etwa zehn Personen durchgeführt. Die Gesprächsleitung sollte von einem entsprechend qualifizierten Moderator übernommen werden.

Panels stellen eine gleichbleibende Gruppe von Personen dar, die über längere Zeit kontinuierlich über ausgewählte Sachverhalte Auskunft geben. Panels können auch für ad hoc auftretende Fragestellungen genutzt werden. Der Vorteil von Panels besteht hauptsächlich darin, dass sehr schnell Aussagen von einer Gruppe von Teilnehmern gewonnen werden können, ohne erst die Rekrutierung bzw. Auswahl der Personen vornehmen zu müssen.

Mehrthemenbefragungen sind, wie die Bezeichnung bereits verrät, Befragungen zu verschiedenen Themen, die meist von unterschiedlichen Auftraggebern gemeinsam in Auftrag gegeben werden. Der Vorteil ist hauptsächlich auf der Kostenseite zu sehen, da der entstehende Aufwand durch die Anzahl der Auftraggeber geteilt werden.

Online-Marktforschung

Die Möglichkeiten des Internets sind auch für die Marktforschung gut einsetzbar. Die Online-Marktforschung gewinnt zunehmend an Verbreitung. Eine besondere Bedeutung hat sie in der Erforschung von Online-Angeboten, da das Befragungsmedium identisch mit dem Darstellungsmedium auf Konsumentenseite ist. Die beschriebenen Methoden der klassischen Marktforschung werden, soweit möglich, online umgesetzt. Zielgruppen können entsprechend eingegrenzt werden auf z. B. Intranet- oder Extranet-Nutzer. Ebenso sind online durchgeführte Nutzerzufriedenheitsanalysen ein perfektes Tool, um die Zufriedenheit von Websitebenutzern nach dem Launch einer Site längerfristig zu erfragen. Aber auch bei Relaunch-Projekten sind Online-Befragungen vor Projektstart sehr hilfreich, um die Erwartungen und Wünsche sowie bestehende Unzufriedenheiten der Nutzer kennen zu lernen.

Wenn bereits eine Site im Internet besteht – ob für Web, Handy oder PDA –, können durch Auswertung der Logfiles zusätzlich wichtige Aussagen zum Nutzerverhalten getroffen werden. Wird z. B. ein spezielles Produkt offline beworben, kann die Online-Wirkung sehr einfach anhand der Logfiles beurteilt werden. Unter der Bezeichnung *Web Monitoring* werden u. a. folgende Daten aufbereitet: Clickrates, Pageviews, Viewtime, Adimpression, Adclick usw.

Laut einer von McKinsey im Juli 2000 in Auftrag gegebenen Studie zur Akzeptanz von Online-Marktforschung ist vor allem die Panel-Befragung sehr geeignet. Weniger gut hingegen schnitt die Einschätzung von Online-Fokusgruppen ab, da hier der persönliche Bezug zu kurz kommt.[5]

4.5 Usability Testing

»Ihre Website wird in jedem Fall auf Usability getestet. Wenn Sie es nicht selbst tun, dann tun es Ihre Kunden.«
Jakob Nielsen

Um Aussagen zur Gebrauchsqualität treffen zu können, müssen Produkte und Systeme analysiert werden. Dies ermöglichen Usability-Tests. Es handelt sich dabei um qualitative Tests, bei denen im Detail untersucht wird, wie ein Produkt konkret von Testpersonen wahrgenommen wird und wie sie mit dem Produkt umgehen. Diese Tests müssen für jeden einzelnen Fall neu konzipiert werden, da die Rahmenbedingungen immer unterschiedlich sind. Je komplexer Produkte sind, desto weniger sind die Entwickler in der Lage, die Reaktionen der potenziellen Nutzer einzuschätzen.

Um Produktqualität von komplexen Produkten zu optimieren, ist es notwendig, in verschiedenen Phasen der Entwicklung Tests auf die Gebrauchstauglichkeit durchzuführen. Allgemein gilt, dass die Tests in einem sehr frühen Entwicklungsstadium die meisten verwertbaren Ergebnisse bringen und somit auch geeignet sind, Entwicklungskosten einzusparen, da prinzipielle Fehler im Bedienkonzept frühzeitig erkannt werden können.

Es gibt unterschiedliche Vorgehensweisen, die Gebrauchsqualität von Produkten zu bewerten. Der vielversprechendste ist der Usability-Test mit Probanden. Die Testkonzeption sollte in Absprache mit den Auftraggebern und Entwicklern erfolgen und von qualifizierten und erfahrenen Testern vorbereitet werden. Der Erfahrungshintergrund der Testentwickler ist entscheidend für die Aussagefähigkeit der Befragungen. Eine wirklich Erfolg versprechende qualitative Befragung kann nur erfolgen, wenn die Befrager über umfassende

---

5 Studie »Akzeptanzanalyse Online-Marktforschung« SKOPOS, Institut für Markt- und Kommunikationsforschung GmbH, im Auftrag von McKinsey & Company, Inc., 2000

Kenntnisse von allen relevanten Einflussfaktoren verfügen. Ansonsten ist die Gefahr von Fehlinterpretationen der Probandenaussagen groß. Wichtiger Bestandteil von Usability-Tests ist, dass von den Probanden konkrete Aufgaben zu lösen sind.

Methodik von Usability-Tests

Zur Beurteilung von Produktqualitäten in der Entwicklungsphase eignen sich qualitative Methoden besser als quantitative. Qualitative Bewertungsmethoden zeichnen sich dadurch aus, dass mithilfe flexibler Interviewleitfäden Meinungen und Aussagen von Probanden gesammelt werden. Diese Aussagen werden protokolliert, häufig genannte Aussagen werden anschließend zusammengefasst. Einzelmeinungen fallen dabei jedoch nicht unter den Tisch, sondern können ebenso wertvolle Hinweise für die Testauswertung geben.

Bei Usability-Tests werden im Wesentlichen drei Methoden unterschieden:

▶ Verhaltensbeobachtung
▶ Persönliches Interview und lautes Denken
▶ Expertenbeurteilung

Die Planung der Methodenwahl sollte bei jedem Projekt spezifisch erfolgen. Es gibt dabei keinen Standard-Testprozess. Wichtig ist, dass Usability Testing von Anfang an in den Entwicklungsprozess integriert wird. Von Fall zu Fall muss in der Projektplanungsphase entschieden werden, welche Testmaßnahmen zu welchem Zeitpunkt sinnvoll sind. Nur so kann eine anwenderorientierte Designstrategie Erfolg haben.

Bei der **Verhaltensbeobachtung**, wie sie für orthodox durchgeführten Usability-Tests kennzeichnend ist, befindet sich der Proband alleine mit dem zu testenden Produkt in einem Testraum. Dabei wird er von den Testern z. B. durch eine einseitig durchsichtige Scheibe und Videokameras beobachtet. Der Proband bekommt eine Aufgabe gestellt, die er mittels des Produkts lösen soll. Dabei werden sein Handeln, sein Verhalten, seine Äußerungen und seine Mimik analysiert. Die Verhaltensbeobachtung ist überwiegend für das Testen von Produkten mit Werkzeugcharakter angebracht, bei denen es primär um praktische Funktionen geht.

Die effektivste Art der Befragung ist das **Einzelinterview**, das im Kontext der Benutzung eines Produktprototyps stattfindet. Die Probanden werden in Face-to-Face-Interviews gebeten, bestimmte Aufgaben mittels Produktprototyp zu lösen und dabei ihre Erwartungen und Erlebnisse dem Interviewer mitzuteilen. Der Proband wird gebeten, alles, was ihm durch den Sinn geht, laut auszusprechen. Daher auch der Name dieser Methode: »Thinking aloud« oder auf Deutsch »Methode des lauten Denkens«. Neben den verbalen Äußerungen der Probanden wird auch hier ihr Verhalten beobachtet und protokolliert. Durch die Interviewsituation können Fragen des Verständnisses der Inhalte und Begriffe sehr gut erforscht werden. Diese Methode eignet sich insbesondere für Websites optimal. Sie erfordert beim Interviewer jedoch eine gewisse psychologische Feinfühligkeit, damit der Proband sich nicht wie ein Versuchskaninchen vorkommt. Außerdem sollte der Interviewer sich möglichst neutral zu den Reaktionen des Probanden verhalten – ihn also nicht für den richtigen Weg loben.

Schneller durchführbar als Tests mit Probanden sind **Expertenbeurteilungen**. Ein oder mehrere Usability-Experten analysieren das Produkt. Durch Erfahrung aus anderen Projekten sind sie in der Lage, Schwachstellen in der Bedienbarkeit aufzuzeigen und Unverständliches herauszufiltern sowie die Ursachen zu benennen.

Testphasen

Es ist ratsam, in verschiedenen Phasen der Produktentwicklung[6] Tests auf die Gebrauchstauglichkeit durchzuführen. Je nach Umfang des Projekts sind verschiedene Testphasen notwendig. Allgemein gilt, dass die Tests in einem sehr frühen Entwicklungsstadium die meisten verwertbaren Ergebnisse bringen und somit auch geeignet sind, Entwicklungskosten einzusparen. Je früher ein Test durchgeführt wird, desto größer sind die Möglichkeiten, die Ergebnisse in die Entwicklung mit einzubeziehen. Dies liegt auch daran, dass die Akzeptanz der Entwickler, Gestalter und Techniker meist viel höher ist, wenn der Zeitdruck noch nicht so groß ist.

Die Produktentwicklung folgt so einem iterativen Prozess von Annahme und Überprüfung. Zusätzlich liefern die Tests auch gänz-

---

6 Website-Entwicklung kann ebenfalls als Produktentwicklung verstanden werden. Die Komplexität des Gegenstands für einen Benutzer legt dies nahe.

lichen neuen Input, z. B. werden oft Anregungen für neue Funktionen und Bezeichnungen gegeben.

Üblicherweise werden die Testphasen in drei unterschiedliche Stufen unterteilt. Je nach Umfang des Projekts werden pro Phase mehrere Tests durchgeführt:

- ▶ Konzepttest
- ▶ Prototyptest
- ▶ Finaltest

Beim **Konzepttest** ist es nicht erforderlich, dass bereits funktionale Prototypen vorliegen. Je nach Produkt ist es ausreichend, mit Mood-Boards, Zeichnungen (Papertests) und ersten Modellen zu arbeiten. In diesem Stadium können vor allem auch die Erwartungen der Probanden an das Produkt abgefragt werden. Schon eine inhaltliche Struktur und auch die verwendeten Begriffe z. B. für Rubrikenbezeichnungen von Menüs können ohne großen technischen Aufwand getestet werden. Hierbei geben die Probanden häufig interessanten Input und helfen somit bei der Begriffsfindung.

Wenn zunächst nur die inhaltliche Struktur getestet werden soll, ist es oft ratsam, dies mit sehr einfachen Modellen zu tun. Dies hat den Vorteil, dass die Probanden zur Struktur Aussagen machen können, ohne durch die visuelle Elemente beeindruckt zu werden, die sie meist als unverrückbare Tatsache ansehen und dann häufig inhaltlich nicht mehr in Frage stellen. Es macht zudem auch wenig Sinn, mit der grafischen Gestaltung zu beginnen, wenn die Struktur noch nicht grob feststeht. Statt Zeit und Aufwand in den Abgleich von Struktur und Grafikdesign zu investieren, ist es daher oft angebracht, in einer frühen Phase beides getrennt zu befragen. So kann zuerst an einem einfach visualisierten Modell (Schwarzweiß-Prototyp oder Papiermodell) die Struktur überprüft werden. Parallel dazu können Designentwürfe, die die visuelle Umsetzung zeigen, getestet werden. Dies kommt auch der Projektplanung zugute.

Ein großes Problem, das bei Usability-Tests innerhalb der Produktentwicklung häufig auftaucht, ist, dass man noch nicht testen kann, was man noch nicht entwickelt hat. So ist es häufig ein Dilemma, dass die zu testenden Materialien nicht rechtzeitig zum Test fertig gestellt werden. Der Aufwand, zusätzlich spezielle Testprototypen zu entwickeln, erscheint oftmals unangemessen.

Auch wenn dies auf den ersten Blick wie ein nicht zu lösendes Problem aussieht, gibt es Methoden, es zu lösen. Denn ein Testkonzept kann auch auf der Basis des vorhandenen Materials erarbeitet werden. Inhaltliches Konzept, Navigationskonzept und grafisches Konzept können so auch getrennt untersucht werden. Dieser Aufwand ist mit dem Nutzen verglichen gering, da die weitere Entwicklung frühzeitig in die richtige Bahn gelenkt werden kann.

Beim **Prototyptest** können dann auch praktische Funktionalitäten getestet werden. Meist liegen diese nur in Teilbereichen vor, sodass man beispielsweise einmal top-down testet. Das bedeutet z. B. bei einem Softwareprojekt, dass die Navigation auf der ersten Ebene bereits komplett sichtbar, aber nur in Teilen funktionsfähig ist.

Wie sich der Prototyp darstellt, hängt auch immer vom jeweiligen Projekt ab. Im Prototyp sind inhaltliche Struktur, Navigationskonzept, Wording und grafische Gestaltung idealerweise bereits zusammengebracht. Das bedeutet, die Probanden bekommen etwas zu sehen und zu benutzen, was schon in Richtung »fertiges Produkt« geht. Es ist somit meist das erste Mal, dass die Gesamterfahrung von Usability und Marke zusammen getestet werden kann.

Der **Finaltest** ermöglicht es, die Gesamtsicht des Produkts mit allen Funktionalitäten zu testen. Er dient vor allem dazu, technische Fehler und inhaltliche Unstimmigkeiten aufzuspüren, bevor das Produkt auf den Markt kommt. Hier werden meist Performanceprobleme und kleine Fehler im Detail aufgedeckt. Dies gilt natürlich nur für den Fall, dass in früheren Projektphasen bereits Tests durchgeführt wurden. Ist der Finaltest der einzige Test, der durchgeführt wurde – was leider oft geschieht –, stellen sich zum Teil eklatante Fehler in der Struktur und bei der Navigation heraus, deren Behebung meist nicht mehr möglich ist. So werden oft Produkte präsentiert, die zwar einem Usability-Test unterzogen wurden, bei dem es aber keine oder so gut wie keine Möglichkeit mehr gab, etwas zu verbessern. Ein Finaltest, der die einzige Usabilty-Analysemaßnahme darstellt, kann in den allermeisten Fällen nicht mehr konstruktiv wirken.

Usability-Labor

»Labor« klingt sehr nach Verdrahtungen und aufwändigen technischen Apparaturen. Die Verwendung des Begriffs Labor bezeichnet hier jedoch lediglich die Tatsache, dass die Tests in einem dafür bereitgestellten Raum stattfinden. Den Gegensatz dazu stellen so genannte Feldforschungen dar, die an den Orten des tatsächlichen Einsatzgebiets stattfinden. Im Usability-Labor kann der Proband mit einer Videokamera aufgenommen werden. Außerdem können, im Falle von Softwaretests, die Aktionen synchron auf dem Bildschirm aufgezeichnet werden. Daraus kann ein Bild-in-Bild-Film erzeugt werden. Diese Videoaufnahmen dienen hauptsächlich dazu, dem Auftraggeber einen Einblick in die Tests zu gewähren. Es wird dazu ein Zusammenschnitt der aussagekräftigsten Testmomente erstellt.

Häufig wird von Auftraggebern gefragt, ob auch *Eye-Tracking* eingesetzt wird. Eye-Tracking bezeichnet ein Verfahren, bei dem der Blick des Probanden verfolgt wird. Gemessen werden kann, wie lange jemand wohin sieht und wie groß seine Pupille dabei ist. Augenkameras können allerdings nicht darstellen, was der Nutzer nicht gesehen hat.

Das Verfahren eignet sich besser für statische Bilder als für dynamische Interfaces. Bei Webtests kann es allenfalls für die Beurteilung von Einstiegsseiten sinnvoll genutzt werden – wobei fraglich ist, ob der Aufwand in Relation zum erzielen Nutzen steht, da durch Beobachtung und geschickte Befragung die Prioritäten bei der Betrachtung einer statischen Seite genauso gut ermittelt werden können.[7] Denn ob der Blick sich auf einen bestimmten Bereich eines Bildes fokussiert, sagt noch nichts darüber aus, ob und wie das Gesehene subjektiv wahrgenommen wird und welche Bedeutung der Betrachter dem beimisst.

Die Qualität eines Tests hängt weniger von der technischen Ausstattung ab als vom angemessenen Testkonzept, einer optimalen Durchführung und einer adäquaten Testinterpretation.

Es gibt weitere technische Apparaturen, die teilweise in Usability-Labors zum Einsatz kommen (z. B. galvanischer Hautwiderstand, Atemfrequenz, Puls, Blutdruck, EMG). Es besteht hier die Gefahr, dass Tests unter Zuhilfenahme von zu viel Technik das Testresultat eher negativ beeinflussen, da sich die Probanden ohnehin schon als Versuchskaninchen fühlen. Dieses Gefühl wird durch Messtechnik

---

7 Auch wenn bei Befragungen immer mit dem Problem umzugehen ist, dass die Probanden nicht alles, was sie wahrnehmen, auch erzählen. Dies liegt daran, dass das Augenmerk der Probanden auf dem Objekt liegt, nicht auf der eigenen Wahrnehmung.

erheblich verstärkt. Der Einsatz ist zudem meist aufwändig und bringt zum Teil hohe Kosten mit sich, die selten einen in Relation stehenden Nutzen bringen. Unsere Empfehlung: Lieber öfter mit wenig technischem Aufwand testen als nur einmal mit Hightech-Ausrüstung.

Fragebögen

Es ist prinzipiell nicht möglich, als Proband während der Nutzung eines Produkts selbst gleichzeitig Protokoll zu führen und die Erlebnisse dabei neutral zu dokumentieren. Insofern bringt die Methode, über Fragebögen, die der Proband selbst ausfüllt, Aussagen zur Gebrauchstauglichkeit zu gewinnen, nur grobe Anhaltspunkte. Fragebögen können aber als eine zusätzliche Maßnahme, z. B. im Anschluss an ein Interview, weitere hilfreiche Anregungen bringen. Vor allem bei der Einschätzung bisheriger Erfahrungen und bei der Erhebung soziodemographischer Daten ist der Einsatz von Fragebögen sinnvoll.

Testkonzeption

Entscheidend für die Qualität eines Tests ist die Vorbereitung. Da es sich bei Tests immer um »künstliche« Situationen handelt, müssen die Kriterien vorab auf die jeweilige Situation hin optimiert werden. Je nach Art des Produkts und der Höhe des zur Verfügung stehenden Budgets werden bei der Konzeption geeignete Methoden ausgewählt und entsprechende Testabläufe ausgearbeitet.

Je früher Tests innerhalb der Entwicklung gemacht werden, desto besser. Bei der Testkonzeption ist es sehr wichtig, noch einmal die Aufgaben zu bestimmen, die das Produkt leisten soll. Je nach Komplexität des Produkts müssen dann Prioritäten festgelegt werden, die es zu testen gilt. Daraus werden dann die Aufgaben für die Probanden entwickelt. Des Weiteren ist bei der Konzeption eines erfolgreichen Tests die Auswahl der Probanden sehr wichtig. Es nützt beispielsweise wenig, wenn eine Website für ein Ärzteportal nur von Studenten und Hausfrauen getestet wird.

Einige Teststudios und Marktforschungsunternehmen bieten die so genannte *Rekrutierung* von Probanden an. Es sollte dabei darauf geachtet werden, dass keine »Profi-Probanden« vermittelt werden, die sehr häufig an Tests teilnehmen und dies hauptberuflich betreiben. Die Motivation, sich auf das Produkt einzulassen, ist bei Profi-

Auswahl der Probanden

probanden in der Regel geringer als bei »frischen«. Bei Produkten für Firmenkunden ist es ratsam, wenn Kunden direkt mit eingebunden werden. Einerseits hat man es mit der eigentlichen Anwendergruppe zu tun, andererseits ist es ein positives Signal, wenn ein Unternehmen bei der Neuentwicklung eines Produkts seine Kunden aktiv mit einbezieht. Das Testen stellt somit eine nicht zu unterschätzende Marketingmaßnahme dar, was bei den Kostenüberlegungen auch berücksichtigt werden sollte.

Kritische Punkte

Laborsituationen sind künstliche Situationen, bei denen sich der Proband beobachtet fühlt und sich zwangsläufig anders verhält als in seinem normalen Alltag. Dies gilt für alle Arten von Tests. Eine unbeeinflusste Beobachtung ist meist nicht möglich – es sei denn, man würde z.B. bei der Benutzung eines Fahrkartenautomaten in der Öffentlichkeit mit versteckter Kamera arbeiten. Dies widerspricht einerseits den Persönlichkeitsrechten, andererseits wäre es nur bei komplett lauffertigen Systemen möglich.

Testsituation Die Testsituation für den Probanden ist deshalb möglichst abzuschwächen, indem man ihn z.B. gesondert darauf hinweist, dass nicht er, sondern das Produkt getestet wird. Dies kann die Testatmosphäre etwas auflockern. Letztendlich kommt es immer auf die Verfassung des Probanden und die Fähigkeit des Versuchsleiters an, dem Probanden die Prüfungsangst zu nehmen.

Kunden, die einen Test in Auftrag geben, sind manchmal gerne bei den Tests anwesend, damit sie aus erster Hand erleben können, wie ihre Entwicklung beim Endkunden ankommt und verstanden wird. Es ist prinzipiell zu begrüßen, wenn der Kunde Interesse an der Untersuchung zeigt. Allerdings ist davon abzuraten, dass die Kunden sich in einem Raum mit den Probanden befinden, um Störungen zu vermeiden. Außerdem wird es in der Regel vom Probanden als störend empfunden, wenn mehr als zwei Personen anwesend sind. Findet der Test in einem Labor oder in einem Teststudio mit Kameraübertragung in einem Nebenraum statt, kann der Test ungestört verlaufen und der Kunde trotzdem live dabei sein.

Testsituationen entsprechen nie der wirklichen Nutzungssituation. Bei Websites ist es z.B. elementar, mit welcher Verbindungsgeschwindigkeit der Nutzer am Netz hängt. Ein Test mit Standleitung bringt keine Ergebnisse für die Performance.

Schwierigkeiten treten manchmal auch auf, wenn berufstätige Probanden erst am späten Abend Zeit für die Testteilnahme haben und übermüdet sind.

All die genannten Dinge können vorkommen. Es kommt darauf an, dass der Testleiter sie einschätzen kann und mitprotokolliert, um bei der Auswertung diese Faktoren berücksichtigen zu können.

Häufig sind auch die Entwickler gegenüber einem Test negativ eingestellt. Das ist nur allzu verständlich, denn wer lässt schon gerne seine Arbeit testen. Es ist daher wichtig, vorher zu erklären, dass es völlig normal ist, wenn manche Dinge von Probanden als schlecht bewertet werden. Der Test gilt der Optimierung des Gesamtergebnisses und ist kein Test der Qualitäten der Projektbeteiligten. Dieses Problem tritt meist dann auf, wenn erst spät im Entwicklungsprozess getestet wird. Wenn Tests in den Konzept- und Designprozess von vorneherein als selbstverständlich eingebunden sind, werden sie eher als etwas Konstruktives erlebt.

Das größte Problem liegt darin, dass sehr oft eine völlig falsche Vorstellung über den Sinn und Zweck von Usability-Tests vorherrscht. Auftraggeber und Entwickler gehen allzu häufig davon aus, dass ein Test am Ende der Entwicklung steht, um noch ein paar »Unsauberheiten« aufzuspüren. Außerdem wird oft argumentiert, dass man ja alles getan hat, um ein gutes Produkt zu erhalten, und man sogar einen Usability-Test gemacht hat. So werden die Tests nicht selten als Beruhigung des Gewissens eingesetzt, dass man sehr wohl anwenderorientiert entwickelt hat.

Für die durchführenden Firmen solcher Tests ist dies eine zwiespältige Situation. Wenn nämlich das Produkt trotz eines Usability-Tests die Kunden nicht begeistert, wird dies nicht selten auf die Qualität des Tests zurückgeführt. Das Thema Usability ernst zu nehmen kann sich nicht darin erschöpfen, einen kleinen Teilbetrag des Projektbudgets für einen oder zwei Testdurchläufe zu reservieren. Verbesserungsmaßnahmen aufgrund von Usability-Tests gehören zu jedem Projekt (siehe auch Kapitel 5).

Budget

Es kann des Weiteren problematisch sein, wenn die entwickelnde Firma die Tests selbst durchführt. Unter solchen Bedingungen ist es schwer möglich, zu einem unabhängigen Analyseergebnis zu kommen. Nicht unbedingt deshalb, weil die Testleiter so meist Einblick in die konkreten Projekte haben. Vielmehr, weil die Mitarbeiter aus

dem eigenem Haus immer dazu neigen, die Ergebnisse »in abgemil-
derter Form« darzustellen, da sie niemandem aus dem eigenen
Unternehmen auf die Füße treten möchten.

Es wird daher empfohlen, Tests frühzeitig und koordiniert durchzuführen. Dies sollte durch externe Usability-Experten geschehen. Es
geht darum, die Sicht der Anwender kennen zu lernen. Dies kann von
einer externen Person besser aufgenommen, interpretiert und vermittelt werden. Die Gefahr des »Tunnelblicks« ist so nicht gegeben.

Sophie A. und der Usability-Test

Als Sophie A. eines morgens ins Büro kommt und sich ihre
E-Mails anschaut, stößt sie auf etwas Interessantes: »Einladung
zum Test des neuen Intranets«, steht da als Betreff.

»Aha«, denkt sich Sophie, »endlich tut sich da mal was!«, denn
das Intranet ist das ungeliebte Kind der Mitarbeiter, keiner arbeitet wirklich damit. Und sie fühlt sich auch etwas geschmeichelt,
dass sie eingeladen wird, um das Instrument auf einen besseren
Weg zu bringen. »Ob man wirklich Einfluss darauf hat, wie es
dann später aussieht?«, fragt sie sich.

Wenige Tage später ist es soweit: Zwei Mitarbeiter der durchführenden Firma kommen zur Befragung in ihr Büro. Zuerst bekommt
sie die Gelegenheit zu beschreiben, was sie vom bestehenden
Intranet hält, was sie daran gut findet und was schlecht. Es wird
alles eifrig notiert. »Eigentlich gut, dass man mal seine Meinung
sagen kann«, denkt Sophie. Als dieses Thema dann erschöpft ist,
fordert Sophie: »Jetzt zeig doch mal das neue Ding!«

»O.k.«, meint der Interviewer, »aber nicht zu viel erwarten – es
ist noch eine Vorversion.« Er tippt eine URL ein und die Startseite des Prototyps erscheint. »Sieht ja schon mal ganz übersichtlich aus«, denkt Sophie. »Was fällt Ihnen spontan an der
Startseite auf? Was geht Ihnen durch den Kopf?« Sophie geht
durch den Kopf, dass ihr die Farben nicht so gut gefallen. »Ziemlich nüchtern, die Farben sind etwas blass und die Schrift da
unten kann ich kaum lesen«, meint sie. Nach der Frage, was für
ihre Arbeit die drei wichtigsten Dinge seien, die sie vom Intranet
erwartet, wird sie zu den Begriffen der einzelnen Menüpunkte
befragt und welche Informationen sie darunter erwarten würde.

Doch dann wird es spannend, denn sie bekommt drei Aufgaben: a) Faxvorlagen downloaden, b) die letzte Pressemitteilung finden und c) die Durchwahl eines bestimmten Mitarbeiters aus der Personalabteilung herausfinden. Die ersten beiden Aufgaben sind schnell erledigt. »Aber wo zum Teufel sind die Telefonnummern?« Nachdem sie unter »Services« nicht fündig wird, probiert sie es unter »Adressen«. Doch befindet sich lediglich eine Adressliste mit den wichtigsten Großkunden und Zulieferern. Also auf »Abteilungen«. Siehe da, hier findet sich der Menüpunkt »Mitarbeiter« und dort dann endlich »Telefonliste«.

»Ziemlich umständlich, denn die Telefonliste ist mit das Wichtigste an der ganzen Sache – zumindest brauche ich die ständig«, meint Sophie. Sie hat diese bisher immer aus einer Datei herausgelesen, die monatlich aktualisiert und per E-Mail an alle verschickt wurde. Es folgen noch einige weitere Fragen, die auf ihre konkreten Arbeitsabläufe abzielen und Sophie berichtet aus ihrem Erfahrungsschatz. Nachdem die beiden gegangen sind, fällt ihr ein, dass sie ja noch ihren Urlaub anmelden muss. Also, wo hatte sie denn das Formular gespeichert, das man der Personalabteilung mailen soll? Und warum kann man das eigentlich nicht über das Intranet abwickeln?

Ein Vierteljahr später, Sophies Urlaub ist längst vorbei, wird das neue Intranet von der Unternehmensleitung präsentiert. Sophie sucht die Nummer von Simon, mit dem sie zusammen eine Schulung organisiert. »Ach, schau mal einer an«, denkt Sophie, als ihr der Button »Mitarbeiter suchen« deutlich sichtbar neben einem Eingabefeld auf der Startseite des neuen Intranets entgegenspringt. Auf der Ergebnisseite wird nicht nur Simons Telefonnummer mit einer Kurzbeschreibung seines Aufgabenbereichs und einem Bild gezeigt, sondern gleich auch eine Liste mit Mitarbeitern, die ebenfalls in seiner Abteilung arbeiten und ihn bei Abwesenheit vertreten. »Ziemlich logisch«, denkt Sophie und wählt Simons Nummer, »so schlecht ist die Firma ja gar nicht«.

4.6 Interface-Analyse

»How can I use something if I am half asleep?«
www.usabiltysucks.com

Hässlich, aber nutzbar oder schön, aber unbrauchbar? Dies ist nicht die Alternative. Die Herausforderung heißt: interessante, leicht handhabbare Produkte, die in allen Teilbereichen und Funktionen die Markenwerte transportieren. Dass dabei völlig unterschiedliche Prioritäten gesetzt werden müssen, sollte klar sein. Eine Schaufel wird unter anderen gestalterischen Gesichtspunkten entworfen als ein Collier.

Praktische und symbolische Funktionen

Ergonomie ist wichtig, ist aber nicht alles: Gutes Design ist immer eine Gleichverteilung der Aufmerksamkeit auf praktische und symbolische Funktionen, also auf Usability und Markenwerte. Dass gute Bedienbarkeit auch die Markenwerte beeinflusst und andersherum ein positives Markenerlebnis von einer suboptimalen Usability ablenkt, zeigt, wie komplex die Produktwahrnehmung auf Seiten des Nutzers ist und dass diese Bereiche nicht getrennt voneinander betrachtet werden können. Es ist immer der Kontext, in dem ein Produkt verwendet wird, der das Erlebnis von Qualität prägt.

Usability-Tests, die um Fragen nach der Markenwahrnehmung erweitert werden, führen zu einer umfassenden Interface-Analyse. Die Interface-Analyse bietet die Chance, Dialoge über die Produkte zu führen, bevor sie lanciert werden. Das Darlegen von fiktiven Nutzungsszenarien leistet dabei gute Dienste. Wichtig ist jedoch, dass die Analyse ein fester Bestandteil des Entwicklungsprozesses ist.

Interfaces sind komplex, vielschichtig und können in verschiedenen Erscheinungsformen auftreten. Deshalb gibt es nicht die *eine* Methode, sie zu optimieren. Die Interface-Analyse bezeichnet daher einen Prozess, der sich zur jeweiligen Projektphase einer geeigneten Methode bedient. Dies können Elemente aus der Marktforschung sowie verschiedene Methoden des Usability-Tests sein. Entscheidend ist dabei, dass die Gesamtwirkung, die ein Interface auf die Nutzer hat, beurteilt werden kann. Nur so kann anschließend auf Maßnahmen geschlossen werden, die die Marke stärken.

Gleichgültig welche Abteilung eines Unternehmens an der Produktentwicklung beteiligt ist, sie wird im Laufe der Entwicklung den »Tunnelblick« bekommen und nicht mehr in der Lage sein zu beurteilen, wie das Produkt von außen wahrgenommen wird. Kein Unternehmen kann es sich leisten, an den Erwartungen der (potenziellen) Kunden vorbeizuentwickeln. Daher bekommt die Interface-Analyse ein zunehmendes Gewicht.

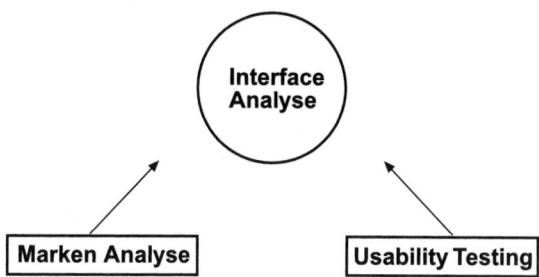

Abbildung 4.10 Interface-Analyse als modularer Methodenmix von Markenanalyse und Usability Testing

Ein Beispiel: Wenn ein Unternehmen auf Plakaten und in Anzeigen betont, wie sehr es den Menschen ins Zentrum seiner Aktivitäten stellt und ihm Technik einfach zunutze machen will, sich dann aber ein (potenzieller) Kunde auf der Website verliert und sein Ziel nicht erreicht, widerspricht dies sicher den angestrebten Markenwerten.

Wenn eine Bank in der Offlinewelt mit klassischen Bildmotiven und Headlines für Tradition und Sicherheit wirbt, der Nutzer auf der Website aber lauter verspielte Animationen vorfindet, die seinen Rechner zum Absturz bringen, ist dies sicher auch kein gewünschtes Markenerlebnis.

Auch nicht, wenn ein Notebookhersteller damit wirbt, dass er die ultimative Maschine entwickelt hat und damit die Technologieführerschaft auf diesem Gebiet in Anspruch nimmt, beim Versuch die Hotline zu erreichen aber der Telefoncomputer aussetzt und Sie mit der Kantine anstatt mit dem Service verbindet.

Dabei kommt es bei Konzeption, Design und Umsetzung immer auf den Kontext an. In einem Fall steht der Werkzeugcharakter der Site im Mittelpunkt (siehe Abbildung 4.11).

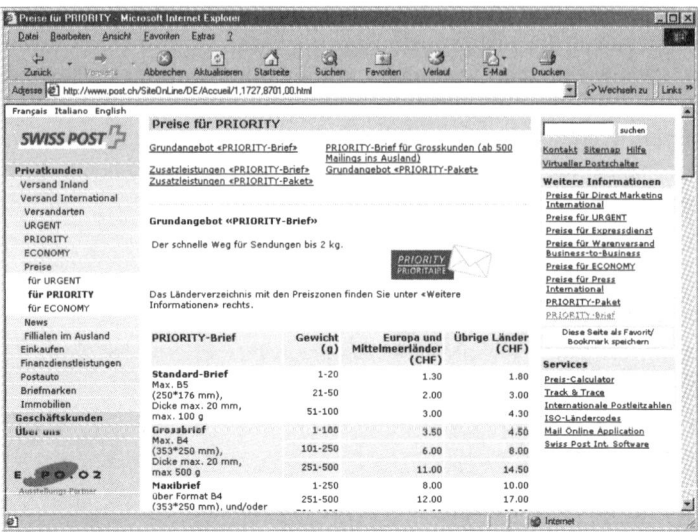

Abbildung 4.11 www.post.ch: Hier stehen Schnelligkeit, Zuverlässigkeit und Aktualität im Vordergrund.

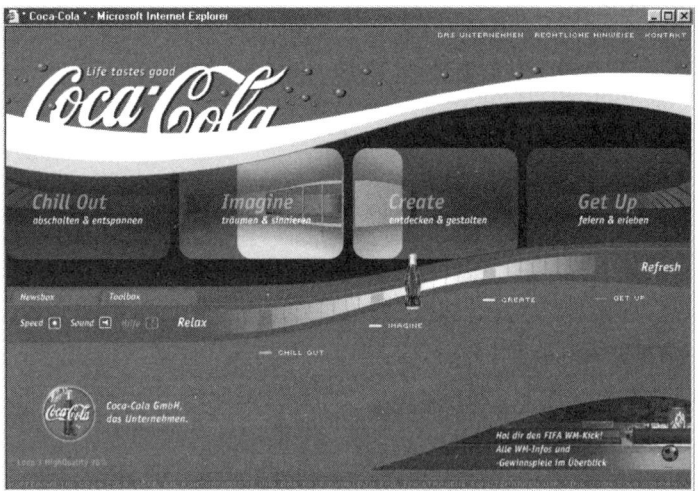

Abbildung 4.12 www.coca-cola.de: Das Erlebnis steht im Vordergrund.

Die Nutzer erwarten eine Site, die ihnen schnell und klar die gesuchten Informationen zu den Dienstleistungen der Post bereitstellt. Im anderen Fall (siehe Abbildung 4.12) gibt es vollkommen andere Anforderungen. Bei der Coca-Cola-Site soll der Claim »Life tastes good« emotional vermittelt werden. Die Benutzung der Site soll Spaß machen, für positive Überraschungen sorgen und so die Markenwerte mediengerecht übersetzen.

Analyseziele

Ziel der Interface-Analyse ist es, frühzeitig möglichst viele Aspekte des Gesamteindrucks, den ein Produkt später beim Kunden hinterlassen wird, zu beleuchten. Dabei sollte das Augenmerk darauf liegen, ob die im Test herausgefilterten Aussagen über die Produkteigenschaften bzw. über das Produkt als Ganzes auch zu der Marke passen, die das Produkt im Markt repräsentieren soll.

Es ist ratsam, dabei die Ergebnisse aus der klassischen Marktforschung mit einfließen zu lassen. Wichtig ist, dass die Interface-Analyse koordiniert wird und die Ergebnisse unmittelbar in den Designprozess hineinfließen können. Dazu ist es notwendig, die Ergebnisse entsprechend zu diskutieren und an die richtigen Ansprechpartner zu vermitteln.

Je nach zu testendem Produkt können bei der Interface-Analyse die Fragestellungen auf folgende Problemfelder abzielen:

▶ Erwartungshaltung
▶ Gesamteindruck
▶ Wording
▶ Aufgaben/Ziele/Zweck
▶ Orientierung
▶ Handhabung
▶ Verständnis
▶ Markenwert
▶ Vergleich zum Markenbild anderer Interfaces
▶ Marktpositionierung
▶ Bedürfnisse

Wenn die Methode sinnvoll angewendet wird, ist Interface-Analyse eine wertvolle und unverzichtbare Quelle als Input für einen kreativen Prozess beim Design von Interfaces. Der Befrager muss ein breites Designverständnis besitzen, um die richtigen Fragen herauszufinden und inspirierende Antworten zu erhalten. Das Spektrum der Interface-Analyse reicht von der Untersuchung des Mediencharakters bis zur Überprüfung des Werkzeugcharakters eines Interface.

Interface-Analyse im Designprozess

Design lebt von Ideen einzelner oder mehrerer am Designprozess Beteiligter. Wie diese Prozesse genau ablaufen, ist von Fall zu Fall verschieden. Ergebnis des Designprozesses ist jedoch immer der Entwurf eines Interface. Angesichts der zunehmenden Komplexität von Produkten und deren Entwicklungs- und Herstellungsweisen, gilt es, potenzielle Nutzer in diesen Prozess mit einzubeziehen. So kann einerseits vermieden werden, an den Bedürfnissen vorbeizuentwickeln, andererseits bietet sich die Chance, Ideenpotenzial für den Designprozess aufzunehmen. »Design for people« wird in den vorherrschenden komplexen Zusammenhängen nur durch »Design with people« (John Thackara) sinnvoll möglich sein. Das heißt nicht, dass Befragungen von potenziellen Benutzern den Designprozess überflüssig machen. Ganz im Gegenteil stellt dies eine zusätzliche Anforderung an die Vermittler- und Integrationsrolle des Designs dar. Jedoch mit der großen Chance, sinnvolle Innovationen effektiv auf den Weg zu bringen, die akzeptiert und gemocht werden. Die an den Designprozess angeschlossene Interface-Analyse bietet sich dafür als Erfolg versprechende Methode an. Sie filtert viel versprechende Anregungen heraus und macht sie für den Designprozess nutzbar. Dies kann allerdings nur gelingen, wenn dabei umfangreiches Design-Know-how genutzt werden kann. D.h. konkret: die Befragungen müssen von designerfahrenen Interviewern und Moderatoren konzipiert und durchgeführt werden. Außerdem muss die Bereitschaft auf »Designseite« vorhanden sein, die Anregungen als konstruktiven Input zu begreifen, der die Antizipationsleistung, die jeden Designprozess kennzeichnet, unterstützen kann. Der Nutzer wird so zu einem integrierten Bestandteil des Designprozesses.

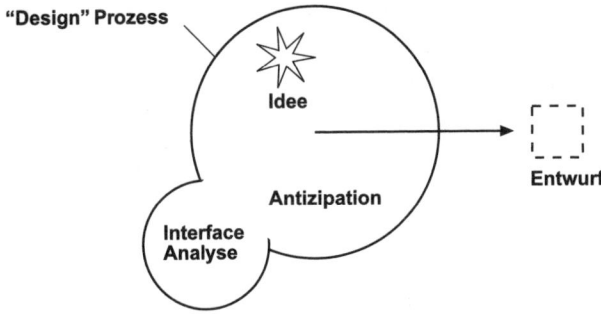

"Design" Prozess

Idee

Antizipation

Interface Analyse

Entwurf

Abbildung 4.13 Interface-Analyse als Inspirationsquelle für den Designprozess

Kompakt

▶ Die Wahrnehmung einer Marke entspricht dem Erlebnis der Produktqualität. Gespeist wird sie auf Nutzerseite durch die verschiedenen Interfaces, mit denen ein Unternehmen kommuniziert. Das sind neben den klassischen Kanälen wie Anzeige, Broschüre, Werbespot usw. vor allem die Produkte selbst. Zusätzliche Services wie eine Hotline oder Support spielen eine wichtige Rolle.

▶ Sind die ersten Käufer des Produkts die ersten Tester, kann das ziemlich schief gehen – bezahlen müssen es letztendlich die Unternehmen, da ihre Kunden sich anderweitig orientieren. Frühzeitige Tests bedeuten deshalb Kosteneinsparungen. Nicht Usability-Maßnahmen sind teuer, sondern das Fehlen von Usability-Maßnahmen.

▶ Externe Tester können unabhängige Testergebnisse liefern, sie unterliegen keinem unternehmensinternen »Tunnelblick«.

▶ Interface-Analyse reflektiert sowohl den Medien- als auch den Werkzeugcharakter der zu untersuchenden Interfaces.

▶ Interface-Analyse kann genutzt werden, um Innovationspotenziale im Dialog mit dem Kunden freizulegen. Der Kunde wird so zum integrierten Bestandteil des Designprozesses.

5 Integration

»Design ist unsichtbar.«
Lucius Burckhardt

Die Interfaces eines Unternehmens sind immer schon existent –
ob sie nun geplant gestaltet wurden oder »naturwüchsig«, d.h.
unkoordiniert und unreflektiert in Bezug auf die Kundensicht, ent-
standen sind. Ziel marktorientierten Managements muss es sein,
den Bereich des Naturwüchsigen insofern zu kultivieren, als dabei
die Unternehmens- und Produktmarke aus Sicht des Kunden
gestärkt wird. Die Marke verwässernde, verwirrende oder unbe-
nutzbare und frustrierende Interfaces sollten als kontraproduktive
Kommunikationsangebote identifiziert, und anschließend optimiert
oder durch effektivere ersetzt werden. Kultivieren heißt für das
Management auch, ungenutzte kommunikative Potenziale der
Marke auszuschöpfen. Strategie, Corporate Identity und Corporate
Design stehen im Dienst der Marke. Interfaces müssen medien-
übergreifend aufeinander abgestimmt werden, um beim Kunden
ein konsistentes und glaubwürdiges Markenbild abgeben zu können. Eine derartige *integrierte Kommunikation* zu erreichen ist keine
leichte Aufgabe. Denn es ergeben sich dabei zwangsläufig Schwierigkeiten auf der Ebene der internen Koordination. Welche Hürden
dabei auftauchen und wie sie überwunden werden können, wird
im Folgenden beschrieben.

Die Herausforderung integrierter Kommunikation besteht darin, die
Abstimmung aller Interfaces mit dem Ziel einer konsistenten Corporate Identity zu erreichen. Die Mittel, die hierfür zu Verfügung
stehen, scheinen zunächst in der Verantwortung von Corporate
Design und Corporate Communication zu liegen. Dabei darf nicht
außer Acht gelassen werden, dass Corporate Design nicht nur das
»visuelle Erscheinungsbild« des Unternehmens zum Thema hat,
sondern auch die Konzeption und Gestaltung des Produktangebots
und der Produkte. Dies reicht in die Produkt- und Servicepolitik
hinein und ist damit natürlich eine eindeutig unternehmensstrate-
gische Thematik.

Integrierte Kommuni-kation

Darin zeigt sich zweierlei: Einerseits betreiben Topmanager bei
scheinbar abstrakten Entscheidungen zu Produktlinien – mitunter

ohne es sich klarzumachen – bereits Corporate Design. Andererseits üben Produkt-, Interaction- und Kommunikationsdesigner eine Tätigkeit von hohem strategischem Gewicht aus. Denn sie bestimmen in letzter Konsequenz die Beschaffenheit der Interfaces des Unternehmens für seine Klienten.

Wie können Markenwerte bzw. Corporate-Identity-Werte durch Produkte vermittelt werden? Wie kann ein solcher Prozess der Integration verlaufen, der Produktpolitik, Produktgestaltung und die Kommunikation über verschiedene Kanäle auf ein gemeinsames Ziel hin ausrichtet? Voraussetzung für das Gelingen eines solchen Prozesses ist ein Bewusstsein der Relevanz dieser Integration. Wenn ihr Wert und ihre strategische Tragweite den Beteiligten nicht bewusst sind, nützen auch alle organisatorischen Bemühungen nichts.

Dennoch betrifft das Integrationsproblem auch die Organisation und die interne Kommunikation. Um diese Organisations- und Koordinationsaufgaben im Sinne der integrierten Kommunikation in Angriff nehmen zu können, sollte man sich über die sich verändernden Bedingungen der Kommunikation im Klaren sein. Kapitel 1 hat diese Veränderungen skizziert. Kommunikation muss heute anders verstanden werden als noch vor zehn Jahren. Denn interaktive Produkt- und Informationsangebote im Web, komplexe Produkte und vielfältige Services nehmen die Aufmerksamkeit des Kunden vermehrt in Anspruch – und bekommen diese auch, sofern sie einen Nutzen bieten können.

Produktdesign und Branding   Je vielschichtiger sich das Produkt in seiner Benutzung zeigt, desto mehr übernimmt es de facto selbst kommunikative Funktionen. Der Anteil der klassischen Werbung an der Markenbildung verliert insofern an Einfluss. So ist es zu erklären, dass im Umfeld von Werbeagenturen bereits von »The End of Advertising« die Rede ist.[1] Fieberhaft versuchten die Agenturen, Landnahmen in den »Below-the-Line-Bereichen« durchzuführen: Zukäufe von Multimedia-, Sponsoring- und Eventagenturen sollen ein breites Angebot quer

---

1 So vertrat H. A. Hartwig, Chairman von BBDO Germany, im Rahmen des *sponsoring forum 2001* die These, dass die verschiedenen Marketingformen zusammenwachsen und dass Werbung nicht mehr isoliert betrachtet werden darf. Below-the-Line-Aktivitäten, Eventmarketing, Sponsoring und Erlebniskommunikation gewinnen an Bedeutung und müssen in die Gesamtstrategie integriert werden.

zu allen Medien sichern. Die Integration dieser Berührungspunkte ist jedoch in praktischer Hinsicht immer noch ein ungelöstes Problem.

Neben Sponsoring und Events rückt auch nutzerorientiertes Produktdesign mehr und mehr in den Mittelpunkt des Brandings. Denn je komplexer und vermittelter Produkte sind, desto mehr werden im Gebrauch von Services und Produkten die Erfahrungen gemacht, die das Bild einer Marke entscheidend prägen. Vom Reisebüro bis zur Tageszeitung: Es wird kaum noch Produkte und Dienstleistungen geben, die nicht an interaktive und dialogfähige Servicesysteme gekoppelt sind, auf die drahtlos und per Internet jederzeit und von überall aus zugegriffen werden kann. Um die telematischen Funktionen nutzbar zu machen, entstehen zwangsläufig immer mehr und immer komplexere Interfaces.

Die Herausforderung besteht darin, die kommunikativen Prozesse, die de facto bei der Benutzung stattfinden, in der Marketingstrategie mitzudenken und dementsprechend zu steuern. Personell bedarf es dazu neuer, interdisziplinär ausgerichteter Qualifikationen – ob innerhalb des Unternehmens oder durch die Hinzuziehung externer Berater. Servicesysteme, die erst auf Initiative des Users ihren Nutzen entfalten, rücken zwangsläufig und vermehrt in den Fokus integrierter Kommunikation. Wie verhalten sich komplexe Produkt-Interfaces zu den sonstigen Kontaktpunkten einer Marke? Diese Frage wird oft ziemlich vernachlässigt, da hier plötzlich technisch-pragmatische und ergonomische Aspekte hinzukommen, die dem eher semantisch ausgerichteten Marketingdenken von Hause aus fremd sind. Marketingdenken und Designdenken werden sich gegenseitig einander öffnen müssen, um diese Herausforderung meistern zu können.

Marketingdenken, Designdenken

Wichtig ist also, innerhalb des Unternehmens die Sensibilität für das Thema Produktinteraktion zu erhöhen. Die Folgen dieses Sensibilisierungsprozesses gehen in die internen Kommunikationsflüsse ein und haben Auswirkungen auf die Organisation.

Wie der Corporate-Identity-Prozess im Unternehmen organisatorisch umgesetzt werden kann, zeigt Abschnitt 5.1. Der folgende Abschnitt 5.2 geht darauf ein, wie die Werte der Corporate Identity bzw. der Marke in die Produkte einfließen können. Abschnitt 5.3 weist auf die Bedeutung von Konzeption und Design bei der Entwicklung menügesteuerter Produkte hin. Abschnitt 5.4 zeigt Wege auf, um integrierte Kommunikation an die neuen Verhältnisse anzupassen und im Griff zu behalten.

5.1 Der Corporate-Identity-Prozess

»Das Ganze ist mehr als die Summe seiner Teile.«
Aristoteles

Um das Instrument der Corporate Identity in einem Unternehmen einzuführen, können verschiedene formal-organisatorische Modelle zum Ziel führen – je nach Größe des Unternehmens.[2] Ob sich in kleinen Unternehmen eine Arbeitsgruppe bildet oder in größeren Firmen eine Projektmanagementstruktur mit Lenkungsausschuss eingerichtet oder ob eine Stabsstelle geschaffen wird: All diesen Formen ist gemeinsam, dass der Prozess eine gewisse Zeit beansprucht. Es gilt eine Gruppe zu bilden, die sich kontinuierlich über einen längeren Zeitraum hinweg mit der Identität der Organisation auseinander setzt.

Ist-Zustand, Soll-Zustand   Das Ziel der Fundierung einer Corporate Identity ist es, eine klare Vorstellung vom Ist- und vom Soll-Zustand der Organisation zu gewinnen. Aus dieser Differenz kann sich die Vision und das Leitbild herausbilden – mit möglichst breitem Rückhalt bei den Stakeholdern des Unternehmens. Anschließend gilt es, die derart gewonnenen Werte wirksam nach innen und außen zu vermitteln.

Der Prozess beginnt mit der Analyse des Ist-Zustands des Unternehmens. Die Arbeitsgruppe sollte ein gemeinsames Verständnis von CI entwickeln und daraufhin ein Befragungskonzept entwerfen. Es ist ratsam, dazu externe Berater hinzuzuziehen, um Erfahrungen aus anderen Projekten mit einbringen zu können. Zugleich ist es sinnvoll, das Projekt der Entwicklung einer CI im Unternehmen publik zu machen. Dies fördert ein Klima der Offenheit und Beteiligung, was die Analyse des Unternehmens von vorneherein erleichtern kann.

---

2 Eine detailliertere Darstellung der organisatorischen und methodischen Entwicklung von Corporate-Identity-Projekten finden Sie z.B. in: Herbst, Dieter. Corporate Identity. Berlin: 1998

Analyse heißt zunächst, Material zu sammeln, z. B. Befragungen in Gang zu setzen und deren Ergebnisse zu interpretieren. Es kommen dabei ähnliche Methoden qualitativer Marktforschung bzw. Interface-Analyse zum Einsatz, wie sie in Kapitel 4 beschrieben wurden. Ausgangsfragen können etwa folgende sein:

▶ Wer sind die beteiligten Stakeholder?

▶ Wie denken sie von der Organisation?

▶ Sprechen Mitarbeiter von »wir« oder von »die«, wenn vom Unternehmen gesprochen wird?

▶ Wie funktioniert die Kommunikation innerhalb des Unternehmens?

▶ Welche Rolle spielen Formalismen?

▶ Was stört die Mitarbeiter?

▶ Wie sieht die Geschäftsführung die Mitarbeiter, wie die Mitarbeiter die Geschäftsführung?

▶ Was wird als besondere Qualität des Unternehmens angesehen?

▶ Wie wird das Unternehmen in der Öffentlichkeit wahrgenommen?

▶ Inwieweit macht das Unternehmen seine Aktivitäten transparent?

▶ Wie schätzt das Publikum die Handlungen des Unternehmens ein?

▶ Wie sehen die Markenbindungen aus? Zur Unternehmensmarke, zu Produktmarken?

Dies sind einige exemplarische Fragestellungen, zu denen verschiedene Antworten gesammelt werden. Die Auswertung dieser internen und externen Befragungen klärt das Bild vom Zustand des Unternehmens. Wie glaubwürdig ist es? In welchem Verhältnis stehen Anspruch und Wirklichkeit? Wo schätzt sich das Unternehmen fundamental anders ein als andere Bezugsgruppen? Dies sind keine objektiven, positiv messbaren Gegebenheiten. Für Auswertung und Interpretation können Externe mit etwas Abstand zum Unternehmen wertvolle Hilfestellungen bieten.

Auf das ausgewertete Material dieser Untersuchungen kann sich nun die Beantwortung der zentralen Fragen der CI stützen: Was will das Unternehmen? Wie will es seine Ziele erreichen? Die Formulierung von Vision und Leitbild (siehe Kapitel 2.1) ist das Basisziel bei der Einführung des CI-Prozesses in das Unternehmen. So lang dieser Weg dorthin auch manchmal erscheint – es ist eine lohnende Anstrengung, da in der Folge verbindliche Orientierungspunkte innerhalb des Unternehmens geschaffen werden, auf die sich jede Aktivität innerhalb des Unternehmens beziehen lässt. Dies schafft eine gewisse Eindeutigkeit, die jeder Branding-Aktivität zuarbeitet. Deshalb ist es ein Trugschluss zu denken, der Corporate-Identity-Prozess wäre mit der Formulierung der Unternehmensstatuten und der Definition der Unternehmensfarbe sowie eines Firmenzeichens abgeschlossen. Der CI-Prozess macht im Gegenteil nur dann Sinn, wenn er lebendig bleibt, d.h. wenn die Gestaltung des Unternehmens und all seiner Interfaces die so geschaffene Corporate Identity permanent reflektiert und vorantreibt.

Erst nachdem die Corporate Identity als Prozess ins Leben gerufen wurde, wird die eigentliche Herausforderung sichtbar: den Prozess nicht wieder verebben zu lassen, sondern in die Abläufe des Unternehmens dauerhaft zu integrieren. Das Projekt der CI darf nicht »abgeschlossen« werden, denn sonst ist es nur ein Strohfeuer, das vielleicht dem Unternehmen punktuell zu einer verbalen Konstitution verhilft, aber es nicht wirklich von innen heraus auf den Weg zur Verwirklichung der Vision bringt – und die Vision ihrerseits lebendig hält. Die Pflege der Corporate Identity übernehmen implizit Corporate Communication und Corporate Design. Denn sie sind maßgeblich an der Erzeugung der Unternehmens-Interfaces beteiligt. Dies deutet darauf hin, dass der CI-Prozess nicht bei der Formulierung von Leitbildern und der Erzeugung eines visuellen Erscheinungsbilds stehen bleiben darf. Die internen und externen Interfaces müssen nun kontinuierlich an den CI-Werten ausgerichtet werden.

Koordination von Interfaces Die Koordination von Interfaces meint die Lenkung der Aktivitäten im Sinne der Werte der Corporate Identity. Diese Werte vermitteln sich nicht allein verbal oder visuell, sondern in den Prozessen, denen sich ein Stakeholder gegenüber sieht, wenn er mit dem Unternehmen, seinen Angeboten und seinen Leistungen umgeht. Nicht zuletzt vermitteln sich diese Werte beim Gebrauch der Produkte bzw. in den Erlebnissen bei der konkreten Inanspruchnahme von Dienstleistungen. Der Eindruck, den Ihnen ein Hotel vermittelt, wird nicht nur durch die Bildwelt seiner Broschüren, seine Architektur oder das Mobiliar beeinflusst, sondern festigt sich in weit höherem Maße auf subtilere Art: nämlich in der Art und Weise, wie Sie die Zeit Ihres Aufenthalts insgesamt empfunden haben. Fühlten Sie sich persönlich betreut oder nur abgefertigt? Wirkte die Freundlichkeit des Personals echt oder aufgesetzt?

Ein Zimmer mag hübsch eingerichtet sein. Doch der gute Eindruck des ersten Augenblicks relativiert sich, wenn die Kleiderbügel im Schrank fehlen oder Sie beim Duschen ständig mit den Ellenbogen irgendwo anecken, weil der Platz zu knapp bemessen ist. Möglich, dass das Himmelbett gut aussieht – die Frage ist, ob man auch wirklich gut darin schlafen kann. Dies sind alles Faktoren, die sich nicht auf den ersten Blick und auch nicht gleichzeitig zeigen, sondern nach und nach ein Bild festigen. Unternehmenswerte können sich am subtilsten beim Gebrauch der Produkte zeigen – oder auch nicht. Dass sie es tun, ist Teil der Aufgabe, die integrierte Kommunikation zu lösen hat. Denn Produkt- und Servicedesign gehören zusammen.

5.2   Entwicklung komplexer Produkte

»Es genügt eben nicht, dass Technik gut funktioniert. Sie muss auch in die Welt passen.«
Gero von Randow

Wie entstehen Interfaces? Betrachtet man diese Frage aus organisatorischer Perspektive, gibt es grundsätzlich zwei Möglichkeiten: Entweder werden sie aus festen organisatorischen Strukturen heraus produziert (wie etwa Pressemitteilungen durch die PR-Abteilung, Kundengespräche an der Hotline, Preispolitik) oder sie entstehen durch Projektarbeit (wie etwa bei Produktentwicklung, Webdesign, Werbespot-Produktion). Gemeinsam ist Projekten, dass ihr Gegenstand einen gewissen Komplexitätsgrad aufweist, dass demzufolge meist ein interdisziplinäres Team daran arbeitet und dass das Ergebnis formal und inhaltlich relativ einmalig ist.

Im Folgenden geht es um die projektorientierte Vorgehensweise bei der Entwicklung einer Website. Bis zu einem gewissen Grad ist das Prozessmodell, das hier gezeigt wird, auch auf die Entwicklung anderer technischer Produkte mit menügesteuerten Interfaces übertragbar.

Projektprozess

Das Projektzyklusmodell (siehe Abbildung 5.1) veranschaulicht den typischen Ablauf einer Produktentwicklung.

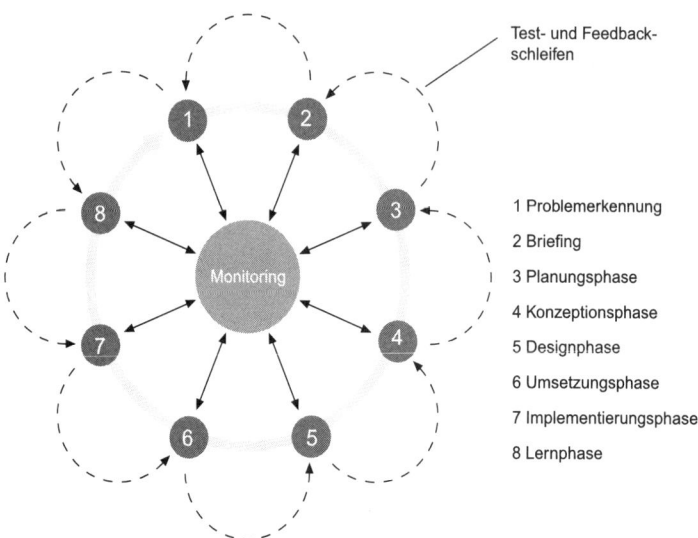

Test- und Feedback-schleifen

1 Problemerkennung
2 Briefing
3 Planungsphase
4 Konzeptionsphase
5 Designphase
6 Umsetzungsphase
7 Implementierungsphase
8 Lernphase

Abbildung 5.1 Projektzyklusmodell in acht Phasen

Dieses Modell beschreibt einen iterativen Prozess. Beginnend bei der Problemerkennung, wird jedes Teilergebnis durch die jeweils nächsten Stufen unter Zuhilfenahme geeigneter Methoden kritisch verifiziert. Auch innerhalb der einzelnen Schritte spielt diese iterative Vorgehensweise eine große Rolle. So führen z. B. Usability-Tests in der Konzept- oder Designphase zu einer Korrektur der bis dahin erarbeiteten Entwürfe, ehe sie zur weiteren Bearbeitung an die nächste Stufe weitergereicht werden.

Erweitert wird dieser Projektzyklus nun um eine Instanz, die die Produktqualität im Sinne der Corporate Identity managt. Der zyklische Projektprozess ist in ein *Monitoring* eingebunden. Es dient der Harmonisierung des entstehenden Produkts mit den Werten der Corporate Identity bzw. der Marke.

Im Folgenden werden die Funktionen dieser acht Prozessstufen exemplarisch bzw. idealtypisch beschrieben – wobei dies aus Unternehmensperspektive geschieht, nicht aus der Sicht der Dienstleister, die in diesem Prozess oft wichtige Aufgaben übernehmen (etwa Softwareentwickler oder Interactive-Agenturen). Zu bedenken ist dabei, dass integrierte Kommunikation auf Produktebene sich nicht von außen aufsetzen lässt. Produkte sind zu sehr mit dem Unternehmen, seiner Identität, seiner Kommunikationskultur und seiner Organisation verwoben, sodass es ratsam ist, ein solches Modell unternehmensimmanent zu betrachten und entsprechende Strukturen zu entwickeln. Dies erleichtert auch die Zusammenarbeit mit Dienstleistern. Dadurch können Reibungsverluste vermieden werden, die zu partikularen Ergebnissen und zu Frustrationen bei den Projektteilnehmern führen können.

Step 1: Problemerkennung
Die Identifizierung eines Mangels, eines Problems oder die Feststellung eines Handlungsbedarfs ist der Ausgangspunkt und die ursprüngliche Motivation des Projektprozesses. Dabei kann es sich um die Neuplanung eines Produkts handeln oder um ein Projekt zur Optimierung bestehender Produkte.

Die Problemwahrnehmung kann von jeder Stelle innerhalb oder außerhalb des Unternehmens kommen. Nicht selten machen Verbesserungsvorschläge von Mitarbeitern oder Anregungen, die durch Kunden-Feedback ins Unternehmen gelangen, auf Probleme mit den Interfaces eines Unternehmens aufmerksam. Es empfiehlt sich, innerhalb des Unternehmens Strukturen zu etablieren, die die Einreichung von Verbesserungsvorschlägen erleichtert und institutionalisiert. Die Möglichkeit des Online-Feedbacks durch die Kunden und die Einrichtung von internen Quality-Circles oder die Nutzung des Intranets sind Schritte in diese Richtung.

Step 2: Briefing
Ein *Briefing* ist die fixierte Formulierung der Anforderungen und Ziele, die durch ein Projekt bzw. ein Projektergebnis erreicht werden sollen. Dabei sollte bereits die richtige Problemlösungsebene identifiziert werden.

Das Briefing ist auf strategischer Ebene angesiedelt. Die Teilnehmer des Briefing-Workshops benötigen im Allgemeinen eine gute Kenntnis des Marktes, der Unternehmens- und der Markenstrategie sowie der Unternehmensumwelt. Es kann sehr produktiv sein, externe Berater hinzuzuziehen, um einen »Tunnelblick« auf die eigenen Verhältnisse zu vermeiden. Manchmal weisen auch scheinbar marginale Probleme auf Missstände hin, die versteckte, aber gravierendere Auswirkungen haben, die jedoch durch »Betriebsblindheit« unentdeckt bleiben.

Der Diskussion des Problems folgt ein Brainstorming möglicher Maßnahmen, bevor das Briefing verbindlich formuliert wird. In dieser Phase empfiehlt es sich, ein interdisziplinäres Team einzusetzen, das Aspekte und Ideen aus verschiedenen Perspektiven einbringen kann. Das Gremium, das das Briefing bearbeitet, kann je nach Problemschwerpunkt unterschiedlich spezialisiert sein. Vom internen oder externen Interface- und Branding-Spezialisten über Prozess- und Organisationsspezialisten, Softwareentwickler, Produktmanager, Designer, Texter, Marktforscher, Kunden und Mitgliedern der Geschäftsführung ist hier alles denkbar. Ziel des Briefing ist es, die Definition des Projektrahmens zu liefern, die als Grundlage für die konkrete Projektplanung dient.

Step 3: Planungsphase

In dieser Phase findet die operative Planung des Projekts statt. Der Projektmanager setzt einen Projektablaufplan auf und ermittelt detailliert die zu erwartenden Kosten. Interne und externe Abhängigkeiten sind dabei zu beachten, um eine realitätsnahe Zeit-, Ressourcen- und Budgetplanung zu erreichen.

Der Projektplan untergliedert das Projekt in Teilaufgaben und ihre Schnittstellen, um eine effiziente Arbeitsteilung zu ermöglichen. Interne und externe Mitarbeiter bzw. Agenturen müssen gebucht werden.

Kennzeichen eines fehlertoleranten Projektplans ist, dass Kurskorrekturen, die aus der iterativen Logik heraus notwendig werden können, möglich sind: Nur dann kann das Projektmanagement seiner Aufgabe gerecht werden, ein Projekt zu steuern.

Es ist ratsam, neben dem Projektmanager, dessen Aufgaben eher die Ablaufplanung und die Abstimmung der Ressourcen innerhalb des Projektplans betreffen, einen inhaltlichen Projektleiter zu bestimmen, der sich besonders der Qualitätssicherung des Endprodukts annimmt und der das Projektteam bei inhaltlichen Fragen leitet.

Step 4: Konzeptionsphase

In der Konzeptionsphase wird die Projektidee analysiert und systematisch entwickelt. Hier werden Vorentscheidungen getroffen, die das Ergebnis des Projekts nachhaltig prägen werden. Je nach Umfang und Komplexität des Projekts, umfasst die Aufgabe der Konzeption eine ganze Reihe sehr verschiedener Tätigkeiten. Bei einem Webprojekt wären dies:

- ▶ Konkurrenzanalyse und Marktuntersuchungen auswerten
- ▶ Richtlinien ausfindig machen (evtl. vorhandene Styleguides usw.)
- ▶ Nutzungsszenarien entwickeln
- ▶ Prozessdiagramme erstellen
- ▶ Basiskonzept erarbeiten
- ▶ Basiskonzept überprüfen und abstimmen
- ▶ Detailkonzept erarbeiten
- ▶ Detailkonzept mit vorangegengener Phase abgleichen
- ▶ Text und Bildbeschreibung
- ▶ Interface-Analyse
- ▶ Technische Machbarkeit abstimmen
- ▶ Technisches Konzept entwickeln (z.B. Datenbankintegration, Content-Management-System, Performance usw.)

Im Falle einer Website-Entwicklung ist es wichtig, dass bereits gestalterische und technische Lösungsvorschläge angedacht werden, um spätere Überraschungen zu vermeiden.

Ein erster Konzepttest im Rahmen der Interface-Analyse überprüft die Qualität des Lösungsansatzes in Bezug auf Kundenfreundlichkeit und Kompatibilität mit den Werten der Corporate Identity.

Step 5: Designphase

Mit der Konzeptionsphase in engster Verbindung steht die Designphase. Im Beispiel eines Webprojekts entstehen hier Navigationskonzept und grafische Konzepte sowie erste navigierbare Prototypen. Hinführende Schritte dazu sind:

- ▶ Sammlung alternativer Lösungswege, Brainstorming-Techniken
- ▶ Entwurfs- bzw. Annäherungsphase
- ▶ Umsetzung des Konzepts ins Medium: Prototyp

- ▶ Bildfindung
- ▶ Interface-Analyse von Konzept und Design

Die Designphase endet formal mit der Abstimmung und Verabschiedung der ausgewählten Layouts, der Page-Typen und des Prototyps. Wie während der Konzeptphase wird auch hier eng mit der technischen Entwicklung zusammengearbeitet, um die Realisierbarkeit sicherzustellen.

Im Verlauf der Designphase findet ein Prototyptest im Rahmen der Interface-Analyse statt und es wird nochmals die Qualität des Lösungsansatzes in Bezug auf Kundenfreundlichkeit und Kompatibilität mit den Werten der Corporate Identity überprüft. Das Ergebnis wird diskutiert und fließt als Anregung in den weiteren Designprozess ein. Dabei müssen die Prioritäten bei der Gestaltung erneut festgelegt werden. Es kann dabei auch durchaus sinnvoll sein, Elemente beizubehalten, die bei der Analyse eher negativ aufgefallen sind – sofern man einen guten Grund dazu hat. Erfolgreiche Innovationen sind nicht immer von Anfang an geliebt worden.

Step 6: Umsetzungsphase
Hier wird aus den Funktions- und Inhaltsbeschreibungen der Konzeptionsphase und den Layouts der Designphase ein funktionsfähiges Produkt erstellt. Nach der abschließenden Interface-Analyse werden Verbesserungen durchgeführt, die sich aus den Auswertungen der Testergebnisse ergeben.

Ein technischer Funktionstest bestätigt abschließend die Qualität des Produkts und seine Eignung, als »Botschafter des Unternehmens« die Werte der Corporate Identity zu verkörpern.

Step 7: Implementierungsphase
Bevor die Implementierung erfolgt, müssen die begleitenden Maßnahmen, die in der Planungsphase angestoßen wurden, abgeschlossen sein:

- ▶ Sind die nachgelagerten Prozesse funktionsbereit?
- ▶ Sind die Ressourcen bereit, ist die Hotline erreichbar?
- ▶ Sind alle Rechte eingeholt?
- ▶ Sind alle vertraglichen Fragen geklärt?
- ▶ Ist die Wartung sichergestellt?
- ▶ Ist genügend Bandbreite vorhanden?

Step 8: Lernphase (Projektdokumentation)

Nach dem Spiel ist vor dem Spiel: Das Projektteam lässt das Projekt Revue passieren und versucht es kritisch zu bewerten. Was konnte gelernt werden? Welche Erfahrungen können für weitere Projekte wertvoll sein? Das entsprechende Methodenwissen wird dokumentiert und in einem internen Informationssystem abgelegt. Fehler gehören zum Prozess und sind eine Chance, da sie bisher Verborgenes aufdecken. Lernen braucht Zeit, und die Lernzeit muss auch im Projektplan berücksichtigt werden.

Der Projektmanager führt ein Dossier, das mit einer Zusammenfassung und Bewertung des Projekts schließt. Möglicherweise sind bereits jetzt neue Probleme und Lösungswege bekannt, ohne dass sie in das abgeschlossene Projekt noch einfließen konnten. Die Dokumentation hält diese Fakten und Erfahrungen für das nächste Projektteam bereit.[3]

Inhaltliche Projektleitung

Von zentraler Bedeutung ist, dass das Projekt während seines iterativen Verlaufs seine Zielrichtung, unter der es gestartet wurde, beibehält. Dafür sorgt das *Monitoring* (siehe Abbildung 5.1). Es besteht nicht nur aus dem Projektmanagement, das Termine, Budgets und Ressourcen managt, sondern auch aus einem inhaltlichen Projektleiter. Dieser sollte idealerweise gute kommunikative Fähigkeiten besitzen, über ein breites Wissen über die einzelnen Projektschritte verfügen, das Ziel des Projekts im Blick behalten sowie Probleme frühzeitig antizipieren können. In seiner generalistischen Sicht ist er sozusagen das Master-Mind (der »visionäre Fahnenträger«) des Projekts. Er führt das gesamte Team, indem er den Teamprozess moderiert und auftretende Kommunikationsprobleme möglichst auflöst.

Teamintegration

Integrierte Kommunikation meint die Art und Weise, wie konsistent sich ein Unternehmen seinen Stakeholdern gegenüber präsen-

---

3   Die Aufarbeitung des Projekts dient der Optimierung des Vorgehens für ähnliche Aufgaben in der Zukunft. Auch wenn Wissensmanagement-Systeme nicht die Tatsache wettmachen können, dass Wissen nur aktiviert werden kann, wenn es Teil des Erfahrungsschatzes eines Mitarbeiters ist, ist es trotzdem nützlich, über ein systematisch gepflegtes Projekt- und Methodenarchiv als unternehmensinternes Nachschlagewerk zu verfügen.

tiert. Die Offenheit und Kundenorientierung, die nach außen gezeigt werden soll, muss aber auch in der Kommunikation innerhalb des Unternehmens zur Maxime werden.

Aus Unternehmenssicht sind auch die Mitarbeiter »Kunden«. Dem Unternehmen obliegt es, Voraussetzungen für ein gutes Betriebsklima zu schaffen. Dies ist die Wahrnehmung einer Chance, die auf die Motivation der Mitarbeiter zielt. Adäquate Arbeitsmittel und gute Arbeitsbedingungen zu gewährleisten sind probate Mittel, die Mitarbeiterzufriedenheit zu steigern.

Für einen möglichst reibungslosen Projektablauf sind aber auch organisatorisch einige Vorkehrungen zu treffen. Es ist z. B. sicherzustellen, dass den Mitgliedern des Projektteams ausreichend Zeit zur Wahrnehmung ihrer Aufgaben zur Verfügung steht und sie nicht durch andere Verpflichtungen eingeschränkt werden. Hier gilt es, die im Leitbild festgelegten Maximen zur Zusammenarbeit (siehe Kapitel 2) nicht insgeheim zu unterlaufen. Glaubwürdigkeit nach außen setzt die nach innen voraus.

5.3 Konzeption und Interface Design

»Design heißt Arbeit an Widersprüchen.«
Michele de Lucchi

Iteration Mit der Konzeption beginnt der Teil des Projektprozesses, in dem jeder Schritt durch das operative Projektmanagement mittels Zeit- und Budgetrahmen in seine Schranken verwiesen wird. Es gilt für die Konzepter deshalb, möglichst effizient zu arbeiten, um nicht in Anbetracht der Milestones in Zeitnot zu geraten. Gleichwohl kann ein Zeitverzug in sachlichen Ursachen begründet sein, da iterative Prozesse nicht linear planbar sind. Iterationen sind notwendige Schritte innerhalb des Prozesses und können erhebliche Mittel einsparen, je früher Fehler im Konzept aufgespürt werden können. Es hängt von einem vorausschauenden Projektmanagement ab, dies entsprechend zu berücksichtigen und die Termine mit etwas »Luft« anzusetzen – also lieber etwas früher beginnen zu lassen. Insbesondere die kreativen Schritte zu Beginn des Projekts, Konzeption und Design, lassen sich zeitlich nicht beliebig einschnüren. Tut man dies doch, läuft man Gefahr, das Ziel des Projekts zu verfehlen. Denn in dieser frühen Phase entscheidet sich – später kaum noch reversibel – die Richtung, die das Endergebnis annehmen wird.

Unter Konzeption ist im Wesentlichen die detailliert ausgearbeitete Darstellung einer Projektidee zu verstehen. Projektidee, Projektziel und Projektrahmen wurden durch die Projektschritte Problemerkennung und Briefing im Groben formuliert. In der Konzeptionsphase muss die Projektidee so interpretiert und ausgearbeitet werden, dass sich die gesetzten Ziele bestmöglich erreichen lassen. Konzeption von Interfaces erfordert deshalb nicht nur Phantasie, abstraktes Denken und Vorstellungskraft, sondern auch Realitätssinn. Die Beteiligten müssen im Voraus eine Vorstellung davon gewinnen können, wie ein effektives Angebot für den Kunden im Detail auszusehen hätte und wie es sich anfühlen wird – und gleichzeitig, wie sich dies mit zur Verfügung stehenden technischen und Mitteln im zeitlich angesetzten Rahmen umsetzen lässt.

Visionäre Produktkonzeption

Welchen Sinn kann es für einen Kunden machen, sich z. B. Eishockeyspiele auf einem UMTS-Handy anzuschauen, wenn a) der Puck auf dem winzigen Monitor nicht erkennbar ist, b) Fernseher weit verbreitet sind und einen ungleich höheren sozialen Nutzwert haben und c) sich der Akku außerdem kurz vor dem entscheidenden Penalty abmeldet, da das Farbdisplay seinem Energiedurst Tribut zollt?

Ob mobiles Fernsehen bzw. Video die »Killer-Applikation« für UMTS sein wird, ist mehr als fraglich. Doch werden sich vielleicht für diese Technologie andere nützliche Anwendungen und Services durchsetzen, für die der kleine Screen eine ausreichende Darstellungsqualität besitzt und die es in dieser Form heute noch nicht gibt. Alte Medien auf neue zu übertragen, ist zwar populär, aber phantasielos – was sich auf dem Markt rächen wird.

Solche drohenden medienspezifischen Probleme und Frustrationspotenziale sollten Produktgestalter antizipieren können und daraus die richtigen Schlüsse ziehen. Gute Designer sind in diesem Sinne »Visionäre«, weil sie die Szenarien bereits heute im Kopf haben, die sich in der Zukunft abspielen könnten.

Wie geht man bei der Konzeption einer Website methodisch vor? Im Folgenden die wichtigsten Schritte:

▶ Konkurrenzanalyse und Marktuntersuchungen sichten
▶ Richtlinien definieren
▶ Nutzungsszenarien entwickeln
▶ Basiskonzept erarbeiten
▶ Detailkonzept erarbeiten
▶ Detailkonzept mit dem Briefing abgleichen
▶ Wording, Bildbeschreibung, Text
▶ Interface-Analyse des Konzepts

Konkurrenzanalyse und Marktuntersuchungen sichten: Konzeption beginnt mit der Kenntnis des Kunden. Soweit sich eine differenzierbare Zielgruppe ausmachen lässt, ist diese quantitativ, aber auch qualitativ zu untersuchen. Oft liegen hierfür seitens der Marktforschung bereits Daten vor, die als Informationsbasis genutzt werden können. Die Eigenschaften des Zielpublikums, die Analyse und das Projektziel des Briefings müssen nun im Laufe der Konzeption zusammenwachsen. Daraus leiten sich Nutzungsszenarien ab.

Richtlinien definieren: Noch bevor Ideen für die Nutzungsszenarien gesammelt werden, müssen mögliche Einschränkungen ausfindig gemacht werden. Welche Standards sollen für das Ergebnis gelten, die die Konzeption der Website eingrenzen? Hier sind sowohl technische als auch gestalterische Begrenzungen denkbar. Ein Online-Styleguide, der die Verwendung bestimmter Interface-Elemente oder die Bevorzugung einer Technologie reglementiert, können die Startbedingungen für die Konzeption verändern.

Nutzungsszenarien entwickeln: Die Prinzipien des *User Centered Designs*[4] können schon innerhalb der Konzeptphase angewendet werden. Anhand der bisher gewonnenen Informationen lassen sich verschiedene idealtypische Benutzer beschreiben, die unterschiedliche Anforderungen an das Interface haben. Dazu werden eine Reihe typischer Szenarien beschrieben, von denen man annehmen kann, dass sie häufig stattfinden werden. Dabei sollte die Interface-Analyse als Input-Quelle genutzt werden.

---

4 User Centered Design ist im Grunde so etwas wie ein weißer Schimmel. Denn der Designbegriff macht nur Sinn, wenn er die Nutzerdimension mit einbezieht.

Basiskonzept erarbeiten: Die Erarbeitung eines Basiskonzepts bedeutet vor allem eine Strukturierung der geplanten Inhalte. Wie kann ein Kunde darauf zugreifen? Wie lassen sich Inhalte leicht finden? Zunächst müssen die Inhalte gesammelt werden und gemäß den Anforderungen des Briefings angeordnet werden. Bei der Strukturierung der Inhalte gilt es, die richtigen Ordnungskriterien zu finden, mit deren Hilfe auf die Inhalte zugegriffen werden kann. Die Informationsarchitektur hängt maßgeblich von den angenommenen Nutzungsszenarien ab.

Wichtig ist außerdem ein schneller Zugriff auf Services und Transaktionsprozesse, die auf der Site angeboten werden sollen. Diese sind vorab zusammen mit der Entwicklungsabteilung von ihrem Umfang her genau zu definieren. Extras wie z. B. Collaborative Filtering erfordern erhöhte Programmieraufwände. Dabei sind nicht nur die Aufwände bei der Softwareentwicklung zu berücksichtigen, sondern auch Folgekosten beim Betreiben der Site. Wird zum Beispiel ein moderierter Chat oder ein Diskussionsforum angeboten, müssen die Pflegeaufwände abgestimmt werden. Ebenso muss z. B. bei der Konzeption eines News-Bereichs sichergestellt sein, dass es Redakteure gibt, die diese Seite auch täglich pflegen – denn nichts ist so alt wie die Meldung von heute Morgen ...

Die grundlegenden Gesetze der Wahrnehmungspsychologie müssen bereits während der Konzeption beachtet werden, beispielsweise die physiologische Beschränkung der Fähigkeit, mehr als sieben Elemente simultan unterscheiden zu können. Je weniger Elemente auf dem Screen sichtbar sind, desto schneller gewinnt der Betrachter einen Überblick und damit steigt das subjektive Gefühl von Entlastung: Benutzer haben subjektiv die bessere Kontrolle und Orientierung. Die Weichen für gute Usability werden schon bei der Erarbeitung des Basiskonzepts gestellt.

Detailkonzept erarbeiten: Hat sich das Basiskonzept in einem Konzepttest bewährt, geht es daran, die dort definierten Strukturen auf den ganzen Strukturbaum der Site zu erweitern. Ein wichtiges Ergebnis dabei ist, verschiedene Seitentypen zu unterschieden, die für die gesamte Site benötigt werden und das Konzept auf gestalterische Umsetzbarkeit hin frühzeitig zu prüfen. Dabei ist es nicht selten, dass gestalterische Ideen die Ausprägung des Detailkonzepts entscheidend prägen – Konzept und Design gehen hier ineinander über.

Detailkonzept mit dem Briefing abgleichen: Nachdem auch das Detailkonzept in einem Konzepttest überprüft wurde, wird das Konzeptergebnis noch einmal mit den Vorgaben des Briefings und den Nutzungsszenarien abgeglichen. Sind nun die Anforderungen daraus wirklich berücksichtigt? Fehlt noch irgendein Aspekt? Sind die geplanten Funktionen der Site technisch bei vertretbarem Aufwand machbar? Ist bereits eine signifikante Verbesserung gegenüber dem Status quo ersichtlich?

Wording, Text und Bildbeschreibung: Die richtigen Worte zu finden ist nicht nur beim Texten von Produktbeschreibungen, sondern auch bei der Entwicklung von konsistenten Begriffssystemen von Vorteil. Die Begriffe bei der Benennung von Menüpunkten dürfen sich nicht zu sehr nach der Struktur des Unternehmens richten, sondern sie müssen aus der Sicht des Kunden Sinn machen.

Interface-Analyse des Konzepts: Aus der Kenntnis der Zielgruppe und dem Wissen darum, was die Site primär bezwecken soll, lässt sich ein Konzepttest herleiten. Eine enge Kooperation mit dem Testspezialisten führt zu einem konstruktiven Testkonzept.

Informationsbäume

Das Entwerfen von hierarchischen Informationsbäumen ist eine zentrale konzeptionelle Tätigkeit. Hierarchische Bäume finden nicht nur in menügesteuerten elektronischen Produkten und Websites Anwendung, sondern auch z. B. bei sprachgesteuerten Menüs von Telefonmailboxen. Solche akustischen Menübäume finden auch als Filterfunktion bei telefonischen Hotlines Verwendung. Hier findet in der Regel eine Vorselektion statt, die den Anrufer zum richtigen Gesprächspartner führen soll.

Auch hier gilt: Kleine Ursachen können große Auswirkungen haben. Bei akustischen Menübäumen spielen vor allem die Vermeidung von Redundanz und Wiederholung, die Kürze der Ansage und die Beschränkung der Optionenzahl auf einer Ebene eine große Rolle. Große Sorgfalt ist hier geboten und auch hier zahlen sich intensive Tests aus. Denn der Kunde ist gerade in einer solchen Situation – z. B. beim Anruf der Service-Hotline – meist nicht in der Laune, sich von einer Maschine mental überfordern zu lassen. In solchen kritischen Situationen kann das Bild der Marke für den Kunden besonders schnell kippen.

Maximen bei der Entwicklung von Strukturbäumen

1. **Das Wichtigste zuerst**
   Die am häufigsten gebrauchten Informationen oder Funktionen müssen schnell erreichbar sein. Bei sehr umfangreichen Sites bietet sich ein Customizing des Interface an. Alternativ dazu können Userlevel angeboten werden, wie z. B. »Kernfunktionen«, »nice to have« und »advanced«.

2. **Alternative Zugänge**
   Bei Sites mit vielen Inhalten ist es ratsam, nicht nur ein einziges Ordnungsprinzip anzubieten. Zum Beispiel liegt es bei einer Onlinehilfe nahe, eine Strukturierung ausgehend von den Produkteigenschaften (Objektorientierung) anzubieten und alternativ dazu eine Strukturierung nach Kontexten (Problemorientierung) neben einer alphabetischen Stichwortliste anzubieten.

3. **Knappe Topics**
   Konsistentes Wording, das Bedeutungsüberschneidungen und Redundanzen vermeidet, erleichtert eine zutreffende Erwartungshaltung beim Benutzer.

4. **Ausgewogenheit des Hierarchiebaums**
   Der Gesamtumfang einer Site kann schneller eingeschätzt werden, wenn jeder Hauptzweig der Navigation etwa die gleiche Breite und Tiefe besitzt.

Die Voraussetzungen für die Qualität der späteren Gebrauchserfahrung (*User Experience*) einer Site werden in der Konzeptionsphase gelegt. Erlebbare Convenience ist zu einem guten Teil eine Frage eines durchdachten Produktkonzepts. Convenience ist letztlich eine Frage von Sinn. Die Aufgabe der Produktkonzeption ist es, sinnvolle Angebote für möglichst verschiedene Kunden zu entwerfen. Konzeption bedeutet insofern Service Design, als die Schaffung von Möglichkeiten für den Kunden im Mittelpunkt steht.

Leider wird Design oft mit der »schönen« Gestaltung eines Produkts und seiner Verpackung gleichgesetzt. Design wird darin als Oberflächeneffekt verstanden. Doch Design ist weit mehr. Hier schlummert ein noch viel größeres Potenzial, für das sich noch längst nicht überall ein Bewusstsein herausgebildet hat.

Die organisatorische Trennung von Konzept und Design hat vor allem in großen und zeitkritischen Projekten seine Berechtigung. Es müssen zu verbindlichen Terminen präsentable Zwischenergebnisse erarbeitet werden, die die Grundlage der Kommunikation über den

Projektfortschritt bilden und auf die weitere Arbeitsschritte aufbauen können. Doch liegt es in der Natur von kreativer Arbeit, dass sie nicht vollständig nach einem bekannten Schema abläuft, sondern explorativ vorgeht und deshalb schwer vorhersehbar ist und somit einer Planbarkeit widerspricht. Mit diesem Widerspruch haben die Kreativen allerdings zu leben gelernt – meist während der Überstunden im Büro.

Echte Innovation ist oft das Ergebnis eines Nachdenkens, nicht das Resultat des Nachdenkens über ein Ergebnis. Worin liegt der Unterschied? »Nachdenken über ein Ergebnis« ist ein linearer Prozess, »Ergebnis eines Nachdenkens« verweist dagegen auf einen vernetzten Prozess, der gewisse Unwägbarkeiten enthält. So gesehen ist auch das Projektmanagement innovativer Prozesse ein Kunststück besonderer Art, das oft von der Führungsetage aus Unkenntnis leider nicht als solches honoriert wird. Jedenfalls ist ein Projektmanager immer gut beraten, bei der Planung noch einen zusätzlichen Zeitpuffer vorzusehen. Dennoch: Die Qualität des Ergebnisses sollte gegenüber dem Einhalten des Zeitplans Priorität haben, denn Qualität zahlt sich langfristig aus. Bei Zeitverzug zu harten Terminen, wie z.B. bei Messen, muss natürlich improvisiert werden, damit das Produkt rechtzeitig zur Verfügung steht.

Glaubwürdigkeit ist auch eine Frage der Artikulation. Steht bei der Konzeptphase der Sinn eines Angebots für die Kunden im Mittelpunkt, geht es dem Interface Design um Glaubwürdigkeit: nämlich glaubwürdige und formal stimmige Angebote für möglichst verschiedene Kunden zu entwerfen. Sowohl der Nutzen als auch die Haltung des Absenders spiegeln sich im Interface Design eines Angebots wider, sind also vom Kunden interpretierbar.

Glaubwürdigkeit, Antizipation

Die Kunst des Interface Designs beruht nicht allein auf der Fähigkeit der Hervorbringung »schöner« Oberflächen. Ebenso wichtig – wie auch schon bei der konzeptionellen Tätigkeit – ist die Fähigkeit der Antizipation. Welche Sinnangebote macht ein und dieselbe Gestaltung für unterschiedliche Individuen? Dies ist weniger eine Frage des Geschmacks oder der Intuition als die der Einfühlung in andere Menschen. Wie nehmen verschiedene Menschen ein Objekt wahr und auf welche Weisen kann es interpretiert werden? Diese Frage begleitet den gesamten Entwurfszyklus. Der Erfolg dieser Antizipation zeigt sich im Rahmen der Interface-Analyse mit qualitativen Tests zu Usability und Branding.[5]

Das Ziel des Interface Designs (als Teilaspekt der integrierten Kommunikation) sollte es sein, dass die Interpretation durch den Kunden über alle Interfaces hinweg konsistent gelingen kann. Erst dann kann Interface Design seinen Beitrag zum Prozess der Markenbildung leisten.

Auf den ersten Blick ist gutes Interface Design das Gegenteil dessen, was Werbung erreichen will: Werbung will Aufmerksamkeit erzeugen. »Be different – or die«, wie es so schön heißt. Gutes Design hingegen stellt den Gebrauch in den Vordergrund – ebenso, wie sich beim Lesen eine gute Typografie dadurch auszeichnet, dass man sie nicht bemerkt. Doch dieser Gegensatz muss nicht immer gegeben sein. Es ist durchaus denkbar, dass Produkte sich im Gebrauch reibungslos verhalten, aber aufgrund ihrer sinnlichen Qualitäten dennoch auffallen – und zwar positiv im Sinne der Marke.

Einfachheit In den neunziger Jahren ging es beim Design technischer Produkte größtenteils um das Sichtbarmachen der abstrakten technischen Features um jeden Preis. Apple vollzieht hier eine deutliche Wende innerhalb der Designstrategie, die den Trend zur Feature-Avoidance beim Kunden reflektiert. Einfachheit steht im Mittelpunkt. Apples *iPod* (siehe Abbildung 5.2) kombiniert die Konzepte »Festplatte«, »Walkman« und »digitale Musikkompression« zu einem Angebot, das sich zusammen mit dem Programm *iTunes* zu einem hybriden Gesamtprodukt verbindet. Technologie wurde hier auf *Nutzen* und *Convenience* hin ausgereizt, der nicht auf der *Anzahl der Features* auf dem Papier beruht, sondern dem Kunden *neue Verwendungsmöglichkeiten* eröffnet. Konzeption und Design von Software und Hardware gehen dabei ein harmonisches Verhältnis ein.

---

5 Wenn Testpersonen in den Konzept- und Designprozess mit einbezogen werden, könnte man statt von »User Centered Design« eher von »User Integrated Design« sprechen.

Abbildung 5.2 Apples iPod. Das Interface Design basiert auf wenigen Elementen und setzt die besondere Haptik des Drehreglers auf spielerische, aber zugleich effektive Weise für die Menüsteuerung ein. (Bildquelle: Apple)

5.4 Interface-Management

> *»Das Gefährlichste an der Technik ist, dass sie ablenkt von dem, was den Menschen wirklich ausmacht, von dem, was er wirklich braucht.«*
> *Elias Canetti*

Corporate Identity ist eine Meta-Strategie. Betreibt man diesen Prozess ernsthaft, wirkt er wie eine Art Kompass für das Unternehmen, an dem sich nahezu alle Äußerungen orientieren können – mehr oder weniger von strategischen Grundsatzentscheidungen über die Produktpolitik bis zur Gestaltung der Inneneinrichtung.

Integrierte Kommunikation als Aufgabe besteht in der inhaltlichen Koordination von Einzelprojekten. Dies kann nicht allein durch Formalisierung der Prozesse gelingen, sondern erfordert eine differenzierte Beurteilung von Interfaces und ihrer möglichen Wirkungen auf den Kunden.

Oberfläche und Gebrauch

In kleinen wie in großen Unternehmen hat sich die Notwendigkeit eines einheitlichen Unternehmensauftritts schon lange herumgesprochen. Oft wacht die PR-Abteilung auch über das Corporate Design und verwaltet die formale Anwendung des CD-Styleguides, der von Zeit zu Zeit durch externe Grafikagenturen überarbeitet wird. Diese Styleguides beschränken sich in der Regel auf formale Aspekte bei der Gestaltung von Drucksachen, Websites und Ladeneinrichtungen (POS) sowie auf die Form, Farbigkeit und Verwendung des Unternehmenslogos.

Doch es zeigt sich, dass damit das Problem einer integrierten Kommunikation nur an der Oberfläche gestreift wird. Der Unternehmensauftritt wird eben nicht allein durch seine formale bzw. grafische Erscheinung bestimmt, sondern durch die Berührung, Interaktion und den Gebrauch aller seiner sich bietenden Interfaces. Das Verhalten der Interfaces gewinnt immer mehr Gewicht gegenüber ihrer bloßen formalen Erscheinung.

Dennoch ist formale Konsistenz weiterhin ein wichtiger und unverzichtbarer Baustein. Integration der Produkte in die Corporate Identity muss aber einen Schritt weitergehen. Je komplexer ein Unternehmen und seine Produkte sind, desto notwendiger wird eine kompetente Instanz, die das Problem der Interfaces vor dem Hintergrund des CI-Prozesses im Blick behält: das *Interface-Management*.

Die permanente Integration des Corporate-Identity-Prozesses in die Unternehmensabläufe kann als Qualitätssicherung quer zu allen Interfaces aufgefasst werden. *Interface-Management* ist dabei zwischen Produktmanagement, Corporate Design und Corporate Communication angesiedelt und seine Aufgabe ist es, die Qualität aller Interfaces des Unternehmens im Sinne ihrer Markenwerte zu sichern und als entscheidungskompetente Instanz mit der Geschäftsleitung abzustimmen.

Das Interface-Management sollte regelmäßig Workshops mit der Unternehmensleitung sowie den Verantwortlichen aus Produktentwicklung, Corporate Design, Branding, Marketing und Vertrieb durchführen und dabei jeweils einen aktuellen Überblick über die Projekte, Probleme und Verbesserungsideen präsentieren. Diese Koordination kann auch durch externe Branding- und Interface-Spezialisten unterstützt werden. Für beauftragte Werbe-, PR- und

Grafikagenturen ist die Teilnahme an diesen Workshops ebenfalls sinnvoll, da sie hier Einblick in die Unternehmenskultur ihres Kunden gewinnen und diese Erfahrungen implizit in ihre Arbeit einfließen lassen können.

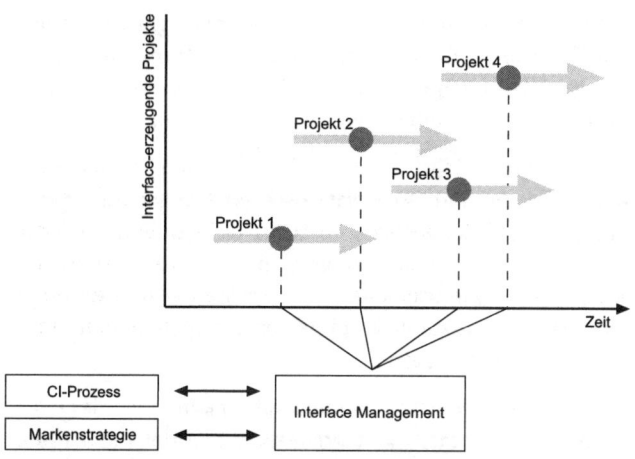

Abbildung 5.3 Interface-Management als zentrale Instanz integrierter Kommunikation

Das Interface-Management muss die verschiedenen Aspekte des Kundenkontakts sowohl aus Kundensicht als auch aus Unternehmenssicht verstehen und benötigt ein breit angelegtes Wissen über Marketing, Technik und Design. **Kundenorientierte Denkweise**

Durch eine kundenorientierte Denkweise gelingt es, den Zusammenhang zwischen Branding und Usability produktiv in die integrierte Kommunikation hinein zu nehmen. Interface-Analysen stellen dafür ein wichtiges Instrumentarium dar. Externe Berater können die Prozesse unterstützen, indem sie unabhängige Interface-Analysen durchführen, deren Ergebnisse in Entwicklung und Design einfließen. Als Externe sind sie nicht in die Firmenorganisation und Historie verstrickt, können gewachsene Vorurteile und Strukturen innerhalb des Unternehmens aufbrechen und so zu neuen Denkweisen beitragen.

Ein in dieser Weise aufgefasstes Interface-Management nimmt eine Schlüsselstellung im Prozess der integrierten Kommunikation ein. Seine Aufgabe ist es einerseits, die Koordination der Interface-Analyse zu leisten und konkrete Analysen anzustoßen, andererseits in der Moderation die verschiedenen Interessenlagen der Einzelabteilungen so auszubalancieren, dass sich alle Beteiligten auf ein gemeinsames Ziel verständigen können. Als Kompetenzträger kann es gegenüber Controlling und Geschäftsführung auch Maßnahmen vertreten, die kurzfristigen Gewinnabsichten entgegenstehen und deren Aussicht auf langfristigen Erfolg darlegen. Denn Kommunikationsangebote sollten sich nicht nur für das Unternehmen, sondern auch für den Kunden auszahlen. Nur diese Balance kann auf Dauer befriedigende Kundenbeziehungen aufbauen.

Change-Management und Organisationsentwicklung sollten darauf achten, dass die Funktionen des Interface-Managements den richtigen Stellenwert erhalten. Denn je mehr sich die Berührungspunkte zum Kunden hin ausweiten, umso brisanter und wichtiger wird es, das Vakuum auszufüllen, an dessen Stelle die Funktion des Interface-Managements treten muss.

Klassische Lead-Agenturen für Kommunikation können in der Regel nur einen Teil der Interfaces »integrieren«. Denn der Bereich von Produktgestaltung und Servicedesign, Themen wie Hotlines oder Web-Interfaces fallen nicht in ihre Kernkompetenz. Doch gerade dies sind die Gebiete, in denen sich eine Marke beim Kunden bewähren und ihre Glaubwürdigkeit erhalten muss. Firmenintern ist es deshalb geboten, eine Instanz einzurichten, die all diese Felder integrativ im Blick hat.

Integration bedeutet nicht Addition. Wenn ein neues Element hinzukommt, verändert es das Gesamtbild des Unternehmens. Neue Produkte schaffen auch neue Kommunikationsverhältnisse und umgekehrt. Auf diese Weise entstehen neue Qualitäten.

Kommunikation nach innen Will man integrierte Kommunikationsprozesse schaffen, kommt man mit streng zentralistischer Planung nicht allzu weit. Dafür ist der Gegenstand zu komplex. Ohne diese Einsicht läuft man Gefahr, einen organisatorischen Apparat aufzubauen, der nur noch sich selber rechtfertigt und de facto ohne Wirkung bleibt. Auf diese Weise wird in Unternehmen viel Energie und Kapital unnötig verbraucht.

Vielmehr müssen sich alle Beteiligten aufeinander »eintunen«. Integrierte Kommunikation nach außen ist nur möglich, wenn die Kommunikation nach innen funktioniert. Gerade kommunikative Wirkungen sind nicht in letzter Konsequenz planbar. Es braucht dafür einen Freiheitsgrad, um kommunikative Situationen zu erzeugen, die ihrerseits wieder Ausgangspunkt für weitere Kommunikationsangebote werden können. Auch hier ist der iterative Prozess ein gangbarer Weg für integrierte Unternehmenskommunikation. Es gibt also für das Problem der integrierten Kommunikation keine »starre Lösung«.

Das Ziel ist es, innerhalb des Unternehmens und mit seinen Partnern die vernetzte Kommunikation über die verschiedenen Interfaces zu erhalten und nicht absterben zu lassen. Die zentrale Frage dabei lautet: Welchen Sinn ergibt die Kombination der verschiedenen Interfaces für den Kunden? Welchen Reim kann er sich darauf machen? Kann sich das Unternehmen mit seinem Antrieb und seinen Werten darin wiedererkennen? Paradox formuliert: Corporate Identity als Prozess ist das Ergebnis einer im Unternehmen lebendigen integrierten Kommunikation. Nur im Prozess dieses Wechselspiels kann sich Neues entwickeln: neue Beziehungen, neue Ideen, neue Kunden.

Die Schwierigkeit und Herausforderung bei der Gestaltung integrierter Kommunikation besteht darin, einerseits die Strategie aus der Ferne, andererseits die Interfaces aus der Nähe zu betrachten – dies aber *zur gleichen Zeit*. Passen die Interfaces zur Kommunikationsstrategie? Das kann man nur feststellen, wenn man versucht, das Ganze durch das Detail hindurch zu sehen. Kundensicht und Unternehmenssicht sind zu vermitteln.

Der »Sinn«, der letztlich für den Kunden ersichtlich sein muss, droht oft zur Nebensache zu werden. Ziel der integrierten Kommunikation ist letztlich Sinnerzeugung für den Kunden. Erreicht werden kann dieses Ziel nur, indem die Sicht des Kunden in den Vordergrund rückt.

Kompakt

▶ Die kommunikativen Prozesse, die de facto bei der Benutzung stattfinden, sind in der Markenstrategie mitzudenken und dementsprechend zu steuern. Personell bedarf es dazu neuer, interdisziplinär ausgerichteter Qualifikationen – ob innerhalb des Unternehmens oder durch die Hinzuziehung externer Berater.

- Auch Produkte (Güter und Dienstleistungen) sind als Teil des Corporate-Identity-Prozesses anzusehen und verdienen dabei besondere Aufmerksamkeit.

- Bei der CI-geleiteten Entwicklung menügesteuerter Produkte müssen Usability-Tests in den CI-Prozess eingebunden sein – Usability ist keine absolute Größe, sondern ist im Rahmen der CI zu bewerten.

- Konzeption ist die Herausarbeitung und Formulierung einer Produktidee, Interface Design die Gestaltung des Produkt-Interface in all seinen sinnlich erfahrbaren Qualitäten.

- Interface-Management leistet die Koordination der Interfaces eines Unternehmens und schafft so die Grundlage für eine an der Corporate Identity orientierte integrierte Kommunikation.

- Kommunikationsangebote müssen sich nicht nur für das Unternehmen, sondern auch für den Kunden auszahlen. Nur diese Balance kann auf Dauer befriedigende Kundenbeziehungen aufbauen.

6 Ausblick

»Der Marktplatz des 21. Jahrhunderts kann sich durch-
aus im Cyberspace wiederfinden, doch ohne Schnitt-
stellen-Architekten, die die Entwürfe liefern, wird er
nicht sehr weit kommen.«
Steven Johnson

Die zunehmende Vernetzung, die Krise des klassischen Marketings, die Übersättigung der Märkte und die Weigerung der
Konsumenten, unbrauchbare weil zu komplizierte Produkte zu kaufen, wird sich auf zukünftige Unternehmensaktivitäten auswirken.
Einerseits werden Unternehmen entstehen, die völlig neue Produkte anbieten, von denen wir heute noch keine Vorstellung
haben. Andererseits wird es Veränderungen der Organisation
bestehender Unternehmen geben. Vernetzte, auf IT basierende
Ökonomie verträgt sich nicht mit starren, tiefen, hierarchischen
Strukturen.[1]

Eine zentrale Aufgabe für Unternehmen wird darin bestehen,
zunehmende Produktkomplexität handhabbar zu machen. Der Ruf
nach einfachen, verständlichen Produkten ist heute schon deutlich
zu hören. Produkte mit klar erkennbarem Gebrauchswert werden
zunehmend nachgefragt. Ihn zu definieren wird den Unternehmen
nicht ohne Einbindung der potenziellen Kunden gelingen. Erfolgreiche Marken werden sich durch den Wert, den sie für die Konsumenten darstellen, definieren. Werterzeugung misst sich am Nutzen für
den Konsumenten – ob finanziell, sozial, psychologisch oder prag-
matisch. Kundenzentrierung bedeutet so für Unternehmen in
gewisser Weise Produktzentrierung. Denn das Produkt – ob als Gut
oder als Dienstleistung – ist das Kommunikationsangebot eines
Unternehmens an die Konsumenten. An ihm muss sich das Markenimage bewähren und das Markenversprechen eingelöst werden.

---

1 Welches Potenzial dabei in der vernetzten Arbeitsweise ohne feste Hierarchien
steckt, zeigt das Beispiel von Linux. Linux ist ein Betriebssystem, das im
Grunde von einer Open-Source-Netzgemeinschaft entwickelt wurde, dessen
Entwicklungsaufwand, würde man es »klassisch« in einem Unternehmen ent-
wickeln, auf 4500 Personenjahre geschätzt wird. Vgl. Bichler, Martin. Neue
Medien und deren Einfluß auf die Betriebswirtschaft. Frankfurter Allgemeine
Zeitung Nr. 47, 25.02.2002, Seite 26

Technologieentwicklung vollzieht sich in immer kürzeren Entwicklungszyklen. Dies hat zur Folge, dass die daraus erwachsenden Produkte oftmals sehr fremd auf die Benutzer wirken, da sie in kein bekanntes Schema passen. Diese Verunsicherung lässt sich nicht prinzipiell vermeiden, sondern liegt in der Natur der schnellen Innovationszyklen. Doch lassen sich Nutzerirritationen verringern, und dies kann einen entscheidenden Wettbewerbsvorteil bedeuten. Interface-Analysen können den Grad der Fremdheit ermitteln und auf Erfolg versprechende Gestaltungsstrategien hinweisen. Dabei besteht die Chance, eine »Zähmung« technischer Innovationen durch nutzerfreundliche Interfaces und entsprechende Produktkonzeptionen als Teil der Markenstrategie zu entwickeln. Denn neue Technologie fordert die Benutzer jedes Mal aufs Neue heraus. Mit jeder neuen Technologie muss der Nutzer aufs Neue entscheiden, was sie für ihn bedeutet.

Neue Technologien können zu neuen Produkten führen. Bei einigen Entwicklungen ist zu erkennen, wofür sie einmal Verwendung finden sollen. Andere Technologien sind noch in Entwicklungsstadien, bei denen noch nicht auszumachen ist, zu welcher Art Produkte sie einmal führen könnten. Entscheidend zum Erfolg wird beitragen, wie gut sie verstanden werden.

Technologie-kombinationen

Ob man an Ubiquitous Computing denkt, an Haushaltsroboter, Biometrie, Virtual Reality, Mobiles Internet oder neue Arten der Energieversorgung für mobile Geräte: In jedem dieser Innovationsfelder können sich neue Produkte verbergen. Welche Rolle kann diese oder jene Technologie im Unternehmen spielen? Welche Synergien sind möglich? Wenn sich Unternehmen wie Amazon oder Dell diese Fragen nicht gestellt hätten, gäbe es sie heute nicht.

Darüber hinaus ermöglicht die Kombination von getrennt voneinander entwickelten Technologien völlig neuartige Produkte. Solche Technologiekombinationen stellen eine große Herausforderung auch für das Design dar. Im Folgenden einige Beispiele solcher Kombinationen, die umwälzende Neuerungen nach sich zogen:

▶ Benzinmotor + Kutsche + Asphaltstraßen => Automobilisierung
▶ Telefonnetz + PC => Internet
▶ Lasertechnik + Digital Audio => Compact Disc (CD)

- Funknetz + Mikrochips => Mobiltelefonie
- Internet + MP3 => Napster

Abbildung 6.1 Benz Victoria, 1893, Produktgestalt im Übergang: die Liaison von Kutschen- und Motorenbau (Bildquelle: DaimlerChrysler, Konzernarchiv)

Auch in Zukunft sind neue Kombinationen von Technologien zu erwarten, die zu völlig neuen, ungeahnten Anwendungen führen können. Man denke an:

- Nanotechnologie + Internet => ?
- Gentechnologie + Wireless Communication => ?
- Hirnforschung + Gerätesteuerung => ?
- Sensortechnologie + Internet + Satellitensysteme => ?

Kombinieren Sie selbst!

Genauso können es aber auch Kombinationen von »Low«-Tech mit »High«-Tech sein, die Produkte mit speziellem Gebrauchsnutzen ermöglichen, beispielsweise Notebooks mit autonomer Stromversorgung durch handbetriebenen Dynamo.

Mikroelektronisierung, komplexe Dienstleistungsangebote und hybride Produkte führen dazu, dass immer mehr Produkte zu »Black Boxes« werden, deren Sinn durch Interface Design erst transparent gemacht werden muss. Kommunikation verläuft dabei über indirekte Wege: Produktdesign gestaltet die Bedingungen von Kommunikation: Interface Design vermittelt. Und Vermittlung ist die zentrale Aufgabe in der vernetzten Ökonomie. Letztendlich schafft Design in der Gestaltung konkreter Interfaces die Kommunikation zu allen Stakeholdern eines Unternehmens und ermöglicht damit das Markenerlebnis.

Die Qualität bei der Handhabung von Produkten ist von der Strukturierung und Darstellung ihrer Funktionen bzw. Inhalte abhängig. Dabei prägt die Art und Weise, wie die Nutzbarmachung von Produkten geschieht, das Markenbild. Dies im selben Maße, wie zwangsläufig immer neue, bisher nicht bekannte Interfaces entwickelt werden, um die Bedienung der neuen Produkte zu ermöglichen. Das World Wide Web hat dies im Ansatz gezeigt. Die Gestaltung einfacher Interfaces für komplexe Produkte und die damit zusammenhängende Markenbildung wird in Zukunft noch mehr an Bedeutung gewinnen.

Produktinnovation Usability ist kein absolut messbares Kriterium, sondern ist auch von Gewohnheiten und vom jeweiligen Vorwissen der Rezipienten bzw. Benutzer abhängig. Darum ist es wichtig herauszufinden, wie Innovationen als Produkte präsentiert werden können, um Marktchancen nutzen zu können. »Most advanced, yet acceptable« – so lautet die Formel, um Produktinnovationen marktfähig zu machen. Um den Akzeptanzbereich zu lokalisieren, eignen sich die Methoden der Interface-Analyse. Die Antizipation was Kunden zukünftig zuzumuten ist, ist Teil der Aufgabe des Interface Designs. Um diese Antizipation wirksam leisten zu können, muss Design für die Entwicklung von Lösungen die Ergebnisse der Usability-Tests und der Markenanalyse interpretieren können. Anwenderorientiertes Design ist dabei ein viel versprechender Weg, der dem unternehmerischen Tun darüber hinaus einen sozialen Sinn gibt: für sich selbst und für die Gesellschaft.

Auch wenn viele Produktinnovationen oftmals technologiegetrieben erscheinen – wenn der Fokus bei der Entwicklung von Produkten weniger auf der Technologie liegt, sondern vielmehr auf dem konkreten Anwendungskontext der Kunden, treten Szenarien zutage, die völlig neue Produktideen ermöglichen. So ist z.B. das Mobilitätskonzept der Schweizer Car-Sharing-Genossenschaft (www.mobility.ch) die Konsequenz aus der Einsicht, dass nicht der

Besitz eines Autos Mobilität garantiert, sondern dass die Nutzungsmöglichkeit durch flexiblen Zugriff auf unterschiedliche Fahrzeugarten an unterschiedlichen Standorten entscheidend ist, und dass dabei die Kombination mit dem öffentlichen Verkehr oft sinnvoll ist.

Der Erfolg einer solchen Produktidee steht und fällt aber wieder mit dem Design der Details. Wie kann ich feststellen, wo der nächste freie Wagen steht? Wie kann ich den Wagen buchen? Wie kann ich den Wagen aufschließen? Die konkreten Lösungen der Details wirken entweder als Barrieren oder aber sie werden zu Katalysatoren des Erfolgs solcher Dienstleistungen. Im Fall von Mobility wurde die Gebrauchsqualität durch ein Online-Buchungssystem erhöht, bei dem via Callcenter oder Internet eine SMS an den Bordcomputer des reservierten Fahrzeugs gesendet wird und so der Zugang für den, der gebucht hat, mittels Chipkarte freigegeben wird. So ist es nun möglich, 24 Stunden an 7 Tagen der Woche innerhalb weniger Minuten ein Fahrzeug aus dem umfangreichen Pool nutzen zu können. Die Chipkarte des Kunden ist somit der Schlüssel für rund 2000 Fahrzeuge, und mit ihr wird auch das Benzin bezahlt.

Vieles spricht dafür, dass Interface Design – in der beschriebenen Weise verstanden – zukünftig einen immer größeren Stellenwert gleichermaßen bei der Produktentwicklung und beim Marketing einnehmen wird. Strategisches Management, das eine bewusste Integration von Interface Design versäumt, verschenkt Chancen für den Unternehmenserfolg.

Interface-Management stellt deshalb eine große Herausforderung dar. Integration aller Interfaces bedeutet, sämtliche Berührungspunkte von Unternehmen mit Kunden als Interfaces zu verstehen und diese gesamtheitlich zu steuern bzw. zu gestalten. Design hat strategischen Wert und sollte insofern fester Bestandteil der Unternehmensstrategie sein.[2] Denn das Unternehmens- und Markenimage in den Köpfen der Stakeholder ist der größte Wert, auf den ein Unternehmen in Zukunft aufbauen kann. Im Zeitalter der

---

2 Wenn man dadurch Interface Design zur »Chefsache« erklärt, darf dies allerdings nicht so verstanden werden, dass der Chef sich dann als Chefdesigner betätigt – das geht in aller Regel schief. Es ist vielmehr das strategische Potenzial des Designs, das die Unternehmensführung nicht aus den Augen verlieren sollte. Dies sollte sich auch in der Finanzplanung niederschlagen und im Stellenwert, der dem Design beigemessen wird.

Unüberschaubarkeit werden Marken zur Orientierungshilfe. Ihr Image kann umso mehr gestärkt werden, je konsistenter es sich über alle Interfaces darstellt. Da Marken sich zunehmend interaktiv präsentieren und sich ihre Qualität dabei im Gebrauch offenbart, muss diesen interaktiven Interfaces große Bedeutung zugemessen werden.

Doch wenn das entsprechende Design-Know-how auf strategischer Ebene fehlt, ist qualifizierte Beratung dringend angeraten, denn sonst kommt es zu der klassischen Situation, in der der zufällige Geschmack einer – wenn auch gutwilligen – Einzelperson einen sinnvollen Entwicklungsprozess unterläuft.

Interface-Management ist die Unternehmensaufgabe der Zukunft. Kennzeichnend für das Interface-Management wird es sein, dass hier Gebrauchswert und Markenwert zusammengedacht werden. Designdenken und Marketingdenken fließen hier gleichermaßen ein. Interdisziplinäre Qualifikationen und Erfahrungen sind gefragt. Denn Branding und Usability sind nicht zu trennen.

Anhang

A Branding und Usability – ein Gespräch

»Einen BMW auf die Straße stellen zu können, ist eben Markenkommunikation vom Feinsten. Streng genommen braucht man ansonsten gar nicht mehr viel zu machen.«
Jürgen Häusler

Agenturen, die Dienstleistungen in den Bereichen Corporate Identity und Corporate Design anbieten, haben einen breiten Anspruch. Denn Corporate-Identity-Beratung ist implizit auch strategische Beratung. Um das Zusammenspiel zwischen Strategie und Design in der Praxis zu beleuchten, liegt es nahe, einen Blick in die Agenturpraxis zu werfen. Wie stellt sich für die Agenturen das Verhältnis von Branding und Usability dar? Eine der renommiertesten Corporate-Identity-Firmen ist Interbrand Zintzmeyer & Lux. Alexandre Robert traf im Juni 2002 ihren CEO, Dr. Jürgen Häusler, in Zürich zu einem Interview.

A.R.: Was fällt Ihnen zu Usability ein?

J.H.: Da fallen mir zwei Dinge ein: Streng genommen ist Usability einerseits eine Banalität – zumindest die guten Designer haben schon immer gesagt, Usability sei relevant. Im Interactive-Bereich ist mir andererseits aufgefallen, dass Usability sehr oft das absolut dominante Kriterium in der Arbeit ist. Derjenige, der die Usability testet muss die Marke nicht kennen, muss den Kunden nicht kennen, muss nicht wissen, was das Unternehmen strategisch will. Er testet die Usability und sagt uns dann: Das Grüne ist besser als das Blaue, weil der Nutzer eben schneller das Grüne richtig erkannt hat als das Blaue.

Ich kenne keine Marke auf dieser Welt, deren Manager verlangen würden, etwas schwer benutzbar zu machen, damit es dann einer bestimmten Markenpersönlichkeit entspricht. Das könnte ich mir abstrakt vielleicht noch bei der einen oder anderen Luxusuhr vorstellen. Da muss man nicht auf einen Blick sehen können, wie spät es ist. Wenn ich mir so eine Uhr leisten kann, dann geht es nicht mehr um die Zeit.

Aber das sind Extremfälle. Ansonsten würde ich sagen, dass Usability zum normalen Handwerkszeug gehört. Hinter den zweiten Fall, wenn also die Usabilty das entscheidende Gestaltungskriterium ist, möchte ich ein großes Fragezeichen machen. Denn rein logisch führt das dazu, dass die Benutzbarkeit definiert, wie etwas aussieht. Dann allerdings brauche ich keine Marke mehr, denn eine Marke muss unterscheiden.

Der Spaß an der Diskussion fängt also eigentlich erst nach der Usability an. Nehmen wir mal an, wir haben die Usability erfüllt. Die Frage ist doch vielmehr, wie erfüllen wir sie so, dass man merkt, dass das jetzt die Usability à la Rolls-Royce ist – wenn dann z. B. die Tür von alleine aufgeht, sobald man vor dem Wagen steht. Oder wenn beim Fiat Uno etwa die Tür deshalb leicht aufgeht, weil man sofort sieht, wo der Griff ist und wie er funktioniert – und man denkt: typisch Fiat.

Das zeigt, dass aus Ihrer Erfahrung Branding und Usability getrennt betrachtet werden, dass es da kein Zusammenfließen gibt.

Nicht nur getrennt gesehen, sondern es wird tendenziell sogar gegeneinander gestellt. Ich bin sicher, dass bei vielen Entscheidungen im Interactive-Bereich Usability überbewertet wird.

Im klassischen Industriedesign ist das Thema Usability eigentlich immer selbstverständlich. Es geht darum, dass die Dinge bedienbar sind, dass ich mir als Nutzer, zumindest bei technischen Geräten, so wenig Handbuch wie möglich aufhalsen muss.

Oder sagen wir genereller: nicht nur Bedienbarkeit, sondern Nutzbarkeit. Wie löst eine Marke ein Problem? Nehmen Sie Produktdesign oder nehmen Sie Grafikdesign. Da vermuten wir relativ schnell zu wissen, welches Foto zu Marlboro passt und welches zu Camel. Welche Farbe gehört der einen Marke, welche Farbe gehört der anderen? Wie sieht ein BMW aus gegenüber einem Mercedes? Da machen wir uns viele Gedanken bzw. haben auch schon einen Erfahrungsschatz an Wahrnehmung.

Mein Hauptproblem besteht darin, dass ich im Moment noch niemanden getroffen habe, der sich eine Website ansieht und dann sofort weiß, zu welchem Unternehmen sie gehört – es sei denn, er sieht das Logo oder eine Markenfarbe oder die Markenschrift, die so prägnant ist. Aber die funktionalen Elemente oder die Art, wie eine Website dem Nutzer seinen Nutzen präsentiert, das ist bislang weder typisch BMW noch typisch Mercedes. Es ist natürlich auch unerhört schwierig. Es kann sogar sein, dass dies prinzipiell nicht erfüllbar ist. Dann aber hätten wir Branding-Experten ein Riesenproblem. Wenn sich immer mehr im Internet abspielt, dann wird es immer schwieriger, markentypische Gestaltung zu machen.

Das heißt, im Moment ist für Sie der Begriff Usability eher negativ belegt, weil er zu Standards führt, die eigentlich selbstverständlich wären und wenig Spielraum bietet für z.B. markenspezifische Navigationsweisen?

Also ich übertreibe jetzt mal ein bisschen. Für mich ist im Moment ein Zustand erreicht, in dem – übertragen auf den Autobereich – der Sicherheitsingenieur bei BMW bestimmen würde, wie die Autos aussehen. Ich bin mir ganz sicher, dass ein Sicherheitsingenieur bei BMW viel zu sagen hat, denn es gibt sicher viele funktionale Dinge, die ins Produktdesign, oder genereller, in den Auftritt eines Unternehmens integriert werden müssen. Nur, wenn die Ingenieure bestimmen würden, wie der Auftritt eines Unternehmens bzw. seiner Produkte am Schluss aussieht, dann haben wir jedenfalls den wichtigsten Teil unserer Arbeit nicht erfüllt.

Die Frage ist also, wie man differenzieren kann.

Ja, wie kann ich differenzieren. Das ist ja fast nicht zitierfähig, weil es den Konsumenten vom autonomen Subjekt zum fremd gesteuerten Objekt degradiert: Wie kriege ich den Konsumenten dazu, dass er dieses Wasser stehen lässt und Pellegrino nimmt, weil er denkt, das schmeckt besser. Warum er bereit ist, für dieses Wasser einen Franken zu bezahlen und für Pellegrino sieben Franken. Das hat doch nichts mit dem Wasser zu tun.

Wenn ich jetzt mal Websites mit Wasser vergleiche: Ich stelle Ihnen ein Glas Wasser hin und schreibe drauf »enthält 10% Gift«, und daneben stelle ich Ihnen eines hin, auf dem steht »sehr gesund«. Es würde doch niemanden wundern, wenn Sie zum zweiten Glas greifen. Auf dieser Ebene bewegen wir uns beim Webdesign doch noch manchmal.

Beim Wasser hat sich eben erst einmal ein gewisser Standard etabliert, wie so eine Flasche samt Inhalt beschaffen ist und wie man sie nutzt. Und erst dann haben sich markenspezifische Differenzierungen ausgebildet. **Könnte es denn nicht auch sein, dass das bei Websites und bei interaktiven Anwendungen und Menüsteuerungen von Geräten genauso passiert?**

Der Klassiker in der Technikgeschichte ist die Tastatur der Schreibmaschine: QWERTY. Die Entwickler dieses Systems haben den Standard gesetzt, weil sie schneller waren und weil sie ein bisschen intelligenter waren. Die haben vernetzt gedacht, haben sich nicht um die Technik gekümmert, sondern haben die Typistinnen ausgebildet. Also gab es mit der Zeit einfach mehr Typistinnen, die QWERTY konnten. Jedenfalls denkt heute keiner mehr über QWERTY nach. Das mit der Usability hat seine Grenzen – wollen wir mal einen Usability-Test mit QWERTY machen? Denn nach allem, was ich weiß, ist das eine der ungeschicktesten Lösungen für das Problem der Tastatur. Doch das ist erledigt.

Das heißt aber auch, dass die Usability sich immer weiter verändert, dass sie sich auch mit dem Lernniveau der Leute und deren Erfahrungshintergrund weiterentwickelt. Wenn alle QWERTY kennen, dann ist es nun einmal im Moment der Erfahrungsraum, auf den sie zurückgreifen – im wahrsten Sinne des Wortes – und die Tastatur ist somit schlicht einfacher zu bedienen, als wenn man das System jetzt wieder verändern würde.

Korrekt. Das finde ich ein ganz spannendes Phänomen. Wir hatten eingangs diskutiert: Usability versus Marke. Das ist eine Herausforderung. Die zweite Frage, die mich sehr fasziniert, ist, Usability sozial bzw. gesellschaftlich zu verstehen. Um Ihnen ein konkretes Beispiel zu geben: Wir haben beim Redesign von T-Online gesagt: Lasst uns doch mal über eine contentgetriebene Website nachdenken, und zwar nicht wie üblich mit Internet-Hintergrund, sondern mit einem bekannten Medien-Hintergrund: Welche Gewohnheiten haben Menschen, wenn sie Content konsumieren?

Sich anzusehen, wie eine Zeitung funktioniert, ist für die Usability einer contentgetriebenen Website genauso relevant, wie hundert 18-jährige Hacker zu fragen, wie eine Website zu funktionieren hat. Wenn eine Content-Seite wie T-Online auf den Massenmarkt geht, dann habe ich es irgendwann nicht mehr mit dem Erfahrungshintergrund »Internet« zu tun. Zumindest wenn man auch z. B. meine Mutter als Nutzer gewinnen will – und die war es eben 80 Jahre lang gewohnt, Zeitung zu lesen. Das ist ihr Erfahrungshintergrund.

Ich will gar nicht sagen, dass wir damit Recht haben. Sondern ich behaupte, dass man sich ernsthaft fragen muss: Wie sieht denn die Einstiegsseite einer contentgetriebenen Website aus? Lehnt sie sich an eine Zeitung an? Normalerweise will die Titelseite eines Inhaltsteils mich fangen, sie will mir irgendwas sagen, damit ich das Ding in die Hand nehme, damit ich weiterblättere. Da haben sie links einen Marginalteil, der sortiert – natürlich brauchen wir das, das ist ja kein Gegensatz. Also haben wir die Titelseite voller gemacht mit Content, als uns jeder usability-orientierte Mensch geraten hat. Doch daran kann man spüren, dass Diskussionen nötig sind, um den Begriff Usability zu relativieren.

Aus dem orthodoxen Usability-Bereich sind also nicht unbedingt Innovationen zu erwarten ...

Auch nicht von Ingroups, meinem momentanen Feindbild. Da sitzen Internetfreaks, die mir sagen, wie etwas zu funktionieren hat. Es ist ja auch nicht so, dass sie keine Argumente haben, sie haben ja Recht. Aber ich kann doch keinen VW Golf so bauen, wie ein Michael Schumacher ihn bräuchte oder gut fände. Für die Formel 1 ist der Michael Schumacher der Standard, aber wenn ich meinem Cousin ein Auto verkaufen will, muss es andere Eigenschaften haben ...

Das spricht ja auch wieder dafür, dass man bereits in frühen Entwicklungsstadien Usability-Tests macht, und zwar mit den Leuten, die das Produkt dann auch benutzen sollen ...

So, jetzt werde ich noch radikaler: Sie haben sicher Recht, aber wenn ich Ihnen sage, dass Sie Recht haben, dann ist das ja nicht spannend. Wenn Sie in diese Entwicklungsphase kommen, wenn Sie also den gröbsten Unfug beseitigt und die Funktionalität einigermaßen im Griff haben, und Sie gehen jetzt in den Massenmarkt, dann gibt es irgendwann den Punkt – und das ist ein fundamentales Problem für uns – wo nicht der Nutzer mir sagt, wie ich es machen muss, sondern ich dem Nutzer sage, wie er es machen muss.

»Wir müssen mehr auf den Kunden hören!« Je öfter wir das hören, desto mehr ärgert es uns und desto mehr bin ich davon überzeugt, dass man auch einmal die Gegenposition einnehmen muss: Eigentlich haben schon immer die großen Marken den Kunden gesagt, wie sie es zu machen haben.

Die gängige Sichtweise über den Grund für den großen Erfolg von Apple ist, dass die Produkte immer genau das geliefert haben, was die Kunden wollten. Ich würde das gerne einmal historisch untersuchen. Ich würde behaupten, dass der große Erfolg von Apple darin besteht, Lösungen für Probleme anzubieten, von deren Existenz der Kunde noch gar nichts bemerkt hat. Keine Ahnung, wie Steve Jobs oder seine Kollegen das gemacht haben. Apple setzt heute den Standard für nutzergerechtes Computing, obwohl sich die Nutzer auf die Lösungen eingestellt haben, und nicht umgekehrt.

Wenn das heute noch der Standard ist ...

Landläufig schon, schlagen Sie irgendein Buch auf: Macintosh als Marke lebt ja sozusagen davon, das ist ja das Interessante. Mich interessiert da letztendlich nicht, was »wahr« ist – schwarz-weiß gesehen – sondern was wahrgenommen wird. Dass Apple dieses Image hat und auch den Standard setzt, dass man heute sagt, Microsoft muss in diesem Punkt Apple nachahmen, das hat nichts damit zu tun, dass Steve Jobs Kunden befragt hat, sondern er hat es genau umgekehrt gemacht: Er hat den Kunden gesagt, wie sie es machen sollen.

Inwieweit spielt Marktforschung eine Rolle, wenn Sie Entwicklungen für Marken machen?

Da gilt das Gleiche wie bei der Usability. Ich glaube, Marktforschung hat eine selbstverständliche, aber dann auch banale Rolle, im Sinne von: Lassen Sie uns doch feststellen, was wir gemacht haben bzw. was sagen die Leute zu dem, was wir gemacht haben. Geben Sie den Leuten Alternativen, dann können sie Präferenzen äußern. Das ist nur logisch, das ist ganz banal. Das Phänomen, dass Unternehmen nichts mehr selbst entscheiden, sondern die Marktforschung entscheiden lassen, nimmt aber zu. Wir haben manchmal absolut absurde Diskussionen, wenn wir zwei Logos auf den Tisch legen und jemand sich nicht entscheiden will: Dann machen wir Marktforschung und dann kommt heraus, dass die eine Variante von 49 Prozent präferiert wird, die andere von 51 Prozent. Nun, dann nehmen wir die zweite Variante.

Das ist aber nur eine Verlagerung von Verantwortung. Eine der markenmäßig erfolgreichsten Entwicklungen der letzten Jahre – die wunderbar hässliche Farbe Magenta für die Deutsche Telekom – hätte keinen Markttest dieser Welt überstanden, 1990 wäre das absolut durchgefallen.

1990 war Magenta gleich Kosmetik, gleich Frau, gleich Baby, gleich Lollipop usw. Da haben wir gesagt: Eine Riesenchance, die Farbe positionieren wir um, wir machen daraus eine Hightech-Farbe. Zehn Jahre später kann jetzt jeder sagen: okay, toller Erfolg, glasklar. Aber ich kann Ihnen die Person nennen, die das letztendlich entschieden hat: Das war keine Marktforschung. Das war ein mutiger Mensch, und der hat die Argumente verstanden: Erstens ist es eine Farbe, die noch kein anderer hat – dies ist für eine Marke doch die entscheidende Frage. Zweitens hatten wir sogar gesagt, diese Farbe sei falsch belegt.

Mehr braucht es da nicht. Keiner hat gesagt, die Farbe gefalle ihm gut. Damals haben wir tatsächlich keinen gefunden, dem es gut gefallen hätte. Insofern war das einfach eine mutige Entscheidung. Wir könnten auch heute dasitzen und sagen: dumm gelaufen, hat nicht geklappt.

Die Nutzer bringen nicht die Innovationen, aber man sollte sie trotzdem bei der Entwicklung komplexer Produkte, bei denen Bedienbarkeit eine Rolle spielt, mit einbeziehen ...

Da gibt es drei Fragen. Zunächst die handwerkliche, die wir beachten sollten. Es ist sehr ungeschickt, wenn wir ein Auto bauen, das niemand fahren kann.

Die zweite Frage ist die nach der Vision. Wenn ich in einer Branche einen Standard verändere, dann muss ich eine Stufe mutiger sein als die anderen und mich emanzipieren. Ich muss auch ein bisschen visionärer sein, im Sinne von: Wo geht die Branche hin?

Sie haben es vorhin gesagt – Usability hat immer etwas mit den Gewohnheiten zu tun. Wenn ich in einer Phase bin, wo sich Gewohnheiten ändern, ist es eben wichtig, dass ich merke, wohin sie sich verändern. Ich kann Ihnen viele Beispiele nennen, wo jemand auf den Status quo gesetzt hat, genau zu dem Zeitpunkt, als sich ein neuer Standard gerade entwickelt hat. Der Nutzer wird via Marktforschung immer raten: Bleib beim Status quo! Befragungen können nur die Vergangenheit bis zum Status quo abfragen. Deswegen frage ich dann nicht mehr: »Wie gefällt Ihnen das?«, sondern ich sage: »Stellen Sie sich mal vor, in zwei Jahren sehen die Geräte so aus oder sie sehen so aus.« Und dann lassen wir sie mit diesen Ideen spielen.

Weiterhin müssen wir aber noch eine dritte Frage bedenken, nämlich: Was passiert in der Zukunft? Und das ist für mich der »Fall« Magenta. Es konnte sich 1990 kein Mensch vorstellen, dass diese Farbe für Technik steht. Und heutzutage nehmen Compaq oder Siemens Magenta als Farbe für Computing bzw. mobile Kommunikation. Das hat aber auch acht Jahre gebraucht. Wir haben ein Stück weit die Welt verändert mit dem, was wir damals gemacht haben. Wir haben daran geglaubt, und jetzt können wir wieder Marktforschung betreiben. Und interessanterweise sagen die Leute jetzt: Ja, ich glaube, Magenta ist Telekommunikation.

War das damals ein schwieriger Prozess, das im Unternehmen durchzusetzen?

Sicher. Ich wage mal eine These: Unter heutigen Bedingungen – und damit meine ich die Bedeutung von Marktforschung im Ganzen oder die Bedeutung des Sich-Absicherns – wäre das in der Regel nicht mehr durchsetzbar.

Und ein großer Teil der Kommunikationsbranche versteht Professionalisierung als ein Mehr an Marktbefragung, ein Mehr an Marktforschung, ein Mehr an wissenschaftlichen Tests. So, und in diese Kiste stecke ich jetzt eben auch die Usability. Und das ist natürlich nicht fair.

Usability- und Marktforschung stellen eher den Ist-Zustand fest und blicken nur wenig in die nähere Zukunft. Innovationen werden dadurch nicht geboren.

Ja, oder positiver formuliert: Usability- und Marktforschung sollten sich viel mehr anstrengen, Situationen zu schaffen, in denen sie berücksichtigen können, wie der Mensch sich weiterentwickelt, wenn sich Dinge um ihn herum verändern. Denn darum geht es eigentlich. Und diese Situation kriegen Sie nicht hin, wenn Sie ein Blatt Papier auf den Tisch legen. Das ist nicht die reale Situation, in der wir uns entscheiden. Wir entscheiden uns als Gruppenmitglieder, das ist ein soziales Phänomen.

An sich beschäftigen Sie sich ja bei der Bildung von Corporate Identity und Corporate Design nicht in erster Linie mit dem Produkt selbst. Inwieweit beraten Sie die Unternehmen bei der Entwicklung der Produkte? Wie funktioniert da die Zusammenarbeit?

Abstrakt haben wir die Vorstellung, dass wir eigentlich jeden Punkt des Kontaktes zwischen einer Marke und einem Konsumenten an der Markenpersönlichkeit ausrichten, wie wir sie uns vorstellen. Und diese Punkte können die unterschiedlichsten Dinge sein. Wir nennen das Erlebniskette. Jetzt muss man zunächst unterscheiden, was das Produkt eines Unternehmens ist. Eine Dienstleistung ist an diesem Punkt eben etwas anderes als ein Auto. Ein Nahrungsmittel ist etwas anderes als eine komplexe Telekommunikationsdienstleistung.

Wir können im Moment nur über haptisch erfahrbare Produkte reden, um Ihre Frage zu beantworten. Da glaube ich zunächst, dass es ein Riesenvorteil ist, wenn man so ein haptisch erfahrbares Produkt hat. Einen BMW auf die Straße stellen zu können ist eben Markenkommunikation vom Feinsten. Streng genommen braucht man sonst gar nicht mehr viel zu machen. Also eigentlich ist es ein Vorteil.

Umgekehrt würde ich sagen – das ist zumindest unsere Erfahrung – dass es in der Regel nicht so verstanden wird, sondern dass Produktdesign sehr autonom vonstatten geht. Die einen entwickeln das Produkt und die anderen können es dann kommunizieren. Schnittflächen oder Zusammenarbeit, wie es zumindest der Mythos von Frogdesign und Apple erzählt, sind extreme Ausnahmen.

Es gibt wenige Unternehmen oder Marken, die folgendes hinkriegen: Ich nehme die Marke weg – Logo weg, Farbe weg –, und ich schaue hin und sage: That's it. Eigentlich müsste da noch eine ganze Menge an Potenzial sein. Ich persönlich könnte die Sonys und Panasonics nicht unterscheiden, wenn ich sie nebeneinander lege.

Das ist eigentlich eine gigantische Chance. Und je digitaler und komplexer die Welt wird, je virtueller sie wird, umso mehr ist es ja eine Chance, wenn ich überhaupt ein Produkt zu gestalten habe. Wir sagten zu Beginn, dass wir die markentypische Gestaltung einer digitalen Oberfläche oder einer virtuellen Welt markentypisch noch gar nicht richtig im Griff haben. Bei einer Dienstleistung haben wir schon ein gewisses Problem. Wie präsentieren wir uns denn selber, markentypisch gesehen? Was tue ich denn, damit Markenberatung à la Interbrand anders daherkommt, als Markenberatung à la Enterprise?

Ganz gut wäre es z.B., dass sie erreichbar sind. Dass man nicht ewig in Warteschlaufen hängt, schöne Musik hört, um dann wieder rauszufliegen. Oder eine Anfrage stellt und keine Antwort kriegt. Und all das passiert ja, auch bei großen Unternehmen, die vielleicht einen großen Etat haben für klassische Werbung, aber die es dort dann vernachlässigen.

Genau, wir überlegen uns: Was ist die Erlebniskette einer Marke, also was sind die Schnittflächen, wo die Marke auf den Kunden trifft? Und um die müssen wir uns kümmern – auch um Kontaktflächen, an die man normalerweise gar nicht denkt.

Amazon ist für mich das beste Beispiel. Ich kann mich noch genau erinnern, als ich da das erste Mal hingeklickt habe – das ist sicher schon fünf Jahre her, da sagten die: »Guten Tag Herr Häusler«. Da dachte ich: Donnerwetter! Oder so Ideen wie: »Sie haben die letzten Male diese Bücher gekauft, vielleicht interessiert Sie auch dieses Buch.« Das fand ich super. Das macht mein Buchhändler nicht – interessanterweise, obwohl der ja eigentlich viel »humaner« ist.

Aber wie sieht die Verpackung aus, haben Sie sich mal die Rechnung angeschaut? Finden Sie die Rechnung annähernd verständlicher als von Ihrem Energieversorgungsunternehmen? Das war doch so vor zehn Jahren immer der Helmut-Schmidt-Witz: Selbst unser Bundeskanzler versteht die Rechnungen seines Elektrizitätswerks nicht. Ich habe die Amazon-Rechnungen noch nie verstanden. Ich weiß meistens nicht, ob es der Lieferschein ist oder die Rechnung. Das müssen Sie sich mal anschauen. Oder sehen Sie sich das Paket an. Bestellen Sie ein richtig gutes Buch, und dann achten Sie auf das Erlebnis des Auspackens.

Und dann noch die beigepackten Gummibärchen. Das ist für mich die Satire des Marketings: Wir sind jetzt serviceorientiert und legen Gummibärchen bei! Und dann bestelle ich ein Reisebuch über Italien und bekomme Gummibärchen dazu. Das ist doch tiefstes Niveau.

Sehen Sie das auch so in anderen Bereichen wie Distribution, Callcenter, Dienstleistung usw.?

Natürlich gehört ein Callcenter absolut dazu. Wir haben das mit einer politischen Partei gemacht, da haben wir viel Spaß gehabt. Die Partei hatte für eine Jugendkampagne viel Geld ausgegeben und unten war immer eine Telefonnummer angegeben. Und bevor wir den Besprechungstermin mit der Partei hatten, haben wir diese Nummer ausprobiert. Das haben wir dann aufgenommen und beim Termin abgespielt. Ich habe das Telefongespräch einfach wirken lassen auf die Menschen, die dort im Meeting saßen. Die hatten irgendwann vor sechs Monaten Millionen freigegeben für die Werbekampagne. Das Ergebnis können Sie sich vielleicht vorstellen. Das Callcenter war eine nebenbeschäftige Sekretärin, halbtags ...

Das spricht doch auch dafür, dass man immer wieder zu bestimmten Zeiten die Kundensicht einnimmt und den Leuten vorhält. Denn was Sie da gemacht haben, war ja eine Art Usability-Test, auch wenn Sie das Wort so nicht mögen. Aber es war ein Test auf die Gebrauchstauglichkeit eben dieser Nummer, und zwar aus Anwendersicht.

Um was es mir geht, ist, die Kundensicht extrem einzunehmen. Aber bitte nicht den Kunden fragen und denken, der sagt mir, was er denkt. Also: Kundenbefragung ist nicht gleich Kundensicht.

Ist es nicht auch ein Teil davon?

Klar ... Ein Beispiel: Neulich in der Business Class im Transatlantikflug. Wir wollten arbeiten, das Notebook war aufgeklappt. Der Service hatte aber beschlossen, dass jetzt Essenszeit ist. Klar, irgendwann ist ja immer Essenszeit. Also haben wir noch höflich gesagt, wir hätten gerne jetzt nicht Essenszeit, wir würden unsere Arbeit gerne zuerst abschließen und anschließend essen. Da hat der Steward sinngemäß gesagt: »Is nich. Bei uns gibt es jetzt Essen und später gibt es kein Essen.« Da haben wir gesagt: »Sie wissen schon, dass wir gerade in der Business Class sitzen und nicht in der Maststation?«

In diesem Sinne bin ich für Usability. Für uns bedeutet das, an die Zukunft zu denken. Wir sagen: Jetzt denkt doch mal einen Schritt weiter, unterscheidet mal nicht in Economy und Business, sondern unterscheidet in Geschäftsreise und Tourismusreise. Ein Geschäftsreisender braucht Strom, der will arbeiten, wann er will, vielleicht kriegt der einen größeren Schreibtisch vor sich hingestellt. Vielleicht braucht der nicht so viel Alkohol, vielleicht muss der nicht ununterbrochen abgefüllt werden.

Also eher in Szenarien denken, wie man die Systeme wirklich bedient, die Dienstleistung Flug. Was will man da eigentlich machen und was stört dabei?

Richtig. Und da bin ich jetzt relativ sicher, das kriegen Sie nicht über Marktforschung hin. Da wird niemand kommen und sagen, ich finde die Klasseneinteilung nicht richtig.

Das glaube ich so auch nicht, aber wenn man mal eine Idee hat, kann man weitergehen und fragen: Was wären neue Nutzenszenarien oder Dienstleistungsklassen?

Jetzt müssen wir uns wieder geistig öffnen. Wir müssen sagen: Stellen Sie sich vor, dass in Zukunft, wenn Sie ein Businessticket lösen, alles ganz anders ist. Also den Gesprächspartner erst mal von seiner jetzigen Welt befreien, sozusagen die Festplatte leeren, neu beladen und dann sagen: Stellen Sie sich das folgendermaßen vor, ist das eine gute oder eine schlechte Idee?

Das wäre die Schnittstelle mit intelligenter Marktforschung, die versucht, strategische Optionen zu öffnen. Nicht abzufragen, was der Kunde denkt. Wir überschätzen den Kunden.

Zum Thema Corporate Identity und Corporate Design: Viele Leute benutzen beide Begriffe oft synonym. Die Begriffe werden immer wieder durcheinander gebracht und es ist nicht ganz klar, wie sie sich unterscheiden. Wie sehen Sie diesen Zusammenhang?

Ich definiere nicht Corporate Identity, sondern ich sage einfach, was ich damit meine. Ein Unternehmen oder eine Marke stehen für bestimmte Werte, für eine bestimmte inhaltliche Vorstellung. Eine Marke hat eine Persönlichkeit. Da gibt es wieder tausend Instrumente, die alle beschreiben, für was ein Unternehmen steht, als was es wahrgenommen werden möchte. Das ist der Kern der Veranstaltung. Dieser Kern der Veranstaltung hat das Problem, dass er nicht kommunizierbar ist. Ich laufe nicht wirklich den ganzen Tag als Marke herum und sage, wie ich wahrgenommen werden will. So funktioniert es ja nicht.

Sondern die Marke muss eine Übersetzung finden. Sie muss erlebbare Dinge schaffen, so dass der Mensch, die Öffentlichkeit um die Marke herum, eine Chance hat zu verstehen, was sie sein will. Dazu brauchen wir Ausdrucksformen. Materielle Erscheinungsformen nennen wir das. Und da liegt die fundamentale Bedeutung des Designs.

Ich glaube, wir müssen dazu stehen, dass die Fähigkeit, Visuelles und Haptisches zu steuern, eine geniale Fähigkeit ist, wenn es darum geht, eine Marke oder ein Unternehmen erlebbar zu machen. Das ist die besondere Fähigkeit des Designs: Markenpersönlichkeit erlebbar machen. Mit Design meine ich alle visuellen Erscheinungsformen einer Marke.

Dann gibt's einen zweiten Bereich, nämlich Sprache. Wie kommuniziert ein Unternehmen? Da meine ich weniger die Inhalte als vielmehr den Stil, die Art und Weise. Mir fallen sehr wenige Unternehmen ein, die es hinkriegen, einen eigenen Sprachstil zu entwickeln.

Ich bin begeistert von Sixt, was diesen Punkt angeht. Die haben es meiner Meinung nach hingekriegt. Die Sixt-Plakate sind eines der Dinge, auf die ich mich hin und wieder freue, wenn ich am Flughafen ankomme. Auf was sind sie jetzt wieder gekommen? Das ist ein eigener Stil, das ist eine Marke. Allein das so lange durchzuhalten, zu dieser Idee zu stehen, ist bemerkenswert.

Die dritte Form wäre für mich Verhalten. Wie benehmen wir uns als Marke? Sie haben vorhin Beispiele genannt, Callcenter, Warteschleifen usw. Das ist wahrscheinlich letztlich sogar eines der wichtigsten Dinge. Wobei Veränderungen im Verhalten immer auch über die anderen genannten Dimensionen gesteuert werden können.

Über Design dann eigentlich. Verhalten wird über das Design geprägt?

Deswegen überlappt sich das so. Vor vielen Jahren haben wir bei BMW gesagt, wir wollen die Werkstatt nicht trennen vom Showroom. Wir wollten die Trennung auflösen. Inzwischen ist das durchgesetzt. Die Industrie macht es mittlerweile überall so. Sie geben nicht 60 000 Euro aus und dann verschwindet ihr Wagen irgendwo da hinten. Und dann, wenn Sie zu Ihrem Wagen in die Werkstatt möchten, fliegen Sie da raus. Wir haben gesagt: wir brauchen a) eine Glaswand, b) einen sauberen Boden – ich will da nicht rein, wenn das Öl über meine teuren Schuhe schwappt – und c) der Automechaniker zieht einen weißen Anzug an.

Hat er das bei BMW?

Ich weiß nicht, ob es heute noch so ist. Also hell, sagen wir mal. Dann haben die natürlich gesagt, das sei jetzt klassisch CI-Agentur: von nichts eine Ahnung. Bei uns geht es zu wie im Krieg, da spritzt das Öl rum, was glaubt ihr eigentlich? Das hat aber dann irgendjemand ganz mutig durchgesetzt. Und was ist passiert? Die Menschen mussten ihr Verhalten ändern. Hätten wir da einen Usability-Test gemacht – aus Mechanikersicht –, dann wäre dabei herausgekommen, dass das Schwachsinn ist.

Und heute sehen Sie bei BMW erstens Ihr Auto, zweitens können Sie in die Werkstatt hineinlaufen und drittens, wenn Sie den Mechaniker fragen, was mit ihrem »Baby« los ist, blökt er dann nicht da unten raus »Hab keine Zeit«, sondern er erklärt Ihnen, was mit ihrem »Baby« los ist.

Corporate Design, Wording – also die Begriffswelt – und dann auch das Verhalten. Das sind die drei Bereiche?

Und der vierte sind die Strukturen. Mit Strukturen meinen wir z. B. Hierarchien. Eine Marke tritt ja auch mit Mitarbeitern oder potenziellen Mitarbeitern in Kontakt. Und da habe ich ein Problem, wenn ich sage »Wir sind ein ganz flexibler Arbeitgeber«, und auf dem Organigramm sieht es eher aus wie beim Militär. Also, Organigramme sind Markenkommunikation, sind Strukturen. Vielleicht wird dies auch klarer, wenn Sie an Markenarchitekturen denken. BMW 3er, 5er, 7er, das ist eine andere Struktur als bei General Motors mit vielen Namen, die keine Beziehungen zueinander haben.

Das ist eine strukturelle Entscheidung, die aber auch etwas mit Markenkommunikation zu tun hat. Nehmen Sie eine Visitenkarte. Manchmal steht da drunter, was für eine Funktion jemand hat, dann sehe ich Strukturen.

Also Dinge, die klassischerweise von Unternehmensberatungen gemacht werden, nämlich Strukturierung und Organisation, die sehr wirksam für die Corporate Identity sind. Oft ist es aber doch so, dass in diesen Beratungsfeldern den Unternehmensberatungen einfach mehr zugetraut wird. Wie sehen Sie das?

Zunächst einmal würde ich die Arbeitsteilung sehr stark respektieren. Wir tun nur das, was wir gut können. Obwohl wir im Unternehmen natürlich Unternehmensberater haben. Wir stellen sie aber nicht deshalb ein, weil wir das machen wollen, sondern weil wir es verstehen müssen.

Sie müssen kommunikationsfähig sein ...

Wir müssen kommunikationsfähig sein, Punkt eins. Punkt zwei ist, dass die Unternehmensberatungen meinen, sie könnten das, was wir können, genauso gut – um dann aber zu dilettieren. Das geht dann fast immer zu unseren Gunsten aus.

Noch ein dritter Punkt, ein wichtiger Punkt, wo wir aggressiv sein müssen: Wenn die Unternehmensberater tatsächlich anfangen, in unseren Bereich zu drängen und behaupten, mit ihrem organisatorischen Wissen können sie auch in unseren Bereich gehen, dann dürfen wir nicht zugucken, was unsere Branche leider oft tut. Dann müssen wir dagegenhalten und unser Terrain verteidigen.

Sie sagen CI ist ein Prozess, der nicht als kurzzeitiges Projekt angegangen werden darf, sondern eine langfristige Betreuung braucht.

Das kann ich nur dreimal unterstreichen. Das ist unser Glaubensbekenntnis.

Das heißt, für CI ist eigentlich das Entscheidende eine Kontinuität über alle Kontaktpunkte?

Auf den Punkt gebracht haben wir für uns das Bild in drei Begriffen. Der erste ist »Fokussieren«. Wir müssen uns immer wieder auf das Wichtige konzentrieren, ohne dass es engstirnig wird. Wenn wir immer das Gleiche erzählen, haben wir ein Problem. Das Kriterium ist aber nicht, möglichst viele tolle Ideen zu haben, sondern immer wieder das Wichtige herauszufinden.

Der Zweite ist »Homogenisieren«. Wir müssen es hinkriegen, dass wir die beschlossenen Nachrichten über alle Bereiche hinweg einigermaßen homogen gestalten, ohne dass es langweilig wird. Homogen kann auch heißen: gezielt divergent. Ich fand das relativ genial, dass Rosenthal mal eine Produktpolitik hatte, dass nichts aussah wie das andere, aber immer alles das gleiche Niveau hatte, also immer Topdesign war. Homogenität sieht nicht immer gleich aus, sondern Homogenität heißt für uns immer Topdesign. Homogenität hat nichts mit Einheitlichkeit zu tun. Homogenität ist der zweite Begriff und das sind beides natürlich auf den ersten Blick paradoxe Definitionen von Kreativität.

Der dritte Begriff ist noch schlimmer: »Penetrieren«. Richtig gewinnen können wir ja nur, wenn wir etwas durchsetzen. Es nützt nichts, ein Feuerwerk zu zünden. Es ist natürlich toll, solange wir hochgucken. Nur wenn das Feuerwerk vorbei ist, ist es wieder Nacht.

Erfüllt ist die Aufgabe erst, wenn es dann auch begriffen ist. Und daran scheitert es oft. Das hat etwas mit Langfristigkeit zu tun und mit Durchhalten, daran scheitern die meisten Marken. Allein deswegen habe ich Respekt vor McDonalds oder Marlboro. Es ist eine tolle Leistung, dass Bacardi im Bereich der Akustik das so lange durchgehalten hat. Und inzwischen ist es in unserem Ohr, ohne jeden Zweifel. Dies ununterbrochen gegen die Kritiker durchzusetzen ist die wirkliche Herausforderung.

Weniger formale Homogenität, sondern Kontinuität der Gedankenwelt, die man vermitteln will – in verschiedenen Erscheinungsformen.

So ist es. Das ist unsere Definition von Kreativität. Wir haben vorhin Sixt genannt. Was gibt es denn Schwierigeres, als bei einer formal 100-prozentigen Identität keine Langeweile zu produzieren. Es ist immer ein Format, es ist immer die gleiche Farbwelt, es ist immer die gleiche Fotoauffassung, es ist immer die gleiche Schrift, es ist immer die gleiche Logik. Ich habe das noch nie als langweilig empfunden, überhaupt nicht. Das ist Kreativität, das ist eine wirkliche Herausforderung und das ist das, woran wir arbeiten.

Früher sagte man bei der Theorie der Corporate Identity: Man muss den Ist-Zustand zeigen und so lange wie möglich konstant vermitteln.

Das geht ja eben nicht mehr. Die Welt ist zu komplex geworden. Die Organisationen sind zu komplex. Homogenität kann nicht mehr Einheitlichkeit sein bei einem Unternehmen wie DaimlerChrysler, was heißt denn da Einheitlichkeit? Da gibt es einen Produktmanager Mercedes, einen Produktmanager Chrysler und die gehen getrennte Wege in die Wüste. Das geht eben auch nicht. Das ist ja die Gegenbewegung. Wenn Sie mal die Diskussion bei Unilever nehmen: Die sind massiv dabei, die Vielfalt zu reduzieren.

Weil sie auch wieder die Unternehmensmarke stärken wollen, aus bestimmten Gründen.

Die Unilever-Welt ist am Ende und die Erco-Welt ist am Ende. Das gibt es eben nur noch in zwei oder drei Bilderbuch-Unternehmen.

Die fundamentalste Änderung für uns ist die folgende. Früher hieß es: Wir finden nicht Identität, sondern wir finden sie nur heraus. Ein Unternehmen hat seine Identität, wir bringen sie nur an die Oberfläche.

Man ist, wie man ist. A=A.

Genau, da sag ich jetzt polemisch das Gegenteil: Wir erfinden, wir machen.

Es wird konstruiert.

Das ist auch genau der Begriff, den wir verwenden. Es läßt sich herleiten aus der Konstruktivismus-Diskussion in den Sozialwissenschaften. Realitäten werden konstruiert, die gibt es nicht. Deswegen gibt es auch nicht Marken, sondern Punkt eins: Konstruktion. Punkt zwei ist das, was Sie mit Prozessen beschreiben. Wir versuchen für uns mal den Prozess der Markenbildung als kompletten Prozess zu beschreiben. Nicht mehr als einen linearen, wo man dann so eine Feedback-Schleife hat, was ja immer noch ein linearer Prozess ist. Der hat einen Anfang und ein Ende. Das lösen wir auf und machen ein Kreismodell daraus.

Wir bezeichnen die Schritte mit »Create«, »Manage« und »Value«. Unter »Create« verstehen wir alle Arten von Kreationsprozessen, auch Organigramme, das ist auch Kreation. Das ist nicht Unternehmensberatung, sondern das ist ein kreativer Prozess. Namensgebung, also Create ist mehr als Design. »Manage« ist das, was ich vorher nannte, um was wir uns eben zu lange nicht gekümmert haben. Wie sieht eine Organisationsstruktur aus? Wir bemühen uns schließlich auch darum, finanziell nachzuweisen, warum wir eine lohnende Investition darstellen und nicht einen Kostenfaktor.

Die Marke auch als Wert für ein Unternehmen einzuschätzen ...

Das ist der dritte Teil. Die finanztechnische Seite. Wir beschäftigen inzwischen Investmentbanker. Wenn wir behaupten, Marken sind wertvoll, dann müssen wir das auch beweisen können. Die höchste Form des Beweises wäre einen Markenfonds zu machen. Also wir wollen beweisen, dass starke Marken auf Dauer mehr wert sind.

So eine Idee gab es mal beim GDI, mit »Brandspotting«, vielleicht kennen Sie das: Man setzt auf Marken wie in einer Art Börsenspiel. Es waren wohl zu wenige Teilnehmer, aber die Idee ging in diese Richtung.

Genau. Also daran sehen Sie, wir müssen gar nichts erfinden, sondern, wir müssen es nur mal versuchen zusammenzudenken: den finanztechnischen Teil, den kreativen Teil und den Managementteil. Wir sind manchmal nicht ganz sicher, ob wir es nicht Implementierung nennen müssten. Also das Ganze, worum sich normalerweise ein kreativer Mensch nicht kümmert.

Gibt es aus Ihrer Sicht eine veränderte Bedeutung von Marken aus Konsumentensicht?

Das finde ich mit die spannendste Frage, um die wir uns mehr kümmern müssen. So »in a nutshell« ist die Antwort ganz einfach. Ich glaube, ich kann behaupten, dass wir Menschen heutzutage in der komplexen Welt, in der wir leben, nicht mehr leben könnten, wenn es keine Marken gäbe. Marken haben ja so den Unterton »Verführer«. Ich glaube, wir müssen klar machen, dass das Gegenteil richtig ist.

Meine Argumentation fängt bei der klassischen Betriebswirtschaft an, die da sagt, Kunden sind rationale Menschen, die wissen, was es alles gibt auf dem vollkommen transparenten Markt. Außerdem wird angenommen, dass die Konsumenten hundertprozentig wissen, was ihre Präferenzen sind. Das ist grober Unfug. Erstens weiß ich nicht, wie viele Joghurts es auf dieser Welt gibt, zweitens habe ich nicht wirklich eine Ahnung, welchen Joghurt ich wirklich am liebsten mag oder ob ich überhaupt Joghurt mag. Wenn ich so im Supermarkt stehe und sehe zwanzig Marken ...

Der Punkt ist, wenn ich am Regal vorbeidüsen kann und meine Marke sehe, schnappe ich sie mir und bin wieder glücklich und esse wieder das, was ich vermutlich will.

Das ist ja jetzt bei Joghurt ein bisschen banal ausgedrückt, nehmen Sie Lebensversicherungen. Da wird es ein bisschen fundamentaler. Ich, Häusler, bin sehr froh, dass ich diesen Mythos habe, dass die Schweiz sicher ist und meine Lebensversicherung Swiss Life heißt und ich ein gutes Gefühl habe und nicht lange drüber nachdenken musste. So blöd zu glauben, dass das rational ist, bin ich nicht. Aber es hat mir geholfen, ich hätte sonst heute noch keine Lebensversicherung. Es war gut, es war ein einfaches Modell.

Solange der Mythos Bestand hat, ist es ja wunderbar. Die Marken dienen also als Orientierungshilfe?

Genau. Für mich ist dies das Schlüsselwort: Die Wahl ist längst nicht mehr gut für uns, sondern die Wahl ist echt zur Qual geworden.

Ich habe neulich etwas Witziges gesehen. In Holland gibt es Branddating.nl, da beschreiben sich Personen mit Marken, die sie mögen, und mit Marken, die sie eben nicht mögen, um den entsprechenden Partner zu finden, der entweder die eine oder die andere Marke mag.

Das ist ja praktisch ein Volltreffer, ich meine, wenn ich es hätte erfinden müssen, hätte ich genau das erfunden. Also der Spruch, der dazu gehört, heißt: Womit man sich identifiziert, damit wird man identifiziert. Und die Konsequenz daraus ist, dass eine Marke eine soziale Institution ist – in meinem früheren politologischen Leben hätte ich gesagt, eine Bürgerinitiative. Institutionen wie Familie und Nation spielen immer weniger eine Rolle. Traditionelle Institutionen befinden sich fast durchgängig in einer Krise. Und da nimmt die Bedeutung einer für uns neuen Art von Institution zu: der Marke. Wir definieren unsere Zusammengehörigkeit zunehmend über Marken. Marken werden vielfach unsere neuen Heimaten, unsere engsten Freunde.

B   Literatur

Agentur Bilwet. Medien-Archiv. Bensheim, Düsseldorf: Bollmann, 1993.

Beier, Markus; Gizycki, Vittoria von (Hrsg.). Usability. Nutzerfreundliches Webdesign. Heidelberg, Berlin: Springer, 2002.

Birkigt, Klaus; Stadler, Marinus M.; Funck, Hans Joachim. Corporate Identity. Grundlagen, Funktionen, Fallbeispiele. Landsberg/Lech: Verlag Moderne Industrie, 1998.

Bolz, Norbert. Die Wirtschaft des Unsichtbaren. Spiritualität – Kommunikation – Design – Wissen: Die Produktivkräfte des 21. Jahrhunderts. München: Econ, 1999.

Bonsiepe, Gui. Interface. Design neu begreifen. Mannheim: Bollmann, 1996.

Brand eins. Wirtschaftsmagazin. Heft 06/2001. Qualität. Brand eins Verlag, Hamburg, 2001.

Bruhn, Manfred; Homburg, Christian. Gabler Marketing Lexikon. Wiesbaden: Gabler, 2001.

Bruhn, Manfred; Schmidt, Siegfried J.; Tropp, Jörg. Integrierte Kommunikation in Theorie und Praxis. Wiesbaden: Gabler, 2000.

Bürdek, Bernhard E.: Design und Qualität. Aus Rede und Diskussion. Typografische Gesellschaft München, 1996.

Bürdek, Bernhard E.: Design - Geschichte, Theorie und Praxis der Produktgestaltung, Köln: DuMont, 1991.

Daldrop, Norbert W. (Hrsg.). Kompendium Corporate Identity und Corporate Design. Stuttgart: avedition, 1997.

De Bono, Edward: Simplicity. Penguin Books, 1999.

Design Report. 3/02. Identität. Stuttgart: Blue C. Verlag, 2002.

Dobiéy, Dirk, Wargin, John J. Management of Change. Kontinuierlicher Wandel in der digitalen Ökonomie. Bonn: Galileo Business, 2001.

Döring, Nicola. Sozialpsychologie des Internet. Die Bedeutung des Internet für Kommunikationsprozesse, Identitäten, soziale Beziehungen und Gruppen. Göttingen: Hofgrefe, 1999.

Durchleuchter, Ralph. Michael Schirner – Werber Verführer Künstler. Düsseldorf: Econ, 1990.

Faßler, Manfred: Was ist Kommunikation? München: Fink, 1997.

Felser, Georg. Werbe- und Konsumentenpsychologie. Stuttgart: Schäffer-Poeschel, 2001.

Foerster, Heinz von. KybernEthik. Berlin: Merve, 1993.

Form. Zeitschrift für Gestaltung. Ausgabe 1/2001. Markenstrategien: form a brand! Frankfurt, 2001.

Formatschek, Wolfgang. Erfolgreiche Marketingkonzepte. Leitfaden mit Praxisbeispielen für Industrie und Handel. Würzburg: Lexika Verlag, 1998.

Freeman, Allyn; Golden, Bob. Post-it Pampers Melitta & Co. 50 Produkte, die die Welt eroberten. St. Gallen, Zürich: Midas, 1998.

Fröbisch, Dieter; Lindner, Holger; Steffen, Thomas: Multimedia Design, München: Verlag Laterna magica, 1997.

GDI_Impuls 1.02. Einfacher, aber besser. Gottlieb Duttweiler Institut, Rüschlikon, 2002.

Gleich, Michael. Web of Life. Die Kunst vernetzt zu leben. Hamburg: Hoffmann & Campe, 2002.

Glotz, Peter. Die beschleunigte Gesellschaft. Kulturkämpfe im digitalen Kapitalismus. München: Kindler, 1999.

Gsöllpointner, Hellmuth; Hareiter, Angela; Ortner, Laurids. Design ist unsichtbar. Wien: Löcker, 1981.

Hackos, JoAnn T.; Redish, Janice C. User and Task Analysis for Interface Design. New York: Wiley, 1998.

Hammann, Peter; Erichson, Bernd. Marktforschung. Jena/Stuttgart: Gustav Fischer, 1994.

Heller, Eva. Wie Werbung wirkt: Theorien und Tatsachen. Frankfurt: Fischer, 1985.

Herbst, Dieter. Corporate Identity. Berlin: Cornelsen, 1998.

Herbst, Dieter. E-Branding. Berlin: Cornelsen, 2002.

HMD. Praxis der Wirtschaftsinformatik. April 2000. Usability Engineering. Heidelberg: dpunkt Verlag, 2000.

Johnson, Steven. Interface Culture. Stuttgart: Klett-Cotta Verlag, 1999.

Karmasin, Helene. Produkte als Botschaften. Wien: Ueberreuter, 1998.

Kelly, Kevin. NetEconomy. Zehn radikale Strategien für die Wirtschaft der Zukunft. München: Econ, 2001

Klein, Naomi. No Logo! Der Kampf der Global Players um Marktmacht. Ein Spiel mit vielen Verlierern und wenigen Gewinnern. München: Riemann, 2001

Kohlöffel, Klaus M.: Strategisches Management. München: Carl Hanser Verlag, 2000.

Kreutz, Bernd. »Also ich glaube, Strom ist gelb«. Über die Kunst, Konzerne Farbe bekennen zu lassen. Stuttgart: Hatje Cantz, 2000.

Kroeber-Riehl, Werner. Konsumentenverhalten. München: Vahlen, 1999.

Kroehl, Heinz. Corporate Identity als Erfolgskonzept im 21. Jahrhundert. München: Vahlen, 2001.

Krug, Steve. Don't make me think. A Common Approach to Web Usability. Indianapolis: New Riders, 2000.

Lettau, Hans-Georg. Grundwissen Marketing. Marktforschung Marktstrategie Marketing-Mix Vertrieb Werbung. München: Orbis, 1993.

Levine, Rick; Locke, Christopher; Searls, Doc; Weinberger, David. Das Cluetrain Manifest. 95 Thesen für die neue Unternehmenskultur im digitalen Zeitalter. München: Econ, 2000.

Lewis, David; Bridger, Warren. Die neuen Konsumenten. Was sie kaufen, warum sie kaufen, wie man sie als Kunden gewinnt. Frankfurt, New York: Campus, 2001.

Liebl, Franz. Brain Drain – Interview mit Mike Richter. In: formdiskurs, Zeitschrift für Design und Theorie 8/9, 2000/01, S. 74-81.

Manhartsberger, Martina; Musil, Sabine. Web Usability. Das Prinzip des Vertrauens. Bonn: Galileo Design, 2002.

Meffert, Heribert. E-Branding. Münster: 2001.

Meier, Cordula; Rurik, Thomas; Schmidt, Siegfried J. Designtheorie. Zwölf Beiträge zu einer Disziplin. Frankfurt: Anabas, 2001.

Merten, Klaus; Schmidt, Siegfried J.; Weischenberg, Siegfried (Hrsg.). Die Wirklichkeit der Medien. Eine Einführung in die Kommunikationswissenschaft. Opladen: Westdeutscher Verlag 1994.

Museum für Kommunikation Berlin (Hg.). WunderbareWerbeWelten. Marken Macher Mechanismen. Berlin: 2001.

Netzguide, E-Marketing 2002, Basel: Netzmedien AG, 2001.

Nielsen, Jakob, Designing Web Usability. Indianapolis: New Riders, 1999.

Norman, Donald A. The Design of Everyday Things. Cambridge: MIT Press edition, 1998.

Ogilvy, David. Geständnisse eines Werbemannes. Düsseldorf: Econ, 1991.

Pavitt, Jane. Brand New. Starke Marken. München: Knesebeck, 2001.

Pepels, Werner. Lexikon des Marketing. München: Beck, 1996.

Ploss, Dirk. Das Loyalitäts-Netzwerk. Wertschöpfung für eine neue Wirtschaft. Bonn: Galileo Business, 2001.

Puscher, Frank. Das Usability Prinzip. Wege zur benutzerfreundlichen Website. Heidelberg: dpunkt-verlag, 2001.

Rheingold, Howard. Virtuelle Gemeinschaft. Bonn: Addison-Wesley, 1994.

Ries, Al; Ries, Laura. Die 22 unumstößlichen Gebote des Branding. München: Econ, 1999.

Schmidt, Siegfried J. Medien: Die Kopplung von Kommunikation und Kognition. in: Krämer, Sybille (Hrsg.): Medien Computer Realität. Frankfurt: Suhrkamp, 1998.

Schönwandt, Rudolf. Vom Verschwinden der Differenz zwischen Gestalt und Gebrauch. In: Bachinger, Richard (Hrsg.). Unternehmenskultur. Frankfurt/Main: 1990.

Vasata, Vilim. Radical Brand. Überleben in der Sintflut. München: Econ, 2000.

Waehlert, Armin. Einsatzpotentiale von Virtueller Realität im Marketing. Wiesbaden: Deutscher Universitätsverlag, 1997.

Watzlawick, Paul; Beavin, Janet H.; Jackson, Don D. Menschliche Kommunikation. Störungen, Paradoxien. Bern: Verlag Hans Huber, 1969.

Zurstiege, Guido; Schmidt, Siegfried J. Werbung, Mode und Design. Opladen: Westdeutscher Verlag, 2001.

C   Autoren

Norbert Hadwiger lebt und arbeitet als Interface Designer, Konzeptautor und Kommunikationsberater in Frankfurt/Main. Er ist für Agenturen und Kunden im In- und Ausland tätig und übernimmt Lehraufträge. Er studierte Industriedesign in Darmstadt und Philosophie in Frankfurt. Seit Anfang der neunziger Jahre gilt sein besonderes Interesse dem Computer als neues Medium. Hierzu sammelte er einschlägige Erfahrungen bei einer Vielzahl von Interface-Projekten, darunter WAP- und PDA-Services. Parallel dazu betreibt er Studien zu Medien- und Kommunikationstheorie und untersucht deren Praxisrelevanz für die Unternehmenskommunikation.

nh@nohad.com

Alexandre Robert ist Inhaber der Firma usus in Zürich. Er berät Unternehmen bei der Konzeption und Gestaltung interaktiver Medien und führt hierzu Interface-Analysen durch. Kern der Beratung ist die Vermittlung zwischen Marketing, Technik und Design. Daneben ist er als Referent und Dozent tätig. Während seines Studiums der Produktgestaltung an der Hochschule für Gestaltung in Offenbach/Main engagierte er sich in der Gruppe »Interface Lifting«. 1994 gründete er mit Partnern die Agentur Real Informationsdesign in Frankfurt/Main und war dort bis 1999 geschäftsführender Gesellschafter und als Leiter der Online-Unit für eine Vielzahl namhafter Unternehmen tätig.

robert@usus.ch

Index

Markus Stolpmann

Weniger ist Mehrwert

**Mehr Erfolg durch
Fokussierung und Flexiblität.
Ein Denkanstoß**

Dies ist ein Buch, das motiviert.
Gerade kleine und mittelständische
Unternehmen erhalten neue Perspektiven, wenn sie sich auf ihre
Stärken konzentrieren und in einer
geschickt gewählten Nische ope-
rieren. Mit der Illusion, dass jede
Garagenfirma mit Weltkonzernen
konkurrieren kann, ist es vorbei.
Gefragt sind nun dauerhafte Konzepte und pragmatische Lösungen für
beherrschbare Märkte: Kundenbindung, Service, sinnvolle Verzah-
nung der Online- und Offline-
Aktivitäten.
Markus Stolpmann liefert verständlich
und praxisnah die Bausteine einer
realistischen Unternehmensstrategie,
die selten so aktuell war: Langfristiges
Wachstum durch Fokussierung und
Konzentration.

*Galileo Business
192 S., 2002, geb.
19,90 €
ISBN 3-89842-250-X*